基于产业策划的全过程工程咨询

国机陆原工程设计研究有限公司　组　编

主　编　王红旗

副主编　吴旭东　张　萌

参　编　林　炜　宋　斌　姚明亮

　　　　黄希锋　齐孝东　洪　聪

　　　　张建怀　张　磊

机械工业出版社
CHINA MACHINE PRESS

本书内容覆盖了产业咨询的全过程，包括政策分析、行业研究、市场调研、项目规划、投资融资模式设计、招商策划和运营服务等环节；本书在编写过程中结合当下的政策和市场趋势，如碳达峰碳中和分析、数字经济等新兴领域的发展，反映了产业咨询的最新需求和发展方向；同时本书通过对多个行业一线的现实经典案例的剖析，为实际应用提供了参考和借鉴。这些案例涵盖不同行业、不同规模的项目、不同的咨询阶段和方面。

本书适合于从事产业策划的工程管理及工程咨询人员，对于从事产业发展研究的人员及相关人员也有很好的借鉴和参考意义。

图书在版编目（CIP）数据

基于产业策划的全过程工程咨询／国机陆原工程设计研究有限公司组编；王红旗主编. -- 北京：机械工业出版社，2025. 7. -- ISBN 978-7-111-78288-9

Ⅰ. F224. 5

中国国家版本馆 CIP 数据核字第 2025PL1060 号

机械工业出版社（北京市百万庄大街 22 号　邮政编码 100037）
策划编辑：薛俊高　　　　　　　　责任编辑：薛俊高　张大勇
责任校对：李　霞　王小童　景　飞　责任印制：单爱军
中煤（北京）印务有限公司印刷
2025 年 7 月第 1 版第 1 次印刷
184mm×260mm · 17. 75 印张 · 2 插页 · 339 千字
标准书号：ISBN 978-7-111-78288-9
定价：128. 00 元

电话服务　　　　　　　　　　　网络服务
客服电话：010-88361066　　　机　工　官　网：www. cmpbook. com
　　　　　010-88379833　　　机　工　官　博：weibo. com/cmp1952
　　　　　010-68326294　　　金　书　网：www. golden-book. com
封底无防伪标均为盗版　　机工教育服务网：www. cmpedu. com

前　言

在全球经济格局深刻变革、中国加快推进高质量发展的时代背景下，工程咨询行业正面临前所未有的机遇与挑战。随着"十四五"规划的全面实施，国家在新型城镇化、产业链现代化、绿色低碳转型、数字经济等领域持续发力，对工程咨询服务的系统性、专业性和创新性提出了更高要求。传统咨询模式往往局限于单一环节的服务，难以满足从产业策划、投资融资、招商到运营的全链条协同需求，导致资源错配、效率低下等问题频现。基于此，全过程工程咨询作为整合资源、优化流程、提升效能的新型服务模式，逐渐成为行业转型升级的核心方向。为填补行业系统性方法论的空缺，本书旨在构建一套覆盖"规划—融资—招商—运营"全周期的理论框架与实践指南，为读者提供一套系统、全面的理论与实践指南。

1. 本书的内容概述

（1）第1章　产业咨询规划与执行

本章从政策法规、主管部门、项目全周期管理、可行性研究报告等多个维度，详细阐述了产业咨询的基础框架和执行流程。通过对国家宏观政策、行业特定政策及法律法规的梳理，读者可以了解产业策划的政策背景和合规要求。同时，本章还提供了项目全周期管理的指南，涵盖了从项目启动、市场研究、专家咨询到投资决策、后期服务等各个环节，帮助读者在实际操作中做到有的放矢。

（2）第2章　产业咨询投资融资模式

投资融资是产业策划中的关键环节，本章系统介绍了多种投资融资模式，包括中央专项资金申请、地方政府专项债、PPP模式、EOD模式、基础设施REITs等。本章深入探讨了投资工作的具体流程，包括项目概况分析、市场调研、成本预算、资金筹措、财务分析等，为读者提供了全面的投资融资决策工具。

（3）第3章　产业咨询招商策划

招商策划是产业项目成功落地的重要保障。本章从工作模式、工作内容、工作要求等多个角度，详细介绍了招商策划的全流程。通过定制化服务、数据驱动、国际化视野等创新模式，读者可以掌握如何有效吸引优质企业和投资者。本章还提供了招商咨询报告模板和多个实际案例，帮助读者在实践中灵活运用招商策略，提升招商成功率。

（4）第4章　产业咨询运营服务

项目的成功不仅依赖于前期的策划和招商，更离不开后期的运营管理。本章从运营管理服务的理念、目标、工作模式、内容及流程等方面，全面介绍了如何通过科学的运营管理实现项目的长期可持续发展。通过对双创空间运营规划、产业服务运营绩效考核、智慧化平台建设等内容的深入探讨，读者可以掌握如何通过精细化的运营管理提升项目的市场竞争力和品牌影响力。

（5）第5章　行业标杆与案例剖析

本章通过对国内外产业咨询行业代表性企业的筛选和经典案例的分析，为读者提供了宝贵的参考和借鉴。通过对成功案例的深入剖析，读者可以了解行业领先企业的成功经验，并从中汲取经验和启发，以应用于自身的产业策划与工程咨询实践中。

2. 本书的编写意义

（1）服务国家战略，助力高质量发展

在"双碳"目标、乡村振兴、科技创新等国家战略驱动下，工程咨询需从单一技术服务向综合性解决方案升级。本书聚焦产业策划与全流程管理，通过整合政策分析、资源匹配、风险管控等核心环节，帮助项目实现经济、社会、环境效益的有机统一，为区域经济高质量发展注入新动能。

（2）破解行业痛点，推动产业升级

传统工程咨询存在信息孤岛、流程割裂、协同不足等问题。本书提出的全过程模式以"产业策划"为引领，强调数据驱动、跨部门协作及动态调整机制，能够有效解决项目前期规划与后期运营脱节、投资融资渠道单一等痛点，推动产业链向高端化、智能化、绿色化转型。

（3）响应全球趋势，提升国际竞争力

随着全球产业链重构加速，中国工程咨询行业亟需对标国际标准。本书引入PPP、EOD、REITs等国际主流投资融资模式，并结合"数字化精准招商""智慧化平台建设"等前沿实践，为中国企业"走出去"提供方法论支持，助力构建开放型经济新格局。

（4）提升咨询服务水平，促进产学研用融合

全过程工程咨询作为一种新兴的服务模式，对于提升咨询服务水平、优化服务流程、提高服务质量具有重要意义。通过总结实践经验，提炼成功案例，为咨询服务行业提供了宝贵的经验和借鉴。注重理论研究，还紧密结合实践应用，通过案例分析、模式探讨等方式，促进了产学研用的深度融合，为相关领域的创新发展提供了有力支撑。

3. 本书的编写特色与创新

本书以"系统性、实战性、前瞻性"为核心原则，构建了覆盖全生命周期的工程

咨询知识体系。

（1）全流程覆盖，逻辑严谨

全书以"规划—融资—招商—运营"为主线，分设五章，层层递进：

1）第1章：从政策法规、项目管理到可行性研究，形成产业策划的合规性与科学性的基础。

2）第2章：详解中央专项资金、地方政府专项债、PPP、EOD、REITs等六大投资融资模式。

3）第3章：创新提出"数据驱动+国际化视野"的招商策略，涵盖目标设定、活动策划、团队管理等全流程，并附数字化招商、产业链招商等五大案例模板。

4）第4章：聚焦运营服务，从双创空间规划到智慧化平台建设，提供绩效考核、风险管理等实操工具。

5）第5章：精选10余家国内外标杆企业与经典案例，深度剖析成功经验与失败教训，形成可复制的行业范式。

（2）实战导向，工具丰富

1）模板化工具：如"可行性研究报告模板"（含11项子目录）、"招商咨询报告模板"（含策划、管理、服务三部分）、"资金自平衡方案"等，可直接应用于项目实操。

2）数据化方法：强调市场调研、成本预算、收入预测的定量分析，提供财务模型（如NPV、IRR）与风险评估矩阵。

3）流程化管理：附工作流程图、评价指标表（如"服务响应速度""法律合规性"评分标准），确保执行规范化。

（3）前瞻性与国际化

1）新兴模式解析：深入探讨EOD模式（生态环境导向开发）与基础设施REITs（不动产投资信托基金），契合绿色金融与资产证券化趋势。

2）智慧化赋能：专设"智慧化平台建设与管理"章节，提出基于物联网、大数据的园区运营方案，推动咨询服务的数字化转型。

3）经典案例对标：涵盖光伏储能、EOD模式、循环经济、乡村振兴、绿色经济等产业策划案例，提炼不同产业策划下的招商与运营策略。

（4）政策与案例双轮驱动

1）政策深度解读：系统梳理国家宏观政策、行业特定法规及地方实施细则（如"粮食安全""能源安全"专项投资指南），帮助读者精准把握政策红利。

2）案例场景化：通过"校友情感招商""链主企业招商"等特色案例，揭示差异化竞争策略，并附"问题—对策—成效"三维分析框架，强化实战指导性。

在编写过程中，我们参考了大量国内外相关文献、政策文件及实践案例，力求做到内容准确、观点鲜明、逻辑清晰。同时，我们也结合了自身在产业策划与工程咨询领域的实践经验，力求为读者提供更具操作性和实用性的指导。

本书的出版，不仅是对产业策划与全过程工程咨询领域的一次系统性总结，也是对这一领域未来发展的一次积极探索。我们希望通过本书的出版，能够为从事产业策划、工程咨询及相关领域的专业人士提供有益的参考和借鉴，同时也为推动我国产业高质量发展贡献一份力量。

最后，要特别感谢为本书提供素材、建议和其他帮助的众多人士。感谢我的同事们、同行们以及朋友们，他们在本书的编写过程中给予了无私的帮助和支持。尤其要感谢本书的责任编辑薛俊高先生，以及机械工业出版社的其他相关编辑，他们展现了一贯的专业精神、耐心指导与亲切态度，为本书的顺利出版倾注了大量心血，提供了极大的帮助。在此，向他们表示最诚挚的感谢！

尽管我们在编写过程中力求严谨，但由于产业策划与工程咨询领域的复杂性和多变性，书中难免存在疏漏或不足之处。真诚欢迎各位读者批评指正，以便在未来的版本中进一步完善和提升。

编 者

2025 年 2 月

目　　录

第1章 产业咨询规划与执行

1.1 政策、法规清单

在当今复杂多变的国际形势和社会经济环境中，必须要深刻理解和准确把握产业咨询领域的相关政策和法规。政策和法规不仅为投资决策提供了基本保障，也是评估投资环境、识别风险和机遇的重要依据。本节旨在提供一个较为全面的法律框架概览，以帮助读者快速了解和掌握在中国进行产业咨询时应遵守的关键法规和政策。与产业咨询相关且常用的法规和文件见表1-1。

表1-1 与产业咨询相关且常用的法规和文件

序号	法规/文件名称	主要内容概述	适用范围	发布/修订机构	最新修订日期
1	中华人民共和国公司法	规定公司的设立、运营、解散等事宜	适用于所有公司	全国人民代表大会	2023年12月29日
2	中华人民共和国外商投资法	规定外商投资的准入、管理、促进和保护	适用于外商投资企业	全国人民代表大会	2020年1月1日
3	中华人民共和国证券法	规范证券市场，保护投资者权益	适用于证券市场参与者	全国人民代表大会	2019年12月28日
4	中华人民共和国企业所得税法	规定企业所得税的征收标准和优惠政策	适用于企业	全国人民代表大会	2018年12月29日
5	中华人民共和国个人所得税法	规定个人所得税的征收标准和优惠政策	适用于个体纳税人	全国人民代表大会	2018年8月31日
6	中华人民共和国专利法	规定专利权的授予、保护和实施	适用于专利权相关事宜	全国人民代表大会	2020年10月17日
7	中华人民共和国商标法	规定商标权的授予、保护和实施	适用于商标权相关事宜	全国人民代表大会	2019年4月23日
8	中华人民共和国著作权法	规定著作权的保护和实施	适用于著作权相关事宜	全国人民代表大会	2020年11月11日

（续）

序号	法规/文件名称	主要内容概述	适用范围	发布/修订机构	最新修订日期
9	中华人民共和国反垄断法	防止市场垄断行为，保护公平竞争	适用于所有市场主体	全国人民代表大会	2022年6月24日
10	私募投资基金监督管理暂行办法	规范私募投资基金的运作	适用于私募投资基金	中国证券监督管理委员会	2014年8月21日
11	政府和社会资本合作项目财政管理办法	规定政府和社会资本合作项目的财政管理	适用于PPP项目	财政部	2014年11月29日
12	企业投资项目核准和备案管理条例	规定企业投资项目的核准和备案管理	适用于企业投资项目核准备案	国务院	2017年2月1日
13	证券公司监督管理条例	规定证券公司的设立、运营和监督管理	适用于证券公司	国务院	2014年7月29日
14	保险资金运用管理办法	规定保险资金的投资范围和比例	适用于保险资金运用	中国保险监督管理委员会	2018年5月1日
15	金融企业国有资产评估监督管理暂行办法	规定金融企业国有资产的评估管理	适用于金融企业国有资产评估	财政部	2008年1月1日（施行）
16	中华人民共和国资产评估法	规定资产评估的基本原则、程序和方法	适用于资产评估	全国人民代表大会	2016年7月2日
17	中华人民共和国仲裁法	提供解决投资争议的仲裁机制	适用于解决投资争议	全国人民代表大会	2017年9月1日
18	鼓励外商投资产业目录	列出鼓励外商投资的产业领域	适用于外商投资产业	国家发展和改革委员会	2022年10月26日
19	中国自由贸易试验区总体方案	提供自由贸易试验区的政策框架和投资优惠	适用于自由贸易试验区	国务院	根据各试验区而定（2023年版）
20	投资咨询管理办法	规定投资咨询业务的管理办法	适用于投资咨询服务	国家发展和改革委员会	2019年1月1日
21	企业国有资产监督管理暂行办法	规定企业国有资产的监督管理	适用于国有资产监督管理	国务院国资委	2023年5月13日
22	企业债券管理条例	规定企业债券的发行和交易	适用于企业债券发行与交易	国务院	1993年8月2日
23	中华人民共和国标准化法	规定标准化工作的管理	适用于标准化工作	全国人民代表大会	2017年11月4日

（续）

序号	法规/文件名称	主要内容概述	适用范围	发布/修订机构	最新修订日期
24	中华人民共和国价格法	规定价格的制定、调整和监督检查	适用于价格管理	全国人民代表大会	1997 年 12 月 29 日
25	中华人民共和国中小企业促进法	规定促进中小企业发展的措施	适用于中小企业	全国人民代表大会	2017 年 9 月 1 日
26	中华人民共和国电子商务法	规范电子商务活动，保护消费者和经营者的合法权益	适用于电子商务活动	全国人民代表大会	2018 年 8 月 31 日
27	中华人民共和国网络安全法	规定网络安全的基本原则和保障措施	适用于网络安全管理	全国人民代表大会	2017 年 6 月 1 日
28	中华人民共和国数据安全法	规定数据安全保护的基本原则和制度	适用于数据安全管理	全国人民代表大会	2021 年 6 月 10 日
29	中华人民共和国个人信息保护法	规定个人信息的保护和合理利用	适用于个人信息保护	全国人民代表大会	2021 年 8 月 20 日
30	投资项目负面清单管理暂行办法	规定投资项目负面清单的管理	适用于投资项目管理	国家发展和改革委员会	根据具体政策而定

1.1.1　国家宏观政策

1. 优化产业结构

（1）发展先进制造业　推动制造业向高端化、智能化、绿色化、服务化方向发展。重点支持高端装备、新材料、生物医药、新能源等战略性新兴产业的发展，提升制造业的核心竞争力。

（2）提升现代服务业　加快发展现代物流、金融服务、电子商务、信息服务、商务服务、节能环保服务等现代服务业，推动生产性服务业向专业化和价值链高端延伸，提高服务业的比重和水平。

（3）发展现代农业　加强农业科技创新，推广现代农业技术，优化农业产业布局，提高农业综合生产能力和农产品质量安全水平。同时，发展农村电子商务，促进农村一二三产业融合发展。

2. 推动产业创新升级

（1）加强科技创新　加大对科技创新的投入，支持企业成为技术创新主体，推动产学研用深度融合。加强关键核心技术攻关，提升自主创新能力。

（2）推动产业数字化转型　利用大数据、云计算、人工智能等新一代信息技术，推动传统产业数字化、网络化、智能化改造。加快培育数字经济新产业、新业态、新模式，推动数字经济与实体经济深度融合。

（3）促进绿色发展　推动绿色制造、绿色能源、绿色建筑等领域的发展，提高资源利用效率，降低污染物排放。加强生态环境保护，推动产业可持续发展。

3. 加强区域产业布局优化

（1）推动区域协调发展　优化区域产业布局，推动东部地区率先发展、中部地区崛起、西部地区大开发、东北地区全面振兴。加强区域合作，实现产业协同发展。

（2）支持产业园区建设　加强国家级和省级产业园区建设，提升园区的产业集聚和辐射带动能力。推动产业园区向专业化、集群化、绿色化方向发展，形成一批具有国际竞争力的产业集群。

4. 加强国际合作与竞争

（1）积极参与全球产业分工　加强与国际先进产业的对接合作，提升我国产业在全球价值链中的地位。推动跨境电子商务、服务外包等新型贸易方式的发展，拓展国际贸易市场。

（2）增强产业国际竞争力　培育具有国际竞争力的跨国公司和品牌，提升我国产业在全球市场的影响力。加强知识产权保护，营造公平竞争的市场环境。

5. 加强产业政策支持

（1）完善财税政策　加大对战略性新兴产业、现代服务业、现代农业等领域的税收优惠政策支持力度。优化政府投资结构，引导社会资本投向重点领域和薄弱环节。

（2）加强金融支持　鼓励金融机构加大对产业的信贷支持力度，创新金融产品和服务。支持符合条件的企业发行债券、股票等融资工具，拓宽融资渠道。

（3）加强人才队伍建设　加强产业人才培养和引进工作，提高产业人才队伍素质。完善人才激励机制，激发人才的创新创造活力。

总之，国家对产业发展战略的内容涵盖了优化产业结构、推动产业创新升级、加强区域产业布局优化、加强国际合作与竞争以及加强产业政策支持等多个方面。

1.1.2　行业特定政策

1. 各产业政策指导文件

根据中共中央、国务院、国家发展和改革委员会、工业和信息化部、农业农村部、文化和旅游部等国家机关发布的相关产业政策指导文件，现将主要产业政策进行总结梳理，见表1-2。

表 1-2　主要的产业政策指导文件

序号	文件名称	主要内容概述	发布单位	发布日期
1	《产业结构调整指导目录（2024 年）》	指导产业结构调整和优化，列出鼓励类、限制类和淘汰类产业目录	国家发展和改革委员会	2023 年 12 月 27 日
2	《关于加快新能源汽车产业发展的指导意见》	加快新能源汽车产业发展，包括技术创新、市场推广和基础设施建设	国务院	2014 年 7 月 21 日
3	《国家创新驱动发展战略纲要》	强调科技创新在产业发展中的核心作用，提出创新驱动发展的战略目标	中共中央、国务院	2016 年 5 月
4	《"十四五"智能制造发展规划》	明确智能制造的发展目标和重点任务，包括数字化转型、智能制造装备创新	工业和信息化部	2021 年 12 月 21 日
5	《新一代人工智能发展规划》	推动人工智能技术的快速发展和应用，提出发展目标、重点任务和保障措施	国务院	2017 年 7 月
6	《中国制造 2025》	实施制造强国战略的行动纲领，包括五大工程、十大领域等详细规划	国务院	2015 年 5 月
7	《关于促进服务业高质量发展的若干意见》	推动服务业向高品质和多样化升级，深化服务业改革开放、提升服务质量	国务院	2007 年 3 月 9 日
8	《关于支持"专精特新"中小企业高质量发展的指导意见》	针对专精特新中小企业，提出财税优惠、金融支持等支持措施	工业和信息化部	2023 年 7 月 16 日
9	《关于深化新一代信息技术与制造业融合发展的指导意见》	推动新一代信息技术与制造业深度融合，提升制造业的数字化、网络化、智能化	工业和信息化部	2021 年 4 月 23 日
10	《钢铁产业发展政策》	针对钢铁产业提出发展政策、目标和措施，优化产业结构、提升产业竞争力	国家发展和改革委员会	2005 年 7 月 8 日
11	《汽车产业发展政策》	推动汽车产业健康有序发展，包括技术创新、市场准入、新能源汽车推广等	国家发展和改革委员会	2004 年 5 月 21 日
12	《关于促进绿色发展的指导意见》	提出绿色发展目标和措施，包括推动绿色制造、绿色能源、绿色建筑等	国务院	2024 年 2 月 5 日

（续）

序号	文件名称	主要内容概述	发布单位	发布日期
13	《关于促进数字经济和实体经济深度融合发展的指导意见》	推动数字经济和实体经济的深度融合，提出发展目标、重点任务和保障措施	国务院	2023年2月21日
14	《关于推动互联网、大数据、人工智能和实体经济深度融合发展的指导意见》	推动新一代信息技术与实体经济的深度融合	国务院	2017年7月19日
15	《关于促进乡村产业振兴的指导意见》	提出乡村产业振兴的目标、任务和措施，包括发展现代农业、乡村旅游等	农业农村部	2019年6月28日
16	《关于推动先进制造业和现代服务业深度融合发展的实施意见》	推动先进制造业和现代服务业的深度融合，提升产业整体竞争力	国家发展和改革委员会	2019年11月15日
17	《关于支持民营经济高质量发展的若干意见》	支持民营经济高质量发展的政策措施，包括优化营商环境、减轻企业负担等	国务院	2023年7月20日
18	《关于加快发展循环经济的若干意见》	推动循环经济发展，减少资源消耗和环境污染，提高资源利用效率	国务院	2005年7月2日
19	《关于支持文化产业高质量发展的若干意见》	文化产业高质量发展的目标和措施，包括优化产业结构、提升创新能力等	文化和旅游部	2021年12月21日
20	《关于推进"互联网+"行动的指导意见》	推动互联网与各行业的深度融合，促进经济转型升级和社会发展	国务院	2015年7月1日

2. 特定行业鼓励措施

特定行业鼓励措施是国家或地方政府为了促进特定行业的健康、快速发展而制定的一系列优惠政策和扶持措施。这些措施旨在通过财政补贴、税收优惠、技术支持、市场准入便利化等方式，降低企业运营成本，增强行业竞争力，激发市场活力，进而推动产业结构的优化升级和经济的可持续发展。在全球化背景下，特定行业鼓励措施对于培育新兴产业、增强国家竞争力、实现经济转型具有重要意义。通过精准施策、持续扶持，特定行业鼓励措施已成为推动行业繁荣、实现经济社会高质量发展的有力保障。

根据中共中央、国务院、国家发展和改革委员会等国家机关和部委发布的相关行业/产业鼓励措施指导文件，现将主要行业/产业鼓励措施进行总结梳理，见表1-3。

表1-3　主要行业/产业鼓励措施

序号	行业领域	鼓励措施及指导文件	主要内容概述	发布单位	发布日期
1	高技术产业	国家高新技术企业认定	提供税收优惠，研发费用加计扣除	科技部、财政部、国家税务总局	2016年1月29日
2	制造业	智能制造示范项目	支持智能制造技术应用和示范线建设	工业和信息化部	2015年3月9日
3	新能源	新能源汽车购置补贴	为购买新能源汽车的消费者提供购置补贴	财政部、科技部等	2020年04月23
4	环保产业	环保技术改造财政补助	对企业进行环保技术改造给予财政补助	生态环境部、财政部	2024年5月18日
5	农业	现代农业产业园建设支持	支持农业产业园基础设施建设和关键技术研发	农业农村部、财政部	2018年12月30日
6	服务业	生活服务业增值税优惠政策	降低生活服务业的增值税税率	国家税务总局	2020年1月1日
7	文化创意产业	文化产业专项基金	设立基金支持文化创意项目和小微企业	文化和旅游部、财政部	2012年4月28日
8	教育	职业教育产教融合试点	鼓励校企合作，提供实训基地建设支持	教育部、人力资源和社会保障部	2019年7月24日
9	医疗健康	医疗卫生机构建设支持	对新建医疗卫生机构给予土地、资金等方面的支持	国家卫生健康委员会、财政部	2015年6月11日
10	数字经济	大数据产业发展扶持政策	支持大数据核心技术攻关和应用示范	工业和信息化部、国家发展和改革委员会	2015年8月31日
11	金融业	统筹融资信用服务平台建设提升中小微企业融资便利水平实施方案	建立融资担保体系，降低小微企业融资成本	国务院办公厅	2024年3月28日
12	旅游业	旅游基础设施建设补助	对旅游基础设施建设给予财政补助	国家旅游局、财政部	2009年4月27日
13	物流业	现代物流体系发展支持	支持物流园区、物流信息平台建设	交通运输部、国家发展和改革委员会	2022年5月17日

（续）

序号	行业领域	鼓励措施及指导文件	主要内容概述	发布单位	发布日期
14	体育产业	体育产业示范基地认定	对体育产业示范基地给予政策和资金支持	国家体育总局、财政部	2011 年 11 月 22 日
15	住房城乡建设	绿色建筑和装配式建筑推广	提供绿色建筑和装配式建筑的财政补贴和税收优惠	住房和城乡建设部、财政部	2013 年 1 月 1 日
16	信息化	网络安全技术应用推广	支持网络安全技术的研发和应用	工业和信息化部、国家网信办	2020 年 7 月 30 日
17	生物科技	生物医药产业创新扶持	为生物医药产业的创新研发提供资金支持	国家发展和改革委员会、科技部	2020 年 5 月 10 日
18	能源	清洁能源发电补贴	对风能、太阳能等清洁能源发电给予补贴	国家能源局、财政部	2017 年 7 月 14 日
19	交通运输	综合交通网络建设支持	支持公路、铁路、航空等综合交通网络建设	交通运输部、国家发展和改革委员会	2022 年 01 月 19 日
20	中小企业	中小企业创新发展支持政策	提供技术创新、市场开拓等方面的支持	工业和信息化部、财政部	2007 年 10 月 23 日
21	知识产权保护	知识产权优势企业培育	支持企业加强知识产权创造、运用和保护	国家知识产权局	2018 年 6 月 6 日
22	新型城镇化	智慧城市建设试点	支持城市智能化管理和服务体系建设	住房和城乡建设部、科技部	2021 年 5 月 11 日
23	区域协调发展	区域发展战略支持	支持区域特色产业发展和区域经济一体化	国家发展和改革委员会	2016 年 8 月 16 日
24	综合防灾减灾	灾害防治技术与装备研发支持	鼓励研发和应用减灾防灾技术和装备	应急管理部、科技部	2012 年 5 月 24 日
25	促进就业	就业优先政策	就业优先政策，提供职业培训和就业服务	人力资源和社会保障部	2016 年 2 月 23 日
26	教育改革	教育信息化建设支持	支持学校网络基础设施建设和教育软件资源开发	教育部	2018 年 4 月 13 日
27	科技创新	国家科技重大专项	支持关键技术领域的重大科技项目	科学技术部	2023 年 3 月 7 日
28	水利发展	水资源高效利用与节水技术推广	推广节水技术，提高水资源利用效率	水利部	2019 年 4 月 15 日
29	气象服务	气象科技创新与服务体系建设	加强气象科技创新，提升气象服务能力	中国气象局	2014 年 11 月 4 日

（续）

序号	行业领域	鼓励措施及指导文件	主要内容概述	发布单位	发布日期
30	人口均衡发展	人口老龄化应对策略	制定养老服务体系，鼓励健康养老产业发展	国家卫生健康委员会	2021年11月18日

1.1.3 法律法规

根据产业咨询的工作属性，现主要筛选出五份有代表性的法律法规进行必要阐述。

1. 《公司法》

《公司法》全称是《中华人民共和国公司法》，发布机构是全国人民代表大会。《公司法》是规范公司组织和行为的基本法律。它规定了公司的设立、组织机构、股东权利与义务、公司债券、公司财务与会计、公司合并与分立、公司解散与清算等事项。公司法旨在保护公司、股东和债权人的合法权益，维护社会经济秩序。

2. 《证券法》

《证券法》全称是《中华人民共和国证券法》，发布机构是全国人民代表大会。《证券法》是调整证券发行、交易和监管的法律规范。它明确了证券市场的基本规则，包括证券发行、上市、交易、信息披露、监督管理等方面的内容。《证券法》旨在保护投资者的合法权益，维护证券市场的公平、公正和公开。

3. 《外商投资法》

《外商投资法》全称是《中华人民共和国外商投资法》，发布机构是全国人民代表大会。《外商投资法》是规范外商投资活动的法律。它规定了外商投资的范围、条件、程序、保护、管理等方面的内容。《外商投资法》旨在优化外商投资环境，保护外商投资企业的合法权益，促进外商投资与我国经济社会的协调发展。

4. 《税法》

《税法》具体包括《中华人民共和国企业所得税法》《中华人民共和国个人所得税法》等，发布机构是全国人民代表大会。《税法》是调整税收关系的法律规范的总称。《税法》规定了税收的种类、税率、征收方式、税收减免、税收管理等方面的内容。《税法》旨在规范税收行为，保障国家税收收入的稳定，维护纳税人的合法权益。

5. 《知识产权法》

《知识产权法》具体由《中华人民共和国专利法》《中华人民共和国商标法》《中华人民共和国著作权法》三部法律构成，发布机构是全国人民代表大会。《知识产权法》是保护知识产权的法律规范的总称。它包括了著作权法、专利法、商标法、反不正当竞争法等。《知识产权法》旨在保护创新成果，鼓励创新活动，维护知识产权权利人的合法权益，促进知识产权的创造、保护、管理和运用。

1.2 主管部门和网站

在产业咨询领域，了解并熟悉相关的主管部门及其职能至关重要。这些部门不仅负责制定和执行相关政策，还监控和指导整个行业的发展方向。同时官方网站也是获取最新政策信息、行业动态以及进行在线咨询的重要渠道。本节将详细介绍我国产业咨询领域的主要主管部门及其职责，并提供相应的官方网站链接，以帮助投资者、企业和研究人员更好地了解行业动态，把握投资方向，从而做出有利于产业咨询的相关决策，具体见表1-4。

表1-4 产业咨询领域的主管部门、职责及网站

序号	主管部门	职责概述	相关网站
1	国务院	1. 全局性、综合性、战略性、长期性问题的研究：围绕国民经济、社会发展和改革开放中的全局性、综合性、战略性、长期性问题，国务院发展研究中心等机构会开展跟踪研究和超前研究，为党中央、国务院提供政策建议和咨询意见。这些研究包括制定国家中长期发展规划和区域发展政策，以及对有关部门和地区拟定的发展规划进行研究和论证，提出意见和建议 2. 宏观经济形势与政策研究：研究国民经济的发展动态，分析宏观经济形势，对宏观经济政策的综合运用提出意见和建议。这有助于政府制定和调整宏观经济政策，以促进经济的稳定增长和健康发展 3. 产业经济发展和产业政策研究：研究产业经济发展和产业政策，包括产业结构、投资结构、企业组织结构、所有制结构的调整方向，以及国民经济发展的技术选择、技术创新和高新技术发展政策。通过提供咨询意见和建议，支持政府制定和实施有利于产业升级和转型的政策措施 4. 对外开放与国际贸易研究：研究对外开放的新情况、新问题，以及对外贸易政策和利用外资政策，提出对策建议。同时，研究世界经济发展的趋势及其对我国的影响，以及世界重要国家的经济和社会政策及其经验教训，为我国改革和发展提供借鉴 5. 社会发展与资源环境政策研究：研究国民经济和社会发展中的人力资源开发、收入分配与社会保障政策，以及自然资源的合理开发与利用、生态平衡与环境保护政策 6. 产业投资基金与创业投资研究：随着产业投资基金和创业投资在我国的发展，国务院及相关部门也会关注这一领域的研究。包括研究产业投资基金的设立、运作、退出机制，以及创业投资的发展模式、政策支持等。通过优化支持政策，鼓励保险资金、社保基金等开展长期投资，积极吸引外资创投基金，拓宽退出渠道，完善并购重组、份额转让等政策，营造支持创业投资发展的良好生态	https://www.gov.cn/

序号	主管部门	职责概述	相关网站
1	国务院	7. 政策制定与实施效果评估：在制定相关产业政策的过程中，国务院及相关部门还会对政策实施效果进行评估，以便及时调整和优化政策措施。这包括收集和分析政策实施过程中的数据和信息，评估政策对产业发展、经济增长和社会福祉的影响，以及提出改进政策的建议	https：//www.gov.cn/
2	国家发展和改革委员会（简称发改委）	1. 拟定并组织实施国民经济和社会发展战略、中长期规划和年度计划 2. 监测宏观经济和社会发展态势，承担预测预警和信息引导的责任 3. 研究分析国内外经济形势和发展情况，进行宏观经济的预测、预警和监控 4. 汇总分析财政、金融等方面的情况，参与制定财政政策、货币政策和土地政策 5. 指导推进和综合协调经济体制改革有关工作，研究经济体制改革和对外开放的重大问题 6. 承担规划重大建设项目和生产力布局的责任，拟定全社会固定资产投资总规模和投资结构的调控目标、政策及措施 7. 推进产业结构战略性调整和升级，组织拟定综合性产业政策 8. 承担重要商品总量平衡和宏观调控的责任，编制重要农产品、工业品和原材料进出口总量计划并监督执行，根据经济运行情况对进出口总量计划进行调整 9. 负责社会发展与国民经济发展的政策衔接，组织拟定社会发展战略、总体规划和年度计划，参与拟定人口和计划生育、科学技术、教育、文化、卫生、民政等发展政策，推进社会事业建设 10. 推进可持续发展战略，负责节能减排的综合协调工作，组织拟定发展循环经济、全社会能源资源节约和综合利用规划及政策措施并协调实施，参与编制生态建设、环境保护规划，协调生态建设、能源资源节约和综合利用等重大问题，综合协调环保产业和清洁生产促进等有关工作	https：//www.ndrc.gov.cn/
3	商务部	1. 研究国内外贸易和国际经济合作的发展战略、方针、政策，拟定健全规范市场发展的法律法规，拟定国内外贸易和国际经济合作的发展战略、规划，起草国内外贸易、国际经济合作和外商投资的法律法规草案及部门规章，提出我国经济贸易法规之间及其与国际经贸条约、协定之间的衔接意见，研究经济全球化、区域经济合作、现代市场体系和现代流通方式的发展趋势并提出对策建议 2. 负责推进流通产业结构调整，指导流通企业改革、商贸服务业和社区商业发展，提出促进商贸中小企业发展的政策建议，推动流通标准化和连锁经营、商业特许经营、物流配送、电子商务等现代流通方式的发展 3. 拟定国内贸易发展规划，促进城乡市场发展，研究提出引导国内外资金投向市场体系建设的政策，指导大宗产品批发市场规划和城市商业网点规划、商业体系建设工作，推进农村市场体系建设，组织实施农村现代流通网络工程	http：//www.mofcom.gov.cn/

（续）

序号	主管部门	职责概述	相关网站
4	工业和信息化部（工信部）	1. 提出新型工业化发展战略和政策，协调解决新型工业化进程中的重大问题，拟定并组织实施工业、通信业、软件业和信息服务业的法律、法规、规章和政策，推进产业结构战略性调整和优化升级，推进信息化和工业化融合，推进军民结合、寓军于民的武器装备科研生产体系建设 2. 拟定并组织实施工业行业规划、计划和产业政策，提出优化产业布局、结构的政策建议，起草相关法律法规草案，制定规章，拟定行业技术规范和标准并组织实施，指导行业质量管理工作 3. 监测分析工业、通信业运行态势，统计并发布相关信息，进行预测预警和信息引导，协调解决行业运行发展中的有关问题并提出政策建议，负责工业、通信业应急管理、产业安全和国防动员有关工作	https://www.miit.gov.cn/
5	中国投资咨询	提供专业的投资咨询、信息咨询及研究报告服务，包括公司研究、行业研究、市场研究等，致力于为客户提供准确、及时、专业的投资咨询服务	http://www.cicoc.cn/

主管部门和网站在现代化管理和信息传播中发挥着至关重要的作用。主管部门作为政府或机构中的核心管理单元，负责制定和执行相关政策，监督和管理所属领域的各项活动，确保行业的有序运行和健康发展。它们通过制定行业规范、推动技术创新、加强市场监管等手段，为行业发展提供有力支持。

而网站作为信息时代的重要载体，不仅是信息传递和交流的平台，更是展示主管部门形象、提供公共服务、促进公众参与的重要窗口。网站通过发布政策信息、提供在线服务、收集社情民意等功能，极大地提高了工作效率和透明度，增强了与公众的互动和沟通，为实现经济社会高质量发展做出更大贡献。

1.3　项目全周期管理与执行指南

当今快速变化的商业环境中，咨询工作不仅是一项充满挑战的任务，更是一项需要高度专业化、系统化和精细化管理的艺术。工作模式中结合了市场研究、数据分析、专家咨询和风险管理等多个方面的专业知识和实践经验。通过这一模式，力求在每一个项目中都能够做到全面、深入地了解行业趋势、市场动态和客户需求，从而为客户提供最具针对性和可行性的解决方案。工作模式注重实用性和可操作性，以确保团队能够在实际工作中快速上手、熟练运用，并能够在实践中不断总结经验、优化流程，持续提升服务质量和客户满意度。

1.3.1　项目启动与团队组建

项目启动与团队组建是产业咨询工作中重要的第一步。在明确项目需求的基础上，挑选具备专业知识和丰富经验的团队成员，确保团队的整体实力与项目的复杂性和挑战性相匹配。注重团队成员之间的互补性和协同性，力求打造一个高效、协作、富有创新精神的团队。通过有效的沟通和协作，为项目的成功奠定坚实的基础，为后续的市场研究、投资决策等环节提供有力的保障。

1. 明确项目需求

与委托方进行深入沟通，明确项目的目标、范围、预算和时间表等关键信息。

2. 组建专业团队

项目启动是产业咨询工作的起点。与委托方进行深入沟通，明确项目的目标、范围、预算和时间表等关键信息。通过这一环节，确保对项目的整体需求有清晰的认识，为后续的工作打下坚实的基础。

3. 制定项目计划

明确项目的各个阶段、任务、时间节点和责任人，确保项目按计划有序进行。

4. 团队培训与融合

组织团队培训，加强成员间的相互了解和专业技能的协同。通过团建活动，增强团队凝聚力和工作默契。

1.3.2　市场研究与数据收集

市场研究与数据收集是产业咨询工作中不可或缺的一环。准确、全面的市场信息和数据是制定有效投资策略的基础，进行市场调研，广泛收集各类数据，包括行业趋势、市场规模、竞争格局、消费者行为等。通过对这些数据的深入分析，更准确地把握市场动态，预测行业发展趋势，为投资决策提供有力的支持。

1. 行业趋势分析

研究行业发展趋势、政策变化、竞争格局等，了解行业的整体状况和未来发展方向。

2. 数据收集与整理

通过各种渠道收集与项目相关的数据，包括市场数据、财务数据、技术数据等，并进行整理和分析。在收集到大量数据后，运用数据分析工具和方法，对数据进行深入挖掘和分析。通过数据分析，揭示市场规律，发现潜在机会，为投资决策提供科学的依据。

3. 市场调研与访谈

进行市场调研，与潜在客户、供应商、行业专家等进行访谈，获取第一手的市场信息和意见。

4. 数据分析方法论

采用先进的数据分析技术，如大数据分析、人工智能预测等。确保数据分析的准确性和有效性，为决策提供可靠的依据。

1.3.3 专家咨询与策略制定

在产业咨询领域，专家咨询与策略制定是决策过程中至关重要的环节。专家的专业知识和丰富经验能够为项目提供宝贵的见解和指导。通过深入交流和探讨，获取对市场趋势、行业机会和挑战的独到见解，共同制定出符合项目实际情况和客户需求的最优策略。

1. 邀请行业专家

根据项目需求，邀请具有丰富经验和专业知识的行业专家进行咨询。通过与专家的深入交流，准确获取对市场趋势、行业机会和挑战的详细见解。

2. 专家意见征集

向行业专家征集对项目的看法、建议和解决方案。通过广泛征集专家意见，确保投资决策是基于广泛的专业意见，从而有效降低投资风险。

3. 策略制定与优化

根据市场研究和专家咨询的结果，制定具体的投资策略、风险管理策略和退出策略等。在策略制定过程中，注重策略的可行性和可操作性，确保策略能够在实际工作中得到有效执行。同时不断优化和调整策略，以适应市场变化和项目进展。

4. 策略评估与测试

对制定的策略进行模拟测试和风险评估。通过专家评审，确保策略的可行性和创新性。

1.3.4 投资决策与执行

在产业咨询工作中，投资决策与执行是核心环节，直接关系到项目的成败与收益。坚持以科学、严谨的态度对待每一个投资决策，深入分析市场数据、行业趋势和客户需求，结合专家咨询和团队智慧，制定出符合项目实际和市场需求的投资策略。在执行过程中，注重细节管理，确保每一个环节都能按照既定计划有序进行。密切关注市场动态和项目进展，及时调整策略、优化执行方案，确保投资项目的顺利进行和最终成功。

1. 投资决策审批

将投资策略提交给决策层进行审批，确保投资决策符合公司的战略目标和风险控制要求。

2. 投资执行与监控

在执行过程中，注重细节管理，确保每一个环节都按照既定计划有序进行。密切关注市场动态和项目进展，及时调整策略、优化执行方案，确保投资项目的顺利进行和最终成功。

3. 风险管理与应对

对投资项目进行风险评估和监控，及时发现和应对潜在的风险，确保投资的安全和稳健。

4. 投资执行的灵活性

根据市场变化灵活调整投资执行计划。培养团队的应变能力，确保在不确定性中把握投资机会。

1.3.5　后期服务与项目总结

项目的成功不仅在于前期的精心策划和中期的高效执行，更在于后期的持续服务与完善总结。在后期服务阶段，为客户提供细致周到的跟踪服务，确保项目的稳定运行和预期效益的实现。与客户保持紧密的沟通，及时响应他们的需求，解决项目运营中遇到的问题，确保项目的长期价值得到最大化实现。全面地回顾和分析，总结项目中的经验教训，提炼成功的关键因素和需要改进的地方。

1. 后期服务与支持

在投资项目完成后，为委托方提供后期的投资咨询、风险管理、退出策略等服务。通过持续的服务与支持，确保投资项目的长期成功和稳定运行。

2. 项目总结与反馈

对项目进行全面地回顾和分析，总结项目中的经验教训和成功因素。同时向委托方提供反馈和建议，以帮助改进未来的投资决策。

3. 知识管理与经验分享

将项目中的经验和教训进行整理和总结，形成知识库和案例库。这些知识和经验对于团队成员的学习和借鉴具有重要意义，有助于提升服务质量和客户满意度。

4. 客户关系维护

建立长期客户关系维护机制，提供持续的增值服务。定期与客户沟通，收集反馈，不断优化服务质量。

5. 项目成果评估

对项目成果进行量化评估，包括投资回报率、市场份额等关键指标。分析项目对行业和社会的影响，评估项目的综合效益。

1.3.6 持续学习与团队发展

在产业咨询领域，持续学习与发展是推动团队不断前行的核心动力。只有不断吸收新知识、掌握新技能，才能应对快速变化的市场环境，为客户提供更加精准、专业的服务。重视团队文化的建设，倡导开放、协作、创新的团队氛围。鼓励团队成员勇于提出新的想法和解决方案，支持他们进行尝试和探索。注重团队结构的优化和人才梯队的建设，引进优秀人才、培养后备力量，确保团队持续发展和竞争力。

1. 专业培训与学习

定期为团队成员提供专业培训和学习机会，提高团队的专业能力和素质。

2. 团队建设与沟通

加强团队建设，提高团队的凝聚力和协作能力，确保团队成员之间的有效沟通和协作。

3. 创新与发展

鼓励团队成员提出新的想法和解决方案，推动团队的创新和发展，以满足客户不断变化的需求。

4. 技术趋势跟踪

关注新兴技术发展，如区块链、云计算、物联网、人工智能等，并探索其在咨询投资领域的应用。定期组织技术研讨会，促进团队对新技术的理解和应用。

5. 职业发展规划

为团队成员提供职业发展规划指导，帮助他们实现个人职业目标。建立晋升机制和激励体系，鼓励团队成员不断追求卓越。

1.3.7 合规性与职业道德

在产业咨询领域，合规性与职业道德不仅是法律和规范的要求，更是职业行为的基石。它们对于维护市场秩序、保护投资者利益、促进行业健康发展具有重要的作用。强调合规性与职业道德的重要性，并为从业人员提供行动指南和参考标准。

1. 遵循法律法规

加强法律法规教育，确保团队成员了解并遵守相关行业法规。定期进行合规性审查，避免法律风险。

2. 职业道德的内涵

职业道德是专业人士的行为准则，它指导日常工作中做出符合道德标准的决策。诚实守信、公正无私地为客户提供服务。尊重客户的隐私和机密信息，严格保守商业秘密。持续提升专业能力，以最高的专业标准来要求自己。

3. 职业发展规划

强化职业道德教育，提升团队成员的伦理意识。建立伦理审查机制，确保所有项目和决策都符合职业道德标准。制定明确的合规政策和职业道德规范。对员工进行定期的合规性和职业道德培训。建立监督机制，确保所有业务活动都在合规和道德的框架内进行。

1.3.8 客户定制化服务

在产业咨询领域，每位客户都是独一无二的。他们拥有不同的业务需求、市场定位和战略目标。因此，提供标准化服务已远远不能满足客户的需求。客户定制化服务内容，旨在指导如何根据客户的特定需求，提供个性化、差异化的服务解决方案。

1. 定制化服务设计

根据客户需求提供个性化服务方案。通过深入了解客户的业务特点和需求，设计符合其特定情况的服务产品。

（1）个性化解决方案　针对客户特定问题提供定制化解决方案。

（2）增强客户满意度　通过满足客户的个性化需求，提升客户的满意度和忠诚度。

（3）提高服务价值　定制化服务能够为客户创造更大的价值，从而提高服务本身的价值。

2. 客户参与和反馈

在服务过程中积极邀请客户参与，确保服务方案与客户需求高度一致。建立有效的客户反馈机制，及时调整服务内容以满足客户期望。

（1）需求分析　与客户紧密沟通，准确捕捉客户的业务需求和期望。

（2）方案设计　基于客户需求，设计创新、实用的服务方案。

（3）服务执行　以专业、灵活的方式执行服务方案，确保满足客户的期望。

（4）持续优化　根据客户反馈和市场变化，不断优化服务方案。

1.3.9 跨部门协作

在当今多元化和一体化的商业环境中，跨部门协作已成为实现组织目标和提升工作效率的关键因素。应专注于如何打破部门壁垒，促进不同团队之间的有效合作，以实现共同的战略目标和项目成功。

1. 跨部门沟通机制

建立跨部门沟通平台，促进不同团队间的信息共享和资源整合。定期举行跨部门协调会议，解决协作中的问题，提高工作效率。

（1）促进知识共享　通过跨部门交流，促进知识和经验的共享。

（2）提高决策质量　汇聚不同部门的视角和专长，提高决策的全面性和准确性。

（3）增强组织灵活性　快速响应市场变化，灵活调整组织资源和战略。

（4）建立沟通机制　创建有效沟通渠道，确保信息透明和流畅。

（5）统一目标和愿景　确保所有部门都对共同的目标和愿景有清晰的认识。

（6）协调利益和资源　平衡不同部门的利益，合理分配资源。

2. 协作项目管理模式

对涉及多个部门的项目实施统一的管理模式和标准流程。确保项目在不同部门间的顺利交接和高效协作。

（1）协作流程设计　设计高效的协作流程和操作标准。

（2）团队建设和培训　加强团队建设，提供必要的协作技能培训。

（3）激励和认可机制　建立激励机制，认可和奖励协作成果。

1.3.10　技术与工具的应用

在数字化时代，技术与工具的应用已成为推动产业咨询服务创新和提升工作效率的重要驱动力。学习、了解当前市场上最前沿的技术工具，以及如何将这些工具融入日常工作中，以提高服务质量和客户体验。

技术培训与能力建设，为团队成员提供必要的技术培训，提升他们的技术应用能力；工具的实施与维护：制定工具的实施计划和维护策略，确保工具的稳定运行；创新技术的探索与实验：鼓励团队成员探索和使用新技术，以寻求服务创新的机会。

1. 高效办公软件应用

引入高效的办公软件和项目管理工具，提高团队的工作效率。培训团队成员熟练使用这些工具，确保信息流通和任务协调的顺畅。

（1）提高工作效率　采用自动化或优化工作流程，减少重复性劳动。

（2）增强数据分析能力　利用先进的数据分析工具，为客户提供更深入的行业洞察。

（3）优化决策制定　通过数据驱动的决策支持系统，提高决策的质量和速度。

2. 数据管理与安全

加强数据管理，确保数据的准确性、完整性和及时更新。重视数据安全，采取有效措施保护客户信息和公司数据不被未授权访问。

1.4　产业咨询可行性研究报告

在当今复杂多变的经济环境中，投资决策的制定需要依托于翔实的数据、深入的分析和专业的建议。产业咨询研究的工作内容与过程旨在为投资者、决策者以及利益相关者提供一个标准化、系统化的信息汇总和分析框架，以支持其做出切实可行的投资选择。

研究报告包括但不限于宏观分析、市场分析、建设运营分析、财务评估、风险管理、投资建议等关键环节。应确保报告内容的全面性和逻辑性，提供一致的格式和结构，参考和借鉴国家发展和改革委员会的《政府投资项目可行性研究报告编写通用大纲》《企业投资项目可行性研究报告编写参考大纲》，以增强报告的可读性和实用性。

1.4.1　概述

1. 项目概况

首先给出项目全称及简称，然后概述项目建设目标和任务、建设地点、建设内容和规模（含主要产出）、建设工期、投资规模和资金来源、建设模式、主要技术经济指标、绩效目标等。

2. 项目单位概况

简述项目单位基本情况。拟新组建项目法人的，简述项目法人组建方案。对于有政府资本金注入的项目，简述项目法人基本信息、投资人（或者股东）构成及政府出资人代表等情况。

3. 编制依据

概述项目建议书（或项目建设规划）及其批复文件、国家和地方有关支持性规划、产业政策和行业准入条件、主要标准规范、专题研究成果，以及其他依据。

4. 主要结论和建议

简述项目投资咨询研究的主要结论和建议。

1.4.2　项目建设背景和必要性

1. 项目的建设背景

简述项目立项背景、项目用地预审和规划选址等行政审批手续办理及其他前期工作进展。

2. 规划与政策的一致性

阐述项目与经济社会发展规划、区域规划、专项规划、国土空间规划等重大规划的衔接性，与扩大内需、共同富裕、乡村振兴、科技创新、节能减排、碳达峰碳中和、国家安全和应急管理等重大政策目标的一致性。

3. 项目建设的必要性

从重大战略和规划、产业政策、经济社会发展、项目单位履职尽责等层面，综合论证项目建设的必要性和建设时机的适当性。

1.4.3　项目需求分析与产出方案

1. 需求分析

在调查项目所涉产品或服务需求现状的基础上，分析产品或服务的可接受性或市场需求潜力，研究提出拟建项目功能定位、近期和远期目标、产品或服务的需求总量及结构。

2. 建设内容和规模

结合项目建设目标和功能定位等，论证拟建项目的总体布局、主要建设内容及规模，确定建设标准。大型、复杂及分期建设项目应根据项目整体规划、资源利用条件及近远期需求预测，明确项目近远期建设规模、分阶段建设目标和建设进度安排，并说明预留发展空间及其合理性、预留条件对远期规模的影响等。

3. 项目产出方案

研究提出拟建项目正常运营年份应达到的生产或服务能力及其质量标准要求，并评价项目建设内容、规模以及产出的合理性。

1.4.4　项目选址与要素保障

1. 项目选址或选线

通过多方案比较，选择项目最佳或合理的场址或线路方案，明确拟建项目场址或线路的土地权属、供地方式、土地利用状况、矿产压覆、占用耕地和永久基本农田、涉及生态保护红线、地质灾害危险性评估等情况。备选场址方案或线路方案比选要综合考虑规划、技术、经济、社会等条件。

2. 项目建设条件

分析拟建项目所在区域的自然环境、交通运输、公用工程等建设条件。其中，自然环境条件包括地形地貌、气象、水文、泥沙、地质、地震、防洪等；交通运输条件包括铁路、公路、港口、机场、管道等；公用工程条件包括周边市政道路、水、电、气、热、消防和通信等。阐述施工条件、生活配套设施和公共服务依托条件等。改扩建工程要分析现有设施条件的容量和能力，提出设施改扩建和利用方案。

3. 要素保障分析

（1）土地要素保障　分析拟建项目相关的国土空间规划、土地利用年度计划、建设用地控制指标等土地要素保障条件，开展节约集约用地论证分析，评价用地规模和功能分区的合理性、节地水平的先进性。说明拟建项目用地总体情况，包括地上（下）物情况等；涉及耕地、园地、林地、草地等农用地转为建设用地的，说明农用地转用指标的落实、转用审批手续办理安排及耕地占补平衡的落实情况；涉及占用永久基本农田的，说明永久基本农田占用补划情况；如果项目涉及用海用岛，应明确用海用岛的方式、具体位置和规模等内容。

（2）资源环境要素保障　分析拟建项目水资源、能源、大气环境、生态等承载能力及其保障条件，以及取水总量、能耗、碳排放强度和污染减排指标控制要求等，说明是否存在环境敏感区和环境制约因素。对于涉及用海的项目，应分析利用港口岸线资源、航道资源的基本情况及其保障条件；对于需围填海的项目，应分析围填海基本情况及其保障条件。对于重大投资项目，应列示规划、用地、用水、用能、环境以及可能涉及的用海、用岛等要素保障指标，并综合分析提出要素保障方案。

1.4.5　项目建设方案

1. 技术方案

通过技术比较提出项目预期达到的技术目标、技术来源及其实现路径，确定核心技术方案和核心技术指标。简述推荐技术路线的理由。对于专利或关键核心技术，需要分析其取得方式的可靠性、知识产权保护、技术标准和自主可控性等。

2. 设备方案

通过设备比选提出所需主要设备（含软件）的规格、数量、性能参数、来源和价格，论述设备（含软件）与技术的匹配性和可靠性、设备（含软件）对工程方案的设计技术需求，提出关键设备和软件推荐方案及自主知识产权情况。对于关键设备，进行单台技术经济论证，说明设备调研情况；对于非标设备，说明设备原理和组成。对于改扩建项目，分析现有设备利用或改造情况。涉及超限设备的，研究提出相应的运输方案，特殊设备应提出安装要求。

3. 工程方案

通过方案比选提出工程建设标准、工程总体布置、主要建（构）筑物和系统设计方案、外部运输方案、公用工程方案及其他配套设施方案。工程方案要充分考虑土地利用、地上地下空间综合利用、人民防空工程、抗震设防、防洪减灾、消防应急等要求，以及绿色和韧性工程相关内容，并结合项目所属行业特点，细化工程方案有关内容和要求。涉及分期建设的项目，需要阐述分期建设方案；涉及重大技术问题的，还应阐述需要开展的专题论证工作。

4. 用地用海征收补偿（安置）方案

涉及土地征收或用海海域征收的项目，应根据有关法律法规政策规定，提出征收补偿（安置）方案。土地征收补偿（安置）方案应当包括征收范围、土地现状、征收目的、补偿方式和标准、安置对象、安置方式、社会保障、补偿（安置）费用等内容。用海用岛涉及利益相关者的，根据有关法律法规政策规定等，确定利益相关者的协调方案。

5. 数字化方案

对于具备条件的项目，研究提出拟建项目数字化应用方案，包括技术、设备、工程、建设管理和运维、网络与数据安全保障等方面。提出数字化交付为目标的，应提供实现设计——施工——运维全过程的数字化应用方案。

6. 建设管理方案

提出项目建设组织模式和机构设置，制定质量、安全管理方案和验收标准，明确建设质量和安全管理目标及要求，提出拟采用新材料、新设备、新技术、新工艺等推动高质量建设的技术措施。根据项目实际提出拟实施以工代赈的建设任务等。

提出项目建设工期，对项目建设主要时间节点做出时序性安排。提出包括招标范围、招标组织形式和招标方式等在内的拟建项目招标方案。研究提出拟采用的建设管理模式，如代建管理、全过程工程咨询服务、工程总承包（EPC）等。

1.4.6 项目运营方案

1. 运营模式选择

研究提出项目运营模式，确定自主运营管理还是委托第三方运营管理，并说明主要理由。委托第三方运营管理的，应提出对第三方的运营管理能力要求。

2. 运营组织方案

研究项目组织机构设置方案、人力资源配置方案、员工培训需求及计划，提出项目在合规管理、治理体系优化和信息披露等方面的措施。

3. 安全保障方案

分析项目运营管理中存在的危险因素及其危害程度，明确安全生产责任制，建立安全管理体系，提出劳动安全与卫生防范措施，以及项目可能涉及的数据安全、网络安全、供应链安全的责任制度或措施方案，并制定项目安全应急管理预案。

4. 绩效管理方案

研究制定项目全生命周期关键绩效指标和绩效管理机制，提出项目主要投入产出效率、直接效果、外部影响和可持续性等管理方案。大型、复杂及分期建设项目，应按照子项目分别确定绩效目标和评价指标体系，并说明影响项目绩效目标实现的关键因素。

1.4.7 项目投融资与财务方案

1. 投资估算

对项目建设和生产运营所需投入的全部资金即项目总投资进行估算，包括建设投资、建设期融资费用和流动资金，说明投资估算编制依据和编制范围，明确建设期内分年度投资计划。

2. 盈利能力分析

根据项目性质，确定适合的评价方法。结合项目运营期内的负荷要求，估算项目营业收入、补贴性收入及各种成本费用，并按相关行业要求提供量价协议、框架协议等支撑材料。通过项目自身的盈利能力分析，评价项目的可融资性。对于政府直接投资的非经营性项目，开展项目全生命周期资金平衡分析，提出开源节流措施。对于政府资本金注入项目，计算财务内部收益率、财务净现值、投资回收期等指标，评价项目盈利能力；营业收入不足以覆盖项目成本费用的，提出政府支持方案。对于综合性开发项目，分析项目服务能力和潜在综合收益，评价项目采用市场化机制的可行性和利益相关方的可接受性。

3. 融资方案

研究提出项目拟采用的融资方案，包括权益性融资和债务性融资，分析融资结构和资金成本。说明项目申请财政资金投入的必要性和方式，明确资金来源，提出形成资金闭环的管理方案。对于政府资本金注入项目，说明项目资本金来源和结构、与金融机构对接情况，研究采用权益型金融工具、专项债、公司信用类债券等融资方式的可行性，主要包括融资金额、融资期限、融资成本等关键要素。对于具备资产盘活条件的基础设施项目，研究项目建成后采取基础设施领域不动产投资信托基金（REITs）等方式盘活存量资产、实现项目投资回收的可能路径。

4. 债务清偿能力分析

对于使用债务融资的项目，明确债务清偿测算依据和还本付息资金来源，分析利息备付率、偿债备付率等指标，评价项目债务清偿能力，以及是否增加当地政府财政支出负担、引发地方政府隐性债务风险等情况。

5. 财务可持续性分析

对于政府资本金注入项目，编制财务计划现金流量表，计算各年净现金流量和累计盈余资金，判断拟建项目是否有足够的净现金流量维持正常运营。对于在项目经营期出现经营净现金流量不足的项目，研究提出现金流接续方案，分析政府财政补贴所需资金，评价项目的财务可持续性。

1.4.8　项目影响效果分析

1. 经济影响分析

对于具有明显经济外部效应的政府投资项目，计算项目对经济资源的耗费和实际贡献，分析项目费用效益或效果，以及重大投资项目对宏观经济、产业经济、区域经济等所产生的影响，评价拟建项目的经济合理性。

2. 社会影响分析

通过社会调查和公众参与，识别项目主要社会影响因素和主要利益相关者，分析不同目标群体的诉求及其对项目的支持程度，评价项目采取以工代赈等方式在带动当地就业、促进技能提升等方面的预期成效，以及促进员工发展、社区发展和社会发展等方面的社会责任，提出减缓负面社会影响的措施或方案。

3. 生态环境影响分析

分析拟建项目所在地的环境和生态现状，评价项目在污染物排放、地质灾害防治、防洪减灾、水土流失、土地复垦、生态保护、生物多样性和环境敏感区等方面的影响，提出减缓生态环境影响、生态修复和补偿以及污染物减排等措施，评价拟建项目能否满足有关生态环境保护政策的要求。

4. 资源和能源利用效果分析

研究拟建项目的矿产资源、森林资源、水资源（含非常规水源）、能源、再生资源、废物和污水资源化利用，以及设备回收利用情况，通过单位生产能力主要资源消耗量等指标分析，提出资源节约、关键资源保障，以及供应链安全、节能等方面措施，计算采取资源节约和资源化利用措施后的资源消耗总量及强度。计算采取节能措施后的全口径能源消耗总量、原料用能消耗量、可再生能源消耗量等指标，评价项目能效水平以及对项目所在地区能耗调控的影响。

5. 碳达峰碳中和分析

对于高能耗、高排放项目，在项目能源资源利用分析的基础上，预测并核算项目年度碳排放总量、主要产品碳排放强度，提出项目碳排放控制方案，明确拟采取减少碳排放的路径与方式，分析项目对所在地区碳达峰碳中和目标实现的影响。

1.4.9 项目风险管控方案

1. 风险识别与评价

识别项目全生命周期的主要风险因素，包括需求、建设、运营、融资、财务、经济、社会、环境、网络与数据安全等方面，分析各风险发生的可能性、损失程度，以及风险承担主体的韧性或脆弱性，判断各风险后果的严重程度，研究确定项目面临的主要风险。

2. 风险管控方案

结合项目特点和风险评价，有针对性地提出项目主要风险的防范和化解措施。重大项目应当对社会稳定风险进行调查分析，查找并列出风险点、风险发生的可能性及影响程度，提出防范和化解风险的方案措施，提出采取相关措施后的社会稳定风险等级建议。对可能引发问题的，应提出综合管控方案，保证影响社会稳定的风险在采取措施后处于低风险且可控状态。

3. 风险应急预案

对于拟建项目可能发生的风险，研究制定重大风险应急预案，明确应急处置及应急演练要求等。

1.4.10　研究结论及建议

1. 主要研究结论

从建设必要性、要素保障性、工程可行性、运营有效性、财务合理性、影响可持续性、风险可控性等维度分别简述项目可行性研究结论，评价项目在经济、社会、环境等各方面的效果和风险，提出项目是否可行的研究结论。

2. 问题与建议

针对项目需要重点关注和需进一步研究解决的问题，提出相关建议。

1.4.11　附表、附图和附件

根据项目实际情况和相关规范要求，研究确定并附具可行性研究报告必要的附表、附图和附件等。

1.5　工作要求及评价

在产业咨询领域，明确的工作要求和科学的评价体系是确保项目成功和团队高效运作的关键。本节将详细阐述产业咨询工作的工作要求及评价方法，提供工作指引和评价标准。

1.5.1　工作要求

在产业咨询这一充满挑战与机遇的领域，工作要求不仅是对团队成员的基本期望，也是追求卓越的职业标准。本节"工作要求"旨在明确每一项任务和每一个项目中所应达到的专业水平、工作态度和行为准则。

1. 专业知识与技能

1）团队成员应具备深厚的专业知识，包括但不限于特定行业的市场结构、竞争格局、技术趋势和政策环境。此外，还需要持续跟踪行业动态，以便能够迅速应对市场变化。

2）掌握投资分析、风险评估、尽职调查等专业技能，能够独立或协助完成项目相关工作，具体包括财务模型构建、市场研究、数据分析等能力，以确保投资项目的科学性和可行性。

3）良好的沟通能力和团队协作能力对于产业咨询工作至关重要。团队成员应能够与客户、合作伙伴和公司内部其他部门有效沟通，推动项目进展，并协调各方资源以达成共同目标。

4）鼓励团队成员参与行业会议、研讨会，以保持行业知识的前沿性。支持团队成员获取相关行业认证，如 CFA、FRM 等，提升专业水平。

2. 工作态度与责任心

1）保持积极的工作态度，对工作充满热情，愿意主动承担责任。团队成员应能够主动发现问题、提出解决方案，并付诸实施。

2）遵守公司规章制度，严格按照工作流程执行任务。确保工作的规范性和高效性，避免因个人原因导致的错误或延误。

3）对项目负责，确保项目质量和进度。团队成员应按时提交工作成果，并主动汇报工作进展和遇到的问题。在遇到困难时，应积极寻求解决方案，确保项目的顺利进行。

4）建立定期的绩效反馈机制，及时给予正面或建设性的反馈。确保每个团队成员都明确自己的职责和在项目中的角色。

3. 学习与创新能力

1）具备较强的学习能力和自我驱动力。团队成员应不断更新和扩充产业知识，了解最新的市场动态和趋势。同时，还应关注新技术、新方法和新思维，以便将其应用于工作中。

2）善于发现问题并提出创新性的解决方案。团队成员应勇于尝试新方法、新思路，推动团队和项目的持续发展。在面临挑战时，应能够迅速调整策略，确保项目的成功实施。

3）为提出创新想法和解决方案的团队成员提供奖励。建立知识共享平台，鼓励团队成员分享学习心得和行业见解。

4. 保密与合规

1）严格遵守保密协议，保护客户和公司的商业机密。团队成员应确保在与客户、合作伙伴和其他相关方的交流中不泄露敏感信息。

2）遵循相关法律法规和行业规范，确保工作的合规性。团队成员应了解并遵守国内外关于投资、证券、税务等方面的法律法规和行业规范，确保项目的合法性和合规性。

3）定期进行合规培训，更新团队成员的知识储备。通过分析合规案例，提高团队成员的风险意识和应对能力。

1.5.2 评价方法

评价方法是衡量工作绩效、激励团队成员、并推动持续改进的关键工具。在产业咨询领域，一个公正、透明且科学的评价体系可以更好地保证服务质量、促进团队发展和实现客户目标。

1. 业绩评价

1）根据项目完成情况、投资收益率、风险控制等指标进行量化评价。指标可以直观地反映团队成员的工作成果和项目的实际效果。

2）结合项目的长期价值和团队的努力程度，给予适当的奖励和激励。在评价过程中，应充分考虑项目的长期影响和价值，以及团队成员在项目中付出的努力和贡献。

3）关键绩效指标（KPIs）设定，设定具体的关键绩效指标，以量化项目和个人业绩。

4）进行投资回报分析，对投资项目的财务表现进行深入分析，评估投资效益。

2. 能力评价

1）定期对团队成员的专业能力、沟通能力、团队协作能力等进行评估。通过能力评价，可以了解团队成员的优缺点和潜力，为后续的培训和个人职业发展规划提供依据。

2）鼓励团队成员参加培训和分享会，提升个人能力和团队整体水平。通过参加培训和分享会，团队成员可以不断学习和提升自己的专业技能和综合素质。

3）360度反馈，采用360度反馈机制，从多个角度评估团队成员的能力。

4）能力发展计划，根据能力评价结果，为团队成员制定能力发展计划。

3. 态度评价

1）关注团队成员的工作态度、责任心和职业素养，通过同事评价、客户反馈等方式进行评价。这些评价方式可以全面反映团队成员的工作态度和行为表现。

2）对表现优秀的团队成员给予表彰和奖励，对表现不佳的团队成员进行辅导和改进。通过表彰和奖励优秀成员，可以激发团队成员的积极性和工作热情；同时，对表现不佳的成员进行辅导和改进，可以帮助他们提升能力和水平。

3）领导力评估，对团队成员的领导力和团队影响力进行评估。

4）职业发展对话，与团队成员进行职业发展对话，了解其职业目标和期望。

4. 综合评价

1）综合业绩、能力和态度等多个方面的评价结果，对团队成员进行综合评价。综合评价可以全面反映团队成员的综合素质和工作表现，为后续的晋升、奖励和培训计划提供依据。

2）根据综合评价结果，为团队成员制定个性化的职业发展规划和培训计划。通过个性化的职业发展规划和培训计划，可以帮助团队成员更好地实现个人价值和发展目标。

3）个人发展报告，为每位团队成员提供个人发展报告，包括优势和改进领域。

4）职业路径规划，基于综合评价，为团队成员规划清晰的职业发展路径。

1.5.3 评价周期与反馈

在追求卓越的产业咨询领域，定期和及时的评价以及有效的反馈机制是提升工作表现和团队协作的关键。本节着重介绍如何通过设定合理的评价周期和实施全面的反馈流程，来确保团队成员的努力得到认可，同时充分发挥其工作潜力。

1. 定期评价

（1）季度评价 实施季度评价制度，确保团队成员的工作表现得到及时反馈。

（2）年度总结 进行年度工作总结，评估团队和个人全年表现。

2. 反馈机制

（1）即时反馈 鼓励团队成员在项目过程中提供和接受即时反馈。

（2）反馈文化 培养一种积极的反馈文化，使反馈成为团队发展的驱动力。

（3）多渠道反馈 建立包括同事、客户和上级在内的多渠道反馈系统。提供匿名反馈选项，以确保坦诚和真实的意见表达。注意反馈的及时性，强调在发现问题或有进步表现时提供即时反馈的重要性。

（4）及时且透明 提供及时反馈，帮助团队成员迅速调整工作策略和方法。增强评价过程的透明度，让团队成员了解自己的表现和期望，作为激励团队成员不断学习和发展的催化剂。

1.5.4 评价结果的应用

评价结果的应用是连接绩效评估与组织发展的重要桥梁。在产业咨询领域，如何有效利用评价结果以促进团队成员的成长、激励优秀表现、指导组织资源的合理配置，是确保服务质量和竞争力的关键环节。本节将深入探讨评价结果如何转化为实际行动和发展策略。

1. 评价结果的转化

（1）行动指导 评价结果应为团队成员提供明确的行动指导，帮助他们识别改进的方向。

（2）激励机制 通过奖励和认可，评价结果应能激发团队成员的积极性和创造力。

（3）评价目的 评价结果应能有助于组织更有效地分配培训、晋升机会和其他资源。

2. 奖励与激励

（1）绩效奖金 根据评价结果，为高绩效团队成员提供绩效奖励。

（2）职业晋升 评价结果将作为职业晋升和职位调整的重要依据。

3. 应用的原则与策略

1）确保评价结果在应用过程中坚持公平原则，避免偏见和不公。保持评价结果和应用决策的透明，让团队成员充分理解评价的影响。评价结果的应用应迅速及时，以确保其有效性和激励性。

2）基于评价结果，为每位团队成员定制个性化的职业发展规划。将评价结果作为绩效奖金分配和职位晋升的重要依据。根据评价结果，为团队成员提供必要的培训和能力提升机会。

4. 培训与发展

1）定制培训计划，根据评价结果，为团队成员提供定制化的培训计划。

2）职业咨询，提供职业咨询服务，帮助团队成员实现规划发展。

1.5.5 持续改进

在不断演变的产业咨询领域，持续改进不仅是对卓越的不懈追求，也是确保服务始终满足甚至超越客户期望的必要条件。本节着重介绍如何通过系统化的方法和积极的态度，将评价结果转化为实际的改进措施，以促进团队和组织的持续发展和创新。

持续改进能帮助我们及时适应新的挑战和机遇；通过不断优化流程和方法，提高工作效率和服务质量；同时，持续改进使我们能够保持行业领先地位，增强市场竞争力。始终以客户的需求和满意度为核心，驱动持续改进的进程；基于评价结果和数据分析，做出客观的改进决策；鼓励每位团队成员参与改进过程，充分发挥集体智慧。

1. 评价体系审查

（1）定期审查 定期审查和更新评价体系，确保其与组织目标和市场趋势保持一致。

（2）收集反馈 收集团队成员对评价体系的反馈，不断优化评价流程。

2. 改进措施

1）基于评价结果，制定具体的改进措施和行动计划。

2）持续监控改进措施的实施效果，确保持续改进。明确改进措施的实施责任、时间表和预期成果。持续监控改进措施的实施效果，确保目标实现。根据监控结果和市场反馈，调整改进策略。

3）建立定期审查评价体系机制，确保其与组织目标和市场趋势保持一致。

4）根据评价结果，制定并实施具体的改进措施和行动计划。

5）鼓励团队成员提出创新想法，推动服务和流程的创新。

1.6 附件

1. 政策、法规清单附件

（1）中华人民共和国公司法

（2）中华人民共和国外商投资法

（3）中华人民共和国证券法

（4）中华人民共和国企业所得税法

（5）中华人民共和国个人所得税法

（6）中华人民共和国专利法

（7）中华人民共和国商标法

（8）中华人民共和国著作权法

（9）中华人民共和国反垄断法

（10）私募投资基金监督管理暂行办法

（11）政府和社会资本合作项目财政管理办法

（12）企业投资项目核准和备案管理办法

（13）证券公司监督管理条例

（14）保险资金运用管理办法

（15）金融企业国有资产评估监督管理暂行办法

（16）中华人民共和国资产评估法

（17）中华人民共和国仲裁法

（18）鼓励外商投资产业目录

（19）中国自由贸易试验区总体方案

（20）投资咨询管理办法

（21）企业国有资产监督管理暂行办法

（22）企业债券管理条例

（23）中华人民共和国标准化法

（24）中华人民共和国价格法

（25）中华人民共和国中小企业促进法

（26）中华人民共和国电子商务法

（27）中华人民共和国网络安全法

（28）中华人民共和国数据安全法

（29）中华人民共和国个人信息保护法

（30）投资项目负面清单管理暂行办法

2. 各产业政策指导文件附件

（1）产业结构调整指导目录（2024 年）

（2）关于加快新能源汽车产业发展的指导意见

（3）国家创新驱动发展战略纲要

（4）"十四五"智能制造发展规划

（5）新一代人工智能发展规划

（6）中国制造 2025

（7）关于促进服务业高质量发展的若干意见

（8）关于支持"专精特新"中小企业高质量发展的指导意见

（9）关于深化新一代信息技术与制造业融合发展的指导意见

（10）钢铁产业发展政策

（11）汽车产业发展政策

（12）关于促进绿色发展的指导意见

（13）关于促进数字经济和实体经济深度融合发展的指导意见

（14）关于推动互联网、大数据、人工智能和实体经济深度融合发展的实施意见

（15）关于促进乡村产业振兴的指导意见

（16）关于推动先进制造业和现代服务业深度融合发展的实施意见

（17）关于支持民营经济高质量发展的若干意见

（18）关于加快发展循环经济的若干意见

（19）关于支持文化产业高质量发展的若干意见

（20）关于推进"互联网+"行动的指导意见

第2章 产业咨询投资融资模式

2.1 投资融资模式及申报方式

在产业咨询投资领域，了解并熟悉相关的主管部门及其职能至关重要。这些部门不仅负责制定和执行相关政策，还监督和指导整个行业的发展方向。同时官方网站也是获取最新政策信息、行业动态以及进行在线咨询的重要渠道。本章将详细介绍我国产业咨询投资领域的主要管理部门及其职责，并提供相应的官方网站链接，以帮助投资者、企业和研究人员更好地了解行业动态，把握投资方向，从而做出有利于产业咨询投资的相关决策。

2.1.1 中央专项资金申请

中央预算内投资是由国家发展和改革委员会（简称发改委）负责管理和安排的、用于固定资产投资的中央财政资金，可进行新建、扩建、改建、技术改造等，安排方式包括直接投资、资本金注入、投资补助、贷款贴息等。

1. 总体情况概述

2024年中央预算内投资拟安排7000亿元。

2024年中央预算内投资主要支持粮食安全、能源安全、产业链供应链安全、城市基础设施及保障性安居工程基础设施、生态环境保护、交通物流重大基础设施、社会事业及其他重点领域等八个方面，包括产粮大县公共服务基础设施、粮食仓储设施、支撑性调节煤电、农村电网改造、新引擎赛道、战略性矿产资源保障供应等34个领域。资金支持比例根据地域、方向和领域为15%~100%，这是对国家战略、区域发展的具体贯彻落实。主要及重点支持项目见表2-1。

表2-1 中央预算内投资主要及重点支持项目

序号	支持领域	细分方向	支持项目
1	粮食安全	公共服务设施	（1）中等职业学校
			（2）公办幼儿园

（续）

序号	支持领域	细分方向	支持项目
1	粮食安全	公共服务设施	（3）义务教育学校
			（4）普通高中
		粮食仓储设施	（1）中央储备粮食仓储物流设施
			（2）地方政府粮食储备设施
			（3）政策性粮食收购有仓容缺口区域粮食仓储设施
			（4）粮食物流重点线路、节点上的粮食仓储物流设施
2	能源安全	煤电项目	支撑性调节煤电
		农村电网改造	农村电网薄弱地区改造
3	产业链供应链安全	核心技术攻关	（1）集成电路重大生产线
			（2）新能源汽车新型电子电气架构
		矿产资源供应	战略性矿产资源新建、改扩建矿山项目
4	城市基础设施	供水、排水、供热	（1）新建项目
			（2）老化更新改造
		保障性安居工程	（1）城中村改造
			（2）保障性住房配套基础设施
5	生态环境保护	生态保护和修复	"三北"工程
		污水垃圾处理	总投资 1 亿元以上的项目
6	交通物流	铁路	中西部和东北骨干通道
		公路	国家高速公路和收费国道项目
		水运	（1）纳入规划的港口和航道
			（2）国家大宗商品储运基地
		机场	枢纽机场新建、改扩建
7	社会事业	教育	（1）本科高校学生宿舍
			（2）中央高校新校区
			（3）职业院校产教融合
			（4）高校教学科研和生活设施
			（5）普通高中建设项目
		医疗卫生	（1）高水平医院创建国家医学中心
			（2）国家区域医疗中心
			（3）省级精神专科医院或综合医院精神病区建设
			（4）国家中医药传承创新中心
			（5）"平急两用"公共基础设施布局的大城市加强医院建设
		文化遗产保护	（1）历史文化遗产保护利用

（续）

序号	支持领域	细分方向	支持项目
7	社会事业	文化遗产保护	（2）国家公园等重要自然遗产地保护展示
			（3）4A级及以上旅游景区内智慧展示设施
		体育设施	（1）体育公园
			（2）全民健身中心
			（3）户外运动公共服务设施
		社会保障	（1）保障性安居工程配套基础设施
			（2）养老服务机构
			（3）托育综合服务中心
8	其他	技术创新	（1）关键领域核心技术攻关
			（2）新型显示领域重大项目
			（3）人工智能大模型训练的基础设施
		矿产资源	战略性矿产资源保障供应
		应急管理	应急管理体系建设

2. 申报要点

（1）申报平台　全国投资项目在线审批监管平台（https：//new. tzxm. gov. cn/）。

（2）申报主体　政府或者企事业单位。

（3）申报时间　中央预算内投资补助分专项、分批次进行申报，各专项申报时间不固定，按照往年申报经验来看，一般在上一年度的下半年开始陆续申报，多集中在上年度四季度、当年第一季度，具体时间以各专项正式申报通知为准。

（4）申报要求

1）项目应通过投资项目在线审批监管平台完成审批程序，土地、环评等前期手续完备，投资计划一经下达即可开工建设。

2）项目已录入国家重大建设项目库。

3）建设资金落实，不得新增地方政府债务负担。

4）已经安排中央预算内的投资项目，不得重复申报。

5）同一项目不重复申请国家其他专项和其他部门资金。

（5）申报流程

1）项目申报：项目单位根据申报通知要求，准备符合申报条件的项目同时从线上（国家重大建设项目库）和线下（项目单行材料）两条线进行申报，由发改委部门会同行业主管部门对照专项管理办法和申报通知要求逐级审核、逐级上报。

①线上申报：拟申报中央预算内投资项目基本信息由项目申报单位经互联网端口录入国家重大建设项目库，并推送至属地发改委部门，由属地发改委部门会同行业主

管部门进行筛选审核，并将最终通过审核的项目纳入国家三年滚动计划库，逐级推送。

②线下申报：项目业主单位准备项目申报材料，包括资金申请报告、项目审批（核准、备案）文件、真实性说明、资金承诺函等单行材料，同步报送属地发改委部门。

资金申请报告应包括以下主要内容：Ⅰ. 项目单位的基本情况；Ⅱ. 项目的基本情况，包括在线平台生成的项目代码、建设内容、总投资及资金来源、建设条件落实情况等；Ⅲ. 项目列入三年滚动投资计划，并通过在线平台完成审批（核准、备案）情况；Ⅳ. 申请投资补助或者贴息资金的主要理由和政策依据；Ⅴ. 工作方案或管理办法要求提供的其他内容。项目单位应对所提交的资金申请报告内容的真实性负责。

2）额度分配：国家发改委结合相关政策措施和实际项目申报情况，确定安排各地区年度中央预算内投资计划额度。中央预算内投资计划下达后，地方发改委及有关部门根据国家下达的投资计划转发或分解下达项目年度投资计划。

3）资金下达：中央预算内投资计划下达后，由财政部逐级下发资金额度，根据项目申报的主体层级不同，由相应层级的财政部门以实拨资金或国库集中支付方式拨付至项目实施主体或施工单位。中央预算内直接投资项目，主要以国库集中支付方式，由相应层级国库根据拨付指令将资金直接拨付至施工单位；中央预算内投资补助和贷款贴息项目，主要以实拨资金方式，由相应层级国库拨付至项目实施主体；中央预算内投资资本金注入项目，资金拨付主要为实拨资金，由相应层级的国库拨付至项目实施主体账户中。

2.1.2　地方政府专项债

2023 年多项产业政策的出台持续扩大了专项债募投的应用领域，包括新型城镇化、数据中心、公共汽电车场站充换电基础设施、旅游等相关基建，尤其是城市高质量发展标准体系的逐步建立有望大力推动新型城镇化建设、智慧城市与数字乡村建设、城镇基本公共服务建设在全国范围内的开展，为专项债发力提供了更大空间。此外，保障性安居工程领域新增城中村改造、保障性住房两个方向，为 2024 年项目储备提供了更广泛和细化的方案。

1. 总体情况概述

地方政府专项债券期限长、利率低、申报简单，且不占用地方财政资金。2024 年专项债项目在投向领域、项目要求、申报程序上均有变化。投向领域总体仍保持着 11 大领域不变，但细分投向出现细微变化，在专项债用作资本金领域新增保障性住房。已审核通过的专项债项目无实质性变化，可率先发债。后续监管部门审核地方新报项目后，支撑专项债发行，进而推动社融和基建投资平稳增长。

截至 2024 年 2 月 23 日，31 个省份披露了预算报告，且根据数据统计分析可知，

2024 年提前批额度顶格下达，其中提前批专项债、一般债额度加总分别为 22800 亿元、4320 亿元。2024 年各省、自治区、直辖市提前批额度情况参见表 2-2。

表 2-2　2024 年各省、自治区、直辖市提前批额度情况　　（单位：亿元）

序号	省、自治区、直辖市	一般债	专项债	合计
1	广东	204	3245	3449
2	山东	115	2433	2548
3	浙江	193	1903	2096
4	四川	226	1512	1738
5	河南	201	1444	1645
6	河北	280	1290	1570
7	安徽	85	1269	1354
8	江苏	146	1246	1392
9	湖北	236	1237	1473
10	福建	96	1212	1308
11	湖南	189	1057	1246
12	江西	172	886	1058
13	北京	93	510	603
14	陕西	172	476	648
15	重庆	67	383	450
16	海南	64	315	379
17	云南	122	301	423
18	新疆	213	291	504
19	天津	72	261	333
20	广西	175	241	416
21	甘肃	105	208	313
22	吉林	125	193	318
23	山西	140	178	318
24	上海	132	170	302
25	贵州	88	145	233
26	内蒙古	164	142	306
27	黑龙江	203	117	320
28	辽宁	55	92	147
29	青海	103	25	128
30	西藏	29	14	43
31	宁夏	55	4	59
	合计	4320	22800	27120

注：因统计口径原因，数据暂未包含我国港澳台地区。

地方政府专项债具体支持项目及范围情况见表 2-3 所示。其中各项目支持比例会根据项目的具体情况（如投资规模、经济效益、社会效益、地方政府财政状况等）和政策导向进行调整。

表 2-3　地方政府专项债具体支持项目及范围

序号		支持项目	对应支持范围
1	交通基础设施	铁路（含城际铁路和铁路专用线）	高速铁路、城际铁路、货运铁路及铁路专用线
		收费公路	主要是高速公路，国、省干线改造
		民用机场（不含通用机场）	干线机场、支线机场
		水运	内河航运枢纽、港口
		城市轨道交通和市域（郊）铁路	主要是地铁、市域（郊）铁路
		城市停车场	独立停车场项目，可含充电桩［此类项目县（区、开发区）可以统一规划、统一申报］
		综合交通枢纽（含综合交通枢纽一体化综合利用）	客运枢纽，重点包括改扩建高铁站、城市轨道交通站、城市综合客运站等独立枢纽项目
2	能源	天然气管网和储气设施	（1）天然气管网：主要是管压 4.0MPa 以上的石油天然气长输管道（首站到门站的管道）连接的一级支线或二级支线 （2）储气设施，主要是在各城市建立的带有储罐的天然气储气设施
		煤炭储备设施	由国家相关部委调度的战略性枢纽型煤炭储备项目，投资覆盖广、项目规模较大的新增煤炭储备项目
		城乡电网（农村电网改造升级、城市配电网、边远地区离网型新能源微电网）	（1）农村电网改造（国家电网统一向各省市发改委报送） （2）城市配电网 （3）边远地区离网型新能源微电网
		大型风电基地、大型光伏基地、抽水蓄能电站等绿色低碳能源基地（含深远海风电及其送出工程），村镇可再生能源供热	（1）大型风电、光伏基地、抽水蓄能电站等绿色低碳能源基地（含深远海风电及其送出工程） （2）村镇可再生能源供热 （3）新能源汽车充电桩 （4）公共领域充换电基础设施
		新能源汽车充电桩	
		公共领域充换电基础设施	
3	农林水利	农业	（1）高标准农田建设，渔港和渔港经济区建设 （2）农作物、畜禽、水产育种创新能力提升，制（繁）种能力提升 （3）农作物病虫害区域应急防治中心，农村产业融合发展示范园等
		水利	水库工程（包含水库除险加固）、引调水工程、调配水工程、城乡供水一体化工程、农村饮用水安全巩固提升工程

（续）

序号	支持项目		对应支持范围
3	农林水利	林草业	（1）国家储备林项目 （2）储备饲草基地
4	生态环保	城镇污水垃圾收集处理	（1）县城、建制镇污水收集及新建处理设施或提标改造（重点支持城市新区、城中村、老旧城区、城乡接合部等空白区域） （2）污水资源化利用，污泥处置；垃圾焚烧发电一体化、生活垃圾分类、垃圾回收分拣中心、垃圾资源化利用等
5	社会事业	卫生健康（含医院医疗救治设施、公共卫生设施）	县级以上医疗机构，包括综合医院、中医医院、妇幼保健院，其中县级也可以支持县级医院分院
		教育（学前教育、职业教育、普通高校学生宿舍）	（1）职业教育：公办中职、公办高职、技工院校 （2）学前教育：公办幼儿园 （3）普通高校学生宿舍
		养老托育	（1）养老：省、市、县级的公办老年养护院，包括社区居家类的养老服务设施 （2）托育：公办托育机构
		文化旅游	（1）旅游基础设施主要包括游客服务中心、停车场、旅游厕所、旅游道路、智慧旅游服务设施等 （2）旅游道路须为短距离的通景区道路、景区内必要的游步道
		其他社会事业	（1）体育公园、全民健身中心、公共体育场中的标准田径跑道和标准足球场地、社会足球场、健身步道公共服务设施等 （2）残疾人康复、精神卫生、优抚医院等

2. 申报要点

（1）申报流程　项目主管部门和项目单位根据本行业公益性事业发展规划、项目前期准备等情况筛选符合专项债要求的项目，分别通过财政部门地方政府债务管理系统和发改委部门国家重大项目库。将项目需求逐级上报至财政部国家发改委审核后，财政部、国家发改委将审核结果反馈至地方。项目申报必备条件为：项目需要进行立项和具备可研报告。项目申报窗口：为上一年度11月和当年度4月，即11月窗口对应提前批专项债额度，4月窗口对应全国两会批准的全年专项债额度。

（2）项目评审　在财政部、发改委审核通过的基础上，新上报项目需编制"一案两书"（即实施方案、财务评估书和法律意见书）参与全省专项债券专家评审，评审通过的项目纳入全省发行备选库管理；续发行项目无须再次评审。项目"一案两书"、用地、环评、开工文件等其他必要手续齐备。按工作惯例，全省每年将统一组织3次左右评审窗口，通常财政厅在上一年度12月份和当年5月固定开展两次评审，并根据地方项目储备情况机动开展一次评审。

（3）债券发行流程　财政厅分两批次下达专项债券额度，包括提前批和第二批，并选定发行窗口。项目已处于开工阶段或施工招标投标阶段，债券资金到位后可以尽快形成实物工作量。提前批额度通常于每年 3 月底前发行完毕，第二批将根据发行市场环境合理设置发行月度。

2.1.3　PPP（公私合作特许经营）模式

2023 年 2 月政府和社会资本合作项目开始进行清理核查；同年 11 月初，国务院办公厅转发国家发改委、财政部《关于规范实施政府和社会资本合作新机制的指导意见》，公私合作特许经营模式开始在政府和社会资本合作项目中普及。

1. 总体情况概述

（1）聚焦用户付费与合规投资　合作项目应专注于用户付费模式，确保项目收入覆盖成本并产生合理回报，避免增加地方财政负担，政府投资支持限于合规且限于运营补贴，不能补贴建设成本。不得通过可行性缺口补助、承诺保底收益率、可用性付费等方式，使用财政资金弥补项目建设和运营成本。合作应全部采取特许经营模式实施，根据项目实际情况，合理采用建设—运营—移交（BOT）、转让—运营—移交（TOT）、改建—运营—移交（ROT）、建设—拥有—运营—移交（BOOT）、设计—建设—融资—运营—移交（DBFOT）等具体实施方式，并在合同中明确约定建设和运营期间的资产权属，清晰界定各方权责利关系。

（2）重点把握经营性收益领域项目　政府和社会资本合作应限定于有经营性收益的项目，主要包括公路、铁路、民航基础设施和交通枢纽等交通项目，物流枢纽、物流园区项目，城镇供水、供气、供热、停车场等市政项目，城镇污水垃圾收集处理及资源化利用等生态保护和环境治理项目，具有发电功能的水利项目，体育、旅游公共服务等社会项目，智慧城市、智慧交通、智慧农业等新型基础设施项目，城市更新、综合交通枢纽改造等盘活存量和改扩建有机结合的项目。

（3）限定领域与民企优先　合作范围限于有经营性收益项目，涵盖交通、市政、环保等多领域。优先鼓励民营企业参与，特别是市场化程度高、公共属性弱的项目，同时确保民企在重要项目中的合理股权占比。市场化程度较高、公共属性较弱的项目，应由民营企业独资或控股；关系国计民生、公共属性较强的项目，民营企业股权占比原则上不低于 35%；少数涉及国家安全、公共属性强且具有自然垄断属性的项目，应积极创造条件、支持民营企业参与。

（4）明确管理责任与公平竞争　各级政府和部门需明确职责分工，加强政策指导和项目管理。特许经营方案需严格审核，确保项目可行性和经济性。特许经营者通过公开竞争方式选择，注重其运营能力和信用状况，合理设定特许经营期限，保障各方权益。

（5）规范协议签订与投资管理流程　确保特许经营协议在法律框架下平等签订，明确双方权利、义务和责任，涵盖项目范围、服务标准、收益方式等关键要素。同时，严格遵循政府投资及企业投资项目管理条例，履行审批、核准或备案手续，对项目调整进行规范审核，保障项目合法合规推进。

（6）强化项目建设与运营管理　特许经营者需扎实开展项目前期工作，优化建设方案，控制成本，确保工程质量与安全，特别关注高风险项目，防止烂尾。项目建成后，及时组织验收并筹备运营。在运营阶段，加强监管力度，定期开展运营评价，惩戒违法失信行为，规范协议变更和移交流程，并建立常态化信息披露机制，提升项目透明度。

（7）加大政策保障与支持　通过完善的政策体系，为特许经营项目的顺利实施提供全方位的支持与保障。这包括但不限于优化投资环境、提供必要的政策指导与便利、加强跨部门协作与监管等，确保项目能够持续、稳定、高效地运行，实现经济效益与社会效益的双赢。

PPP 模式主要及重点支持项目及领域情况见表 2-4。

表 2-4　PPP 模式主要及重点支持项目及领域

序号	项目名称	领域
应由民营企业独资或控股的项目		
1	垃圾固废处理和垃圾焚烧发电项目	环保领域
2	园区基础设施项目	市政领域
3	公共停车场项目	
4	物流枢纽、物流园区项目	物流领域
5	农业废弃物资源化利用项目	农业林业领域
6	旅游农业、休闲农业基础设施项目	
7	林业生态项目	
8	体育项目	社会领域
9	旅游公共服务项目	
民营企业股权占比原则上不低于 35% 的项目		
10	污水处理项目	环保领域
11	污水管网项目	
12	城镇供水、供气、供热项目	市政领域
13	城际铁路、资源开发性铁路和支线铁路，铁路客货运输商业类、延伸类业务项目	交通运输领域
14	收费公路项目（不含投资规模大、建设难度高的收费公路项目）	
15	低运量轨道交通项目	

（续）

序号	项目名称	领域
民营企业股权占比原则上不低于 35% 的项目		
16	机场货运处理设施项目	物流领域
17	国家物流枢纽、国家骨干冷链物流基地项目	
18	具有发电功能的小型水利项目	水利领域
19	智慧城市、智慧交通、智慧农业、智慧能源项目	新型基础设施领域
20	数据中心项目	
21	人工智能算力基础设施项目	
22	民用空间基础设施项目	
积极创造条件、支持民营企业参与的项目		
23	列入中长期铁路网规划、国家批准的专项规划和区域规划的铁路项目	交通运输领域
24	投资规模大、建设难度高的收费公路等项目	
25	城市地铁、轻轨和市域（郊）铁路项目	
26	民用运输机场项目	
27	农村电网改造升级项目	能源领域
28	油气管网主干线或支线项目	
29	石油、天然气储备设施项目	
30	具有发电功能的大中型水利项目	

2. 申报要点

（1）申报平台　全国投资项目在线审批监管平台（https：//new. tzxm. gov. cn/）。

（2）申报流程　项目可以由政府和社会资本进行发起。其中，政府发起为财政部门向各行业主管部门征集潜在的 PPP 项目；社会资本发起为社会资本以项目建议书的方式向财政部门推荐潜在的 PPP 项目。

财政部门会同行业主管部门对潜在项目进行筛选，确定备选项目。制定项目年度和中期开发计划，并对列入计划的项目编制初步实施方案。对筛选出的项目进行详细的评估，包括物有所值（VFM）评估和财政承受能力论证。这些评估旨在确定 PPP 模式是否比传统政府采购模式更有效率、更具收益性。符合条件的项目录入 PPP 综合信息平台，经省级财政部门审核满足上报要求的，列为储备项目。

（3）各项目支持比例说明

1）地方政府出资比例：一般在 PPP 项目实施方案中，地方政府出资比例至少为20%以上，具体比例根据项目类型、投资规模及政府政策协商确定。例如，对于铁路、公路项目，地方政府出资比例由原先的25%调整为20%。

2）中央预算内投资支持：对于符合条件的 PPP 项目，中央预算内投资可能提供资金支持。单个项目总投资不低于 1 亿元，安排到单个项目的中央预算内投资不低于 2000 万元，对单个项目的支持比例原则上不超过项目总投资 60%。

3）社会资本参与：PPP 模式的核心在于吸引社会资本参与公共产品和服务的供给。社会资本通过专业化的运营和管理，可提升项目运行效率和质量，同时获得合理的投资回报。

4）项目选择：PPP 项目的选择需遵循经济社会发展需要，注重项目的公益性质、投资规模、市场需求及政府政策导向。项目需具备稳定的现金流回报和可持续的运营模式，以吸引社会资本的长期投入。

5）风险管理：PPP 项目涉及政府和社会资本双方的利益和责任，需建立完善的风险分担机制。政府需承担政策、法律等宏观风险，社会资本则需承担建设、运营等微观风险。双方需通过合同明确各自的权利和义务，确保项目的顺利实施和长期运营。

2.1.4 EOD（生态环境导向开发）模式

2018 年 8 月生态环境部首次明确提出生态环境导向的城市开发（Eco-environment Oriented Development，以下简称 EOD）模式；2020 年至 2023 年间，生态环境部、国家发改委、国家开发银行三部门连续两年向全国各地征集 EOD 模式备选项目，国家部委正以"示范推广"的方式，大力鼓励不同领域的 EOD 示范项目落地实施，EOD 模式项目逐渐普及。

1. 总体情况概述

生态环境导向的开发模式是以习近平生态文明思想为引领，通过产业链延伸、组合开发、联合经营等方式，推动公益性较强的生态环境治理与收益较好的关联产业实现有效融合、增值反哺、统筹推进、市场化运作、一体化实施、可持续运营。

以生态环境治理提升关联产业经营收益，以产业增值收益反哺生态环境治理投入，实现生态环境治理外部经济性内部化的创新性项目组织实施方式，是践行绿水青山就是金山银山理念的项目实践，有利于积极稳妥推进生态产品经营开发，推动生态产品价值有效实现。

EOD 模式具体支持项目情况见表 2-5，其中各项目支持比例会根据项目的具体情况（如投资规模、环境效益、社会效益、地方政府财政能力、社会资本投入意愿等）进行调整。

表 2-5　EOD 模式支持项目清单

序号	支持领域	项目清单
1	水生态环境保护	黑臭水体治理
		污水处理设施与配套管网建设改造

（续）

序号	支持领域	项目清单
1	水生态环境保护	污水处理厂污泥处理处置
		污水再生及资源化利用
		工矿企业和医疗机构水污染治理
		工业园区水污染治理
		船舶港口水污染治理
		水体内源污染治理
		流域水生态保护修复
		流域水环境综合治理
		河湖生态流量保障
		重点湖库富营养化控制
		河湖生态缓冲带修复
		天然（人工）湿地生态系统保护与建设
		水源涵养区保护
		饮用水水源地保护
		入河排污口整治及规范化建设
2	大气污染防治	北方地区冬季清洁取暖
		挥发性有机物综合治理
		工业企业深度治理
		工业企业燃煤设施清洁能源替代
		重点行业超低排放改造
		重点行业清洁生产改造
		锅炉综合治理
		涉气产业园区和集群大气环境综合整治
		高排放机动车淘汰换新
		船及非道路移动源排放治理
		典型行业恶臭治理
		重污染天气应对能力建设
3	土壤污染防治	建设用地土壤污染风险管控
		建设用地土壤污染修复
		农用地工矿污染源整治
		工矿企业重金属治理
		历史遗留重金属污染区域治理
		化学品生产企业及工业集聚区地下水污染风险管控
		矿山开采区及尾矿库地下水污染综合治理
		危险废物处置场及垃圾填埋场地下水污染防治

（续）

序号	支持领域	项目清单
3	土壤污染防治	依赖地下水的生态系统保护
		地下水型饮用水水源地保护
		重点污染源防渗改造
		废弃井封井回填
4	重点海域综合治理（以渤海、长江口-杭州湾、珠江口邻近海域为重点）	海水养殖环境整治
		入海排污口及直排海污染源整治
		船舶港口污染防治
		近海岸滩环境整治
		海洋生态系统保护修复
		美丽海湾示范建设
5	农业农村污染治理	农村污水处理和资源化利用
		农村垃圾治理
		农村黑臭水体整治
		废弃农膜回收利用
		秸秆综合利用
		畜禽与水产养殖污染治理和粪污资源化利用
		种植业面源污染治理
		农村生态环境综合整治
6	固废处理处置及资源综合利用（以"无废城市"建设项目为重点）	城乡生活垃圾收集与处理处置
		餐厨垃圾收集与资源化利用
		危险废物及医疗废物收集与处理处置
		矿产资源（含尾矿）综合利用
		废旧资源再生利用
		农业固体废物资源化利用
		工业固体废物环境风险管控
		工业固体废物无害化处理处置及综合利用
		建筑垃圾和道路沥青资源化利用
		包装废弃物回收处理
7	生态保护修复	生态系统保护和修复
		山水林田湖草沙冰一体化保护和修复
		矿区生态保护修复
		采煤沉陷区综合治理
		生物多样性保护及荒漠化
		石漠化、水土流失综合治理

（续）

序号	支持领域	项目清单
8	其他环境治理	生态环境风险防控
		放射性污染防治
		噪声与振动污染控制
		生态环境监测与信息能力建设

2. 申报要点

（1）申报条件

1）入库项目申报主体应为已建立现代企业制度、经营状况和信用状况良好的市场化企业，或县级（含）以上政府及其有关部门。

2）项目融资主体应为市场化企业，环保信用评价不是最低等级。

3）治理责任主体为企业的生态环境治理项目，单个项目融资需求原则上应超过5000万元；其他项目单个项目融资需求原则上应超过1亿元。

4）应明确项目实施模式。PPP项目需满足国家有关管理要求，应适时纳入财政部、国家发改委PPP项目库。鼓励推广生态环境整体解决方案、托管服务和第三方治理。

5）EOD项目要参考《关于推荐第二批生态环境导向的开发模式试点项目的通知》（环办科财函〔2021〕468号，以下简称《通知》）基本要求，确保生态环境治理与产业开发项目有效融合、收益反哺、一体化实施。

（2）注意事项

1）地市级及以上政府作为申报主体和实施主体的EOD项目，原则上投资总额不高于50亿元。

2）区县级政府作为申报和实施主体的项目，原则上投资总额不高于30亿元。

3）项目边界清晰，生态环境治理与产业开发之间密切关联、充分融合，避免无关项目捆绑，组合实施的单体子项目数量不超过5个。

4）除规范的PPP项目外，不涉及运营期间政府付费，不以土地出让收益、税收、预期新增财政收入等返还补助作为项目收益。加强重大项目谋划，优化项目建设内容，力争在不依靠政府投入的情况下实现项目整体收益与成本平衡。

5）EOD项目中生态环境治理内容需符合入库范围要求，且要有明确的生态环境改善目标。产业开发要符合国家和地方产业政策、空间管控等各项要求，项目实施中严格落实招标投标、政府采购、投资融资、土地、资源开发、政府债务风险管控、资产处置等各项法规政策要求，依法依规推进项目规范实施，不得以任何形式增加地方政府隐性债务。

6）各省（自治区、直辖市）每年入库 EOD 项目原则不超过 5 个。

（3）申报材料

1）项目基本信息表（线上填报）。

2）项目可行性研究报告或实施方案，应明确建设内容与规模、建设运营模式、融资金额、资金平衡方案等。

3）省级生态环境部门项目论证评估意见。

4）EOD 项目应一并提交 EOD 项目实施方案与承诺函。

其中，承诺函由项目申报主体和实施主体（市级及以下人民政府或园区管委会）盖章。

2.1.5 基础设施 REITs

"十四五"规划《纲要》明确提出，推动基础设施领域不动产投资信托基金（REITs）健康发展，有效盘活存量资产，形成存量资产和新增投资的良性循环。将公募 REITs 试点资产类型拓展至消费基础设施，该类项目开发模式正逐步兴起。

1. 总体情况概述

资产可以转化为流动性更强的证券，为投资者提供了投资基础设施项目的渠道，同时也为原始权益企业提供了退出机制和再投资的机会。不特定对象发售（包括向原持有人配售和公开扩募）以及定向扩募（个人和机构投资者）。具体特点如下所示。

（1）底层资产—聚焦优质资源　中国公募 REITs 试点底层资产大部分为往期运营稳定、回报率良好的资产或行业内的示范性工程。

（2）项目权属清晰　REITs 试点要求取得基础设施项目完全所有权或经营权利。已按规定履行项目投资管理，以及规划、环评用地、竣工验收等相关手续。

（3）规模性与成长性　REITs 试点文件明确规定，首次发行的基础设施 REITs 项目，当期目标不动产评估净值原则上不低于 10 亿元。发起人（原始权益人）具有较强扩募能力。

（4）良好的业绩表现　项目开始运营时间原则不少于 3 年，已产生持续、稳定的现金流。对项目的现金流回报，要求预计未来 3 年净现金流分派率不低于 4%。

（5）发起人信用良好　具有持续经营能力，最近 3 年无重大违法违规行为。企业内部制度健全，基础设施运营企业还应当具有丰富的运营管理能力。

1）基础设施 REITs 开发模式具体支持项目及范围：交通基础设施、能源基础设施、市政基础设施、园区基础设施、新型基础设施、保障性租赁住房、生态环保基础设施、仓储物流基础设施。

2）各支持项目支持比例说明：基础设施 REITs 的投资组合通常会遵循多元化原

则，以分散风险并追求稳定的现金流回报。因此，不同类别的项目会在基金总资产中占据不同的比例。基金管理人在制定投资策略时，会综合考虑项目的盈利能力、市场前景、政策支持、风险管理等多个因素，以确定最终的投资比例。具体见表 2-6。

表 2-6　基础设施 REITs 开发模式支持项目清单

序号	支持领域	项目清单
1	交通基础设施	收费公路、铁路、机场、港口等
2	能源基础设施	发电、清洁能源、特高压输电、电网建设、充电基础设施等
3	市政基础设施	供水、供电、供气、供热项目，以及停车场等
4	生态环保基础设施	污水垃圾处理及资源再利用基础设施，固废危废医废处理环境基础设施等
5	仓储物流基础设施	通用仓库以及冷库等专业仓库
6	园区基础设施	自贸区、各级别开发区、战略性新兴产业集群研发平台、创业孵化器、产业加速器
7	新型基础设施	数据中心类、人工智能项目，5G、通信铁塔、物联网、工业互联网、宽带网络、有线电视网络项目，智能交通、智慧能源、智慧城市项目
8	保障性租赁住房	各直辖市及人口净流入大城市的保障性租赁住房项目
9	其他类型	自然文化遗产等

2. 申报要点

中国 REITs 监管框架是以发改委、证监会作为顶层制度的设计机关；交易所、行业协会作为执行保障机构的双层结构体系。

（1）申报原则　基础设施 REITs 的申报由国家发改委与中国证监会两部门主管，遵循同步受理、联合反馈、共同审议的原则。发改委主要负责项目是否符合国家重大战略、宏观调控政策等方面的审核，而证监会则负责注册、审查程序及市场化运作的监管。

（2）申报流程

1）项目选择与入库。当地发改委组织原始权益人选择优质项目，纳入试点项目库。原始权益人选择合适项目后，向省发改委申报。

2）省发改委审核。省发改委上报项目申请请示文件和申报材料至国家发改委。国家发改委委托专业咨询机构对申报材料进行审核，并向证监会推荐符合条件的项目。

3）证监会与交易所审核。证监会和交易所同步审核项目材料，组织召开联合反馈会，审核通过后交易所出具无异议函，证监会注册公募基金。

（3）主要工作内容

1）尽职调查及申报材料准备。包括法律尽职调查、财务审计、资产评估、税务筹划等工作，编制申报材料并提交至相关监管部门。

2）与监管部门沟通。在申报过程中，基金管理人需持续与发改委、证监会等监管部门沟通，根据反馈意见补充材料，配合通过答辩。

3）项目上市申请。在材料通过审核后，基金管理人向证监会提交公募基金上市申报材料，同时向交易所提交上市申请。

（4）特殊架构与要求 由于公募基金不能直接投资未上市企业的股权，因此需要在公募基金和项目公司之间设立一层 ABS（资产支持证券）。这种双层架构可能带来额外的交易成本，需确保基金管理人和 ABS 管理人是具有实际控制关系或同一控制下的关联方，以避免潜在的利益博弈和纠纷。

（5）申报原则

1）项目合规性。确保项目符合国家重大战略、宏观调控政策、产业政策等要求。

2）资产质量与运营稳定性。项目需具备稳定的运营历史和良好的盈利能力。

3）信息披露与透明度。在申报过程中，需充分披露项目信息，确保信息真实、准确、完整。

2.1.6 城投平台融资

城投平台，即城市投资公司，通常是由地方政府设立的融资平台，主要用于支持地方基础设施和公共服务项目。近年来，随着中国城镇化进程的加快，城投平台在地方政府融资中扮演着重要角色。当前的融资情况如下所示。

（1）融资规模 城投平台的融资规模持续增长，以满足日益扩大的城市建设需求。

（2）融资渠道 包括银行贷款、企业债券、中期票据、信托计划、资产证券化等。

（3）监管环境 中国政府加强了对城投平台融资的监管，以控制地方政府债务风险。

（4）市场变化 随着政策调整和市场环境的变化，城投平台融资成本和难度可能出现波动。

1. 总体情况概述

近年来，城投平台融资面临多重挑战与变革。随着监管政策的趋紧和市场环境的变化，城投平台在融资方面遇到了一系列困难。特别是 2024 年以来，城投债净融资额创历史新低，显示出城投平台融资的严峻形势。以下为城投平台融资的最新情况分析。

（1）城投债净融资额 2024 年第一季度，中国城投债净融资额降至 1646 亿元，同比大幅下降 4413 亿元，刷新历史新低。

（2）不同评级主体表现 AAA 级、AA+级和 AA 级主体净融资均出现显著下滑，其中区县级平台下降最为严重，下降幅度高达 2021 亿元。

（3）省级平台表现 尽管省级平台净融资同比有所增加，但浙江和江苏两省净融资额同比大幅下降，下降分别达到 1131 亿元和 804 亿元。天津、湖北、安徽等地净融资额下降也超过 200 亿元。

（4）非标融资下降　城投非标融资也呈现"缩水"趋势，城投信托融资和融资租赁新增数量均大幅下降。

（5）城投平台融资困难的原因　监管政策趋紧，对城投平台的融资活动进行了更为严格的监管；市场环境变化，投资者对城投债的风险评估更加审慎；部分城投公司债务规模较大，偿付利息存在资金缺口；新增融资渠道减少，银行贷款额度逐步压缩。

城投平台融资开发模式具体支持项目清单及领域见表 2-7。

表 2-7　城投平台融资开发模式支持项目清单及领域

序号	支持领域	项目清单	支持比例（%）
1	教育类项目	产粮大县中等职业学校、公办幼儿园、义务教育学校、普通高中	≤80
2	医疗卫生类项目	县级医院、中心镇县域医疗卫生次中心、公办养老服务机构	≤80
3	基础设施类项目	城市供气、供水、排水、供热管道和设施新建项目	50~80
4	新能源与新兴产业类项目	集成电路重大生产线、新能源汽车新型电子电气架构等	≤15
5	战略资源类项目	国内紧缺金属、非金属战略性矿产资源等新建、改扩建矿山项目	≤20
6	保障性安居工程	城中村改造、保障性住房配套基础设施	50~80
7	生态环境治理类项目	重点流域和湖库水环境综合治理重大项目	30~60
8	交通基础设施类项目	铁路、公路、港口和航道项目、运输机场新建、改扩建项目	30~90
9	物流类项目	国家物流枢纽、国家骨干冷链物流基地等公共性、基础性设施项目	≤30

2. 申报要点

（1）融资申报

1）项目合规性。确保项目符合国家产业政策和地方发展规划，具备合法合规的手续和文件。

2）财务可行性。提供详细的财务分析和预测，证明项目具有稳定的现金流和偿债能力。

3）风险控制。制定完善的风险控制措施和应急预案，降低风险。

4）材料准备。准备齐全的项目申报材料，包括项目建议书、可行性研究报告、财务报表等。

（2）申报流程

1）项目策划与准备。城投平台根据地方发展需求和自身资源条件，策划合适的融资项目，并进行前期准备工作。

2）材料编制与审核。编制详细的项目申报材料，并提交给相关部门进行审核。审核通过后，进入下一步流程。

3）申报与审批。将项目申报材料提交给上级政府或金融机构进行审批。审批过程中可能需要进行多轮沟通和修改。

4）资金拨付与使用。审批通过后，按照合同约定拨付资金。城投平台需严格按照项目计划和合同约定使用资金，确保专款专用。

5）项目监管与评估。在项目实施过程中，接受相关部门的监管和评估。确保项目按照计划顺利进行，并及时解决出现的问题。

2.2　中央预算投资指南

随着新时代的到来，我国经济社会发展步入了新的历史阶段。面对国内外复杂多变的形势，特别是在全球经济复苏缓慢、国际政治经济格局深刻调整的大背景下，我国经济发展依然面临着诸多挑战和不确定性。详细分析中央预算投资指南（以2024年为例），对于推动高质量发展、构建新发展格局、实现"十四五"规划和2035年远景目标具有重大意义。

中央预算内投资是由国家发改委负责管理和安排的、用于固定资产投资的中央财政资金，可进行新建、扩建、改建、技术改造等，安排方式包括直接投资、资本金注入、投资补助、贷款贴息等。2024年中央预算内投资主要支持"八大方向、34个领域"，资金支持比例根据地域、方向和领域从15%到100%，是对国家战略、区域发展的具体贯彻落实。

研究中央预算投资旨在明确投资方向、优化投资结构、提高投资效益，确保资金用在刀刃上，为经济社会发展提供有力支撑。坚持问题导向，紧密结合国家发展战略和实际需要，充分考虑国内外经济形势、政策环境、市场需求等多方面因素，力求做到科学、合理、可行。内容围绕中央预算投资的重点领域和关键环节展开，包括基础设施建设、科技创新、产业发展、民生保障等八大关键领域，以引领未来发展。

2.2.1　粮食安全

粮食，作为人类生存与发展的基石，历来被视为国家安全的重要组成部分。在快速变化的世界格局和日益严峻的资源环境挑战下，粮食安全更是被赋予了前所未有的战略意义。回顾历史，粮食的丰歉直接关系到国家的兴衰和人民的福祉。粮食充足，则国家安定、人民安乐；粮食短缺，则社会动荡、民生艰难。因此，确保粮食安全，不仅是满足人民群众基本生活需求的必要条件，更是维护国家稳定、促进社会和谐的重要基础。

当前，我国正处于全面建设社会主义现代化国家的新征程中，粮食安全更是关系到国家长远发展和社会大局稳定的重大战略问题。必须深刻认识到粮食安全的重要性，加强粮食生产、保障粮食供给、优化粮食结构，确保国家粮食安全的主动权牢牢掌握在自己手中。在"十四五"规划和 2035 年远景目标的指引下，推动粮食生产持续稳定发展，不断提高粮食综合生产能力，确保粮食自给自足、口粮绝对安全，加强国际合作，共同应对全球粮食危机，为维护世界粮食安全贡献中国智慧和中国力量。以下为 2024 年中央预算投资关于"粮食安全"领域的支持范围及比例。

1. 产粮大县公共服务设施

（1）支持范围　支持产粮大县中等职业学校、公办幼儿园、义务教育学校、普通高中、县级医院、中心镇县域医疗卫生次中心、公办养老服务机构、托育综合服务中心等有一定收益的项目。

（2）支持比例　中央投资（包括新增中央投资以及中央预算内投资等各类中央财政性建设资金）支持比例不超过项目总投资的 80%。

2. 粮食仓储设施

（1）支持范围　支持中央储备粮食仓储物流设施，承担地方政府粮食储备任务的粮食仓储设施，政策性粮食收购有仓容缺口区域的粮食仓储设施，位于粮食物流重点线路、节点上的粮食仓储物流设施，以及中央储备棉糖仓储物流设施等。

（2）支持比例　中央投资支持比例：中央储备粮食仓储物流设施项目不超过项目总投资的 50%，其他中央企业和地方项目不超过 30%。西藏自治区及青海、四川、云南、甘肃省涉藏州县粮食仓储设施项目不超过 100%，西藏自治区及四省涉藏州县的其他项目以及新疆地区不超过 50%。

2.2.2　能源安全

能源作为现代社会的血脉，是推动经济发展、保障人民生活的重要基石。在全球化日益加深、科技飞速发展的今天，能源安全更是成为了国家安全战略的重要组成部分。能源安全不仅关乎国家的经济繁荣和可持续发展，更直接关系到国家的稳定和安全。在全球能源格局深刻调整、能源供需矛盾日益突出的背景下，确保能源安全已成为各国政府和国际社会共同关注的焦点。

我国作为世界上最大的能源消费国之一，能源安全问题尤为重要。面对日益严峻的资源环境约束和能源转型压力，我们必须深刻认识到能源安全的重要性，加强能源战略规划和政策引导，推动能源结构的优化和升级，提高能源利用效率，确保国家能源供应的稳定和安全。更加务实的举措，推动能源安全战略的实施，为国家的繁荣富强和人民的幸福安康提供坚实的能源保障。以下为 2024 年中央预算投资关于"能源安全"领域的支持范围及比例。

1. 支撑性调节性煤电

（1）支持范围　支持促进新能源消纳利用—保障电网运行安全的支撑性调节性煤电项目。项目须列入国家电力发展规划，并且能效、环保和灵活调节能力符合国家相关规定和要求。

（2）支持比例　中央投资支持比例：中西部、东北地区以及根据党中央、国务院文件享受中西部政策的地区按照《农村电网巩固提升工程中央预算内投资专项管理办法》（发改能源〔2023〕48 号）有关规定执行，东部地区不超过项目总投资的 20%。

2. 农村电网改造

支持范围：支持脱贫地区、革命老区、边远地区等农网薄弱地区电网改造，提升供电保障能力。支持农村分布式可再生能源的接入消纳和充电基础设施的配套电网改造，推动可再生能源开发和新能源汽车下乡。

2.2.3　产业链供应链稳定安全

在全球经济一体化深入发展的今天，产业链供应链的稳定安全已成为国家经济发展的重要支撑和关键保障。随着国际形势的复杂多变和全球产业链供应链的深度调整，确保产业链供应链的稳定安全已成为各国政府和经济界共同关注的焦点。产业链供应链的稳定安全不仅关乎企业的生产运营和市场竞争，更关系到国家经济的整体运行和长远发展。一个健全、稳定的产业链供应链能够确保资源的高效配置和产品的顺畅流通，为企业创造更大的市场机会和竞争优势，同时也为国家经济的稳定增长和转型升级提供有力支撑。

在当前国际形势下，全球产业链供应链面临着诸多挑战和不确定性。为了应对这些挑战，我们必须加强产业链供应链的统筹规划和协同合作，推动产业链供应链的优化升级和自主可控。通过加强技术创新和品牌建设，提升产业链供应链的核心竞争力和抗风险能力，确保产业链供应链的稳定性和安全性。以下为 2024 年中央预算投资关于"产业链供应链稳定安全"领域的支持范围及比例。

1. 关键领域核心技术攻关

（1）支持范围　支持符合规划布局的集成电路重大生产线等项目。支持新能源汽车新型电子电气架构、高效电驱动、车用操作系统和固态电池及关键材料等攻关项目。

（2）支持比例　中央投资支持比例不超过项目总投资的 15%。

2. 新引擎新赛道

（1）支持范围　支持人工智能大模型技术研发和行业应用项目。支持生物全链条技术产品创新和制造生产项目。支持航空航天批量化低成本生产制造项目。支持北斗规模化应用项目。支持风光氢储等新能源产业领域关键技术研发示范与设备制造项目。支持 OLED 面板、Micro-LED 器件和玻璃基板建设等新型显示领域重大项目。支持面向人工智能大模型训练的大规模智能算力基础设施。支持新建大型、超大型算力中心（需布局在国家枢纽节点数据中心集群范围内）。

（2）支持比例　中央投资支持比例不超过项目总投资的 15%。

3. 战略性矿产资源供应保障

根据市场研究和专家咨询的结果，制定具体的投资策略、风险管理策略和退出策略等。在策略制定过程中，注重策略的可行性和可操作性，确保策略能够在实际工作中得到有效执行。同时不断优化和调整策略，以适应市场变化和项目进展。

4. 策略评估与测试

（1）支持范围　支持国内紧缺金属、非金属战略性矿产资源等新建、改扩建矿山项目。

（2）支持比例　中央投资支持比例不超过项目总投资的 20%。

2.2.4　城市基础设施及保障性安居工程配套基础设施

随着城市化进程的加速和人民生活水平的不断提高，城市基础设施及保障性安居工程配套基础设施的建设已成为现代城市发展不可或缺的重要组成部分。这些基础设施不仅是城市运行的基础和支撑，更是提升城市品质、改善居民生活质量的关键所在。

城市基础设施包括交通、能源、通信、水利等多个领域，它们共同构成了城市发展的骨架和脉络。一个完善、高效的城市基础设施体系，能够确保城市的顺畅运行，提高城市的综合竞争力。同时，保障性安居工程配套基础设施则是城市社会保障体系的重要一环，它为中低收入家庭提供了基本的住房保障，让更多人享受到城市发展的成果。

城市基础设施及保障性安居工程配套基础设施的建设，不仅关乎城市的未来发展，更关系到每一个市民的切身利益。以更加坚定的信念和更加务实的举措，共同构筑现代城市的基石，打造宜居的生活环境，让城市成为人民追求美好生活的幸福家园。以下为 2024 年中央预算投资关于"城市基础设施及保障性安居工程配套基础设施"领域的支持范围及比例。

1. 城市设施新建项目

（1）支持范围　城市供气、供水、排水、供热管道和设施新建项目。

（2）支持比例　东、中、西和东北地区分别不超过项目总投资的 50%、70%、80% 和 80%。

2. 城市管道等老化更新改造

（1）支持范围　支持更新改造城市燃气、供水、排水、供热等老化管道和设施。

（2）支持比例　东、中、西和东北地区分别不超过项目总投资的 50%、70%、80% 和 80%。

3. 公共供水管网漏损治理

（1）支持范围　支持老旧供水管网的诊断修复、更新改造工程，分区计量工程，压力调控工程，智能化监测调控工程。

（2）支持比例　东、中、西和东北地区分别不超过项目总投资的 50%、70%、80% 和 80%。

4. 城中村改造、保障性住房配套基础设施

（1）支持范围　包括超大特大城市以及城区常住人口 300 万以上的大城市城中村改造相关的配套基础设施建设，保障性住房红线外配套基础设施。

（2）支持比例　东、中、西和东北地区分别不超过项目总投资的 50%、70%、80% 和 80%。

5. 保障性安居工程配套基础设施

（1）支持范围　包括与小区相关的城镇基础设施建设，以及小区内的地下管线建设改造。

（2）支持比例　东、中、西和东北地区分别不超过项目总投资的 50%、70%、80% 和 80%。

2.2.5　生态环境保护修复

随着人类社会的快速发展，生态环境保护修复已经成为我们共同面临的重要任务。自然环境是地球生命的摇篮，是我们赖以生存和发展的基础。然而，工业化、城市化进程的不断推进，给生态环境带来了前所未有的压力和挑战。生态环境破坏不仅导致生物多样性的丧失、自然资源的枯竭，还加剧了全球气候变化等环境问题，对人类社会的可持续发展构成了严重威胁。因此，生态环境保护修复成了摆在我们面前的一项紧迫而艰巨的任务。

生态环境保护修复需要全社会的共同参与和努力。政府、企业、社会组织和个人都应该承担起自己的责任，共同推动生态环境保护修复工作的深入开展。通过加强环境监管、推动科技创新、加强国际合作等方式，不断提高生态环境保护修复的能力和水平。让蓝天白云、绿水青山成为我们生活的常态，让人类与自然和谐共生成为我们

共同追求的目标。以下为 2024 年中央预算投资关于"生态环境保护修复"领域的支持范围及比例。

1."三北"等重点区域生态保护和修复

（1）支持范围 支持"三北"工程中部署的在建项目、森林防火应急道路、国家储备林建设等。

（2）支持比例 中央投资按中央既有定额标准予以支持。

2. 城镇污水垃圾收集处理设施

（1）支持范围 支持总投资 1 亿元以上的项目。

（2）支持比例 中央投资支持比例：东、中、西和东北地区分别不超过项目总投资的 30%、45%、60% 和 60%，其中，西藏及四省涉藏州县、南疆四地州、甘肃临夏州、四川凉山州、云南怒江州等地区原则上全额补助。

3. 重点流域水环境综合治理

（1）支持范围 支持海河、淮河、松花江、珠江等重点流域和太湖、白洋淀、丹江口水库等重要湖库水环境综合治理重大项目。

（2）支持比例 中央投资支持比例：东、中、西部分别不超过项目总投资的 30%、45% 和 60%。

2.2.6 交通物流重大基础设施

交通物流重大基础设施，作为经济社会发展的动脉和命脉，其建设与发展对于促进区域经济增长、优化资源配置、提升国家竞争力具有至关重要的作用。在全球化日益加深、贸易往来愈发频繁的今天，交通物流重大基础设施的完善与否，直接关系到国家在全球经济版图中的位置和影响力。随着科技的飞速进步，特别是物联网、大数据、人工智能等新一代信息技术的广泛应用，交通物流行业正迎来前所未有的变革。这一变革不仅要求交通物流重大基础设施在规模上实现跨越式发展，更在其智能化、绿色化、高效化等方面提出了更高的要求。

当前，我国交通物流重大基础设施建设已取得显著成就，高速铁路网、高速公路网、航空运输网络等不断完善，为经济社会发展提供了有力支撑。然而，面对日益增长的物流需求和复杂多变的市场环境，我们仍需持续加大投入，加快交通物流重大基础设施的建设步伐，不断提升其服务质量和运行效率。展望未来，交通物流重大基础设施将继续发挥其在经济社会发展中的重要作用，为构建更加畅通、高效、智能、绿色的物流体系而不懈努力。以下为 2024 年中央预算投资关于"交通物流重大基础设施"领域的支持范围及比例。

1. 铁路

（1）支持范围 支持畅通中西部和东北地区骨干通道、强化边疆国防保障的干线铁路，支持京津冀、长三角、粤港澳大湾区等城际铁路项目，支持铁路货运能力提升项目。

（2）支持比例　中央投资支持比例不超过项目总投资的60%。

2. 公路

（1）支持范围　纳入《国家公路网规划》的国家高速公路和收费的普通国道项目。

（2）支持比例　中央投资支持比例不超过项目总投资的50%。

3. 水运

（1）支持范围　纳入《全国内河航道与港口布局规划》的港口和航道项目，国家大宗商品储运基地项目。

（2）支持比例　相关港口和航道不超过项目总投资的50%，国家大宗商品储运基地不超过项目总投资的60%。

4. 机场

（1）支持范围　运输机场新建、改扩建项目。

（2）支持比例　中央投资支持比例：枢纽机场不超过项目总投资的45%、支线机场不超过项目总投资的90%。

5. 物流基础设施

（1）支持范围　已纳入年度建设名单的国家物流枢纽、国家骨干冷链物流基地和国家级示范物流园区内的公共性、基础性设施补短板项目，包括但不限于多式联运转运设施，高标准公共仓储设施新建、改扩建及智能化改造，保税仓储设施，公共物流信息平台和信息化提升项目等。支持冷链物流设施项目，包括但不限于冷链集配中心，公共冷库新建、改扩建、智能化改造及相关配套设施项目。

（2）支持比例　中央投资支持比例不超过项目总投资的30%。

2.2.7　社会事业

社会事业，作为衡量一个国家或地区发展水平的重要标尺，承载着满足人民群众日益增长的美好生活需要的重要使命。在全面建设社会主义现代化国家的新征程中，社会事业不仅是推动经济社会协调发展的有力支撑，更是实现社会公平正义、提升民生福祉的重要途径。

随着经济社会的快速发展，人民群众对于教育、医疗、文化、体育等社会事业的需求日益增长，呈现出多元化、个性化的特点。为了满足这些需求，我们必须坚持以人民为中心的发展思想，全面推进社会事业改革发展，不断提高社会事业的服务水平和质量。加强社会事业的顶层设计和政策协调，确保各项社会事业政策的有效衔接和协同推进。通过深化体制改革、完善制度机制、加大投入力度等措施，不断推动社会事业向更高质量、更可持续的方向发展。以下为 2024 年中央预算投资关于"社会事业"领域的支持范围及比例。

1. 教育基础设施建设

（1）支持范围　支持范围包括本科高校学生宿舍、中央高校新校区、职业院校产教融合和生活设施、高校教学科研和生活设施、普通高中建设项目。

（2）支持比例　中央投资支持比例原则上按照东、中、西部地区（含根据国家相关政策享受中、西部政策的地区）分别不超过项目总投资的 30%、60% 和 80% 的比例进行支持，西藏自治区、南疆四地州、四省涉藏州县项目，中央投资支持比例不超过项目总投资的 100%。

2. 医疗卫生设施建设

（1）支持范围　支持范围包括高水平医院创建国家医学中心、国家区域医疗中心，省级精神专科医院或综合医院精神病区建设，国家中医药传承创新中心和中西医协同"旗舰"医院建设，"平急两用"公共基础设施布局的大城市加强医院建设。

（2）支持比例　中央投资支持比例原则上按照东、中、西部地区（含根据国家相关政策享受中、西部政策的地区）分别不超过项目总投资的 30%、60% 和 80% 的比例进行支持，西藏自治区、南疆四地州、四省涉藏州县项目，中央投资支持比例不超过项目总投资的 100%。

3. 文化旅游设施建设

（1）支持范围　支持范围包括历史文化遗产保护利用、展陈展示设施，国家公园等重要自然遗产地保护展示及配套服务设施，4A 级及以上旅游景区内智慧展示设施、配套基础设施、开放服务设施等旅游基础设施。

（2）支持比例　中央投资支持比例原则上按照东、中、西部地区（含根据国家相关政策享受中、西部政策的地区）分别不超过项目总投资的 30%、60% 和 80% 的比例进行支持，西藏自治区、南疆四地州、四省涉藏州县项目，中央投资支持比例不超过项目总投资的 100%。

4. 全民健身设施建设项目

（1）支持范围　体育公园、全民健身中心、户外运动公共服务设施、健身步道等。

（2）支持比例　中央投资支持比例原则上按照东、中、西部地区（含根据国家相关政策享受中、西部政策的地区）分别不超过项目总投资的 30%、60% 和 80% 的比例进行支持，西藏自治区、南疆四地州、四省涉藏州县项目，中央投资支持比例不超过项目总投资的 100%。

5. "一老一小"服务设施建设

（1）支持范围　养老服务机构、以城市为单位申报的社区养老设施和社区居家养老服务网络等项目，综合性托育服务中心、以城市为单位申报的托育服务体系等项目。

（2）支持比例　中央投资支持比例原则上按照东、中、西部地区（含根据国家相关政策享受中、西部政策的地区）分别不超过项目总投资的30%、60%和80%的比例进行支持，西藏自治区、南疆四地州、四省涉藏州县项目，中央投资支持比例不超过项目总投资的100%。

6. 其他社会事业建设项目

（1）支持范围　殡仪馆、精神卫生福利设施、优抚医院、光荣院、省级盲人按摩医院、残疾人康复托养设施、儿童福利设施、未成年人保护设施、烈士纪念设施等。

（2）支持比例　中央投资支持比例原则上按照东、中、西部地区（含根据国家相关政策享受中、西部政策的地区）分别不超过项目总投资的30%、60%和80%的比例进行支持，西藏自治区、南疆四地州、四省涉藏州县项目，中央投资支持比例不超过项目总投资的100%。

2.2.8　其他重点领域

在全球化与信息化交织发展的时代背景下，除了传统意义上的关键领域外，一系列新兴和交叉领域正逐渐成为推动经济社会发展的重要引擎。这些"其他重点领域"涵盖了大西北重大基础设施建设、边域试点城镇建设、中欧班列、边境口岸扩能改造、京津冀协调发展、长三角一体化、粤港澳大湾区、海南全面深化改革以及东北振兴等。

重点领域的发展需要不断创新体制机制，加强政策引导和支持，优化资源配置，激发市场活力，为这些领域的发展创造良好环境。通过创新引领、协同推进，共筑发展新高地，为实现经济社会全面进步和可持续发展贡献着力量。以下为2024年中央预算投资关于"其他重点领域"的支持范围及比例。

1. 新疆、西藏、四省涉藏州县重大基础设施

（1）支持范围　列入"十四五"实施方案，存在投资缺口、有一定收益且有融资需求的项目（国家重大项目库报送时在"其他1"项下录入的项目）。

（2）支持比例　中央投资支持比例不超过项目总投资的80%，西藏自治区公益性项目全部由中央投资安排。

2. 兴边富民行动试点城镇重大基础设施项目

（1）支持范围　纳入试点城市有利于破除边境地区中心城镇发展瓶颈、提高产业和人口集聚能力的基础设施、公共服务、生态环保设施项目（国家重大项目库报送时在"其他2"项下录入的项目）。

（2）支持比例　中央投资支持比例不超过项目总投资的80%，西藏自治区公益性项目全部由中央投资安排。

3. 中欧班列集结中心

（1）支持范围 中欧班列集结中心实施枢纽综合能力提升工程，包括场站、集疏运道路、查验作业设施、临港产业园区等基础设施补短板项目。

（2）支持比例 中央投资支持比例不超过项目总投资的50%。

4. 边境口岸扩能改造

（1）支持范围 我国已开放的11个铁路口岸、47个公路口岸实施扩能改造工程，包括增建铁路专用线、指定监管场地建设、查验货场改扩建、保税物流仓改扩建等项目。

（2）支持比例 中央投资支持比例不超过项目总投资的50%。

5. 京津冀协同发展

（1）支持范围 北京非首都功能疏解项目在雄安新区的落地建设。

（2）支持比例 中央投资支持比例：雄安新区不超过项目总投资60%，北京、天津、河北其他地区不超过项目总投资30%。

6. 长江经济带绿色发展、黄河流域生态保护和高质量发展

（1）支持范围 落实《长江经济带发展规划纲要》《黄河流域生态保护和高质量发展规划纲要》的环境污染综合治理项目，包括工业园区污染治理、尾矿库治理项目等。

（2）支持比例 中央投资支持比例：东、中、西部分别不超过项目总投资的50%、60%、80%。

7. 长三角一体化发展、粤港澳湾区建设、海南全面深化改革开放

（1）支持范围 符合政策要求，其他投向领域未报送的重大项目。

（2）支持比例 中央投资支持比例，长三角一体化发展方向支持比例：东、中部分别不超过项目总投资的30%、45%；粤港澳大湾区建设方向支持比例：不超过项目总投资的30%；海南全面深化改革开放方向支持比例：不超过项目总投资的80%。

8. 东北全面振兴

（1）支持范围 对提升东北地区维护国家"五大安全"能力具有重要支撑作用、其他投向领域未报送的重大项目。

（2）支持比例 中央投资支持比例不超过项目总投资的60%。

2.2.9 2024年中央预算投资领域一览表

随着国家经济社会的持续发展和全面深化改革的不断推进，中央预算内投资在促进经济增长、优化经济结构、改善民生福祉等方面发挥着日益重要的作用。2024年，中央预算内投资将继续聚焦国家重大战略和关键领域，以更加精准有力的投资方式，

推动经济社会高质量发展，详见表 2-8。

表 2-8　2024 年中央预算投资一览表

序号	支持领域	细分方向	支持项目	支持比例/政策	详细说明
1	粮食安全	公共服务设施	（1）中等职业学校	≤80%	支持产粮大县的教育设施，提升教育质量
			（2）公办幼儿园	≤80%	支持学前教育，提高入园率
			（3）义务教育学校	≤80%	加强义务教育基础设施建设，提高教育质量
			（4）普通高中	≤80%	支持高中教育发展，提高高中教育质量
		粮食仓储设施	（1）中央储备粮食仓储物流设施	≤50%	确保国家粮食安全，支持粮食仓储设施建设
			（2）地方政府粮食储备设施	≤30%	支持地方政府粮食储备，增强粮食安全保障能力
			（3）政策性粮食收购有仓容缺口区域的粮食仓储设施	≤30%	支持政策性粮食收购，保障农民利益
			（4）粮食物流重点线路、节点上的粮食仓储物流设施	≤30%	支持粮食物流体系建设，提高粮食流通效率
2	能源安全	煤电项目	支撑性、调节性煤电	参照《农村电网巩固提升工程中央预算内投资专项管理办法》	支持新能源消纳和电网运行安全的煤电项目，促进能源结构转型
		农村电网改造	农村电网薄弱地区电网改造	参照《农村电网巩固提升工程中央预算内投资专项管理办法》	提升农村电网供电保障能力，支持农村经济发展
3	产业链供应链安全	核心技术攻关	（1）集成电路重大生产线	≤15%	支持集成电路产业发展，提高自主创新能力
			（2）新能源汽车新型电子电气架构	≤15%	支持新能源汽车技术创新，推动产业升级
		矿产资源供应	战略性矿产资源新建、改扩建矿山项目	≤20%	支持国内紧缺的战略性矿产资源开发，保障国家资源安全

（续）

序号	支持领域	细分方向	支持项目	支持比例/政策	详细说明
4	城市基础设施	供水、排水、供热	（1）新建项目	东、中、西、东北分别不超过 50%、70%、80%、80%	支持城市基础设施建设，提高城市基础设施水平
			（2）老化更新改造		支持城市基础设施老化更新改造，提高设施可靠性
		保障性安居工程	（1）城中村改造	东、中、西、东北分别不超过 50%、70%、80%、80%	支持城中村改造，改善居民居住环境
			（2）保障性住房配套基础设施		支持保障性住房配套基础设施建设，完善住房保障体系
5	生态环境保护	生态保护和修复	"三北"工程	参照中央定额标准	支持"三北"工程等生态保护项目，改善生态环境
		污水垃圾处理	总投资 1 亿元以上的项目	东、中、西、东北分别不超过 30%、45%、60%、60%	支持城镇污水垃圾处理设施建设，改善环境质量
6	交通物流	铁路	中西部和东北骨干通道	≤60%	支持中西部和东北地区的铁路建设，提升区域交通能力
		公路	国家高速公路和收费国道项目	≤50%	支持国家公路网建设，完善公路交通网络
		水运	（1）纳入规划的港口和航道	≤50%	支持港口和航道建设，提升水运能力
			（2）国家大宗商品储运基地	≤60%	支持国家大宗商品储运基地建设，保障物资流通
		机场	枢纽机场新建、改扩建	枢纽机场不超过 45%，支线机场不超过 90%	支持机场建设，提升航空运输能力
7	社会事业	教育	（1）本科高校学生宿舍	东、中、西部（含享受政策地区）分别不超过 30%、60%、80%	支持高校基础设施建设，提升教育质量
			（2）中央高校新校区		支持高校新校区建设，满足高校扩招需求
			（3）职业院校产教融合		支持职业院校与企业合作，推动产教融合
			（4）高校教学科研和生活设施		提升高校教学科研水平，改善师生生活条件
			（5）普通高中建设项目		加强普通高中基础设施建设，提升普通高中教育质量

（续）

序号	支持领域	细分方向	支持项目	支持比例/政策	详细说明
7	社会事业	医疗卫生	（1）高水平医院创建国家医学中心	东、中、西部（含享受政策地区）分别不超过30%、60%、80%	支持高水平医院建设，提升医疗服务水平
			（2）国家区域医疗中心		支持国家区域医疗中心建设，优化医疗资源布局
			（3）省级精神专科医院或综合医院精神病区建设		加强精神卫生服务体系建设，提升精神卫生服务能力
			（4）国家中医药传承创新中心		支持中医药事业发展，提升中医药服务能力和传承创新能力
			（5）"平急两用"公共基础设施布局的大城市加强医院建设		支持大城市医院建设，提升城市医疗服务能力
		文化遗产保护	（1）历史文化遗产保护利用	东、中、西部（含享受政策地区）分别不超过30%、60%、80%	支持历史文化遗产保护利用，传承优秀文化
			（2）国家公园等重要自然遗产地保护展示		加强自然遗产保护，提升公众环保意识
			（3）4A级及以上旅游景区内智慧展示设施		支持旅游景区智慧化建设，提升游客体验
		体育设施	（1）体育公园	东、中、西部（含享受政策地区）分别不超过30%、60%、80%	支持体育公园建设，满足群众健身需求
			（2）全民健身中心		加强全民健身中心建设，推动全民健身事业发展
			（3）户外运动公共服务设施		支持户外运动公共服务设施建设，促进户外运动发展
		社会保障	（1）保障性安居工程配套基础设施	东、中、西部（含享受政策地区）分别不超过50%、70%、80%	支持保障性安居工程配套基础设施建设，完善保障体系
			（2）养老服务机构	≤80%	支持养老服务机构建设，提升养老服务能力
			（3）托育综合服务中心	≤80%	支持托育综合服务中心建设，满足婴幼儿照护需求

（续）

序号	支持领域	细分方向	支持项目	支持比例/政策	详细说明
8	其他	技术创新	（1）关键领域核心技术攻关	≤15%	支持关键领域核心技术攻关，提升国家创新能力
			（2）新型显示领域重大项目	≤15%	支持新型显示领域重大项目，推动产业升级
			（3）人工智能大模型训练的基础设施	≤15%	支持人工智能大模型训练的基础设施建设，推动人工智能产业发展
		矿产资源	战略性矿产资源保障供应	≤20%	支持战略性矿产资源保障供应，保障国家资源安全
		应急管理	应急管理体系建设	参照相关政策	支持应急管理体系建设，提升国家应急管理能力

2.3 投资工作内容及流程

在产业咨询领域的投融资工作中，投资工作内容及流程不仅是项目成功的基石，更是确保资金高效利用、风险有效控制的关键环节。本节将对标准化的操作流程、项目分析与市场调研、成本预算与收入预测、资金筹措与财务分析、资金平衡与风险评估以及项目管理方法展开分析，以下是详细的产业咨询投资工作内容及流程概述。

2.3.1 项目概况分析

项目概况分析是项目启动前不可或缺的重要环节。通过深入分析项目背景、明确项目范围、设定项目目标等步骤，可以为项目的顺利实施奠定坚实的基础。

1. 项目背景

项目背景的分析是项目启动的基石，它不仅关乎项目的直接目的和意义，还深刻影响着项目的整体规划与执行。在分析项目背景时，我们应注重以下五个关键方面。

（1）项目的目的与意义 首先明确项目旨在解决的核心问题或需满足的特定要求，阐述其对于社会、经济、环境等方面的积极影响。例如，一个城市更新项目可能旨在改善居民居住条件，提升城市形象，同时促进区域经济发展。

（2）政策导向 深入分析国家、地方层面的相关政策法规，了解政策对项目的支持程度、限制条件及未来趋势。政策导向往往决定了项目的合法性和可行性，也是项目获取资源、资金支持的重要依据。

（3）行业趋势　研究相关行业的发展趋势、竞争格局及未来走向，评估项目在行业中的定位与潜力。通过行业报告、专家访谈等方式，获取最新、最全面的行业信息，为项目决策提供有力支持。

（4）市场需求　基于市场调研数据，分析目标市场的规模、结构、需求特点及变化趋势。了解消费者需求、竞争对手情况及市场机会，为项目产品定位、营销策略等提供科学的依据。

（5）案例对比　引入类似项目的成功与失败案例，对比分析其经验教训。通过案例学习，可以借鉴成功项目的策略与方法，避免重蹈失败项目的覆辙，为项目策划提供宝贵参考。

2. 项目范围

明确项目范围是确保项目顺利推进的关键。在项目范围界定上，应注重以下五个细节。

（1）地理区域　明确项目所处的地理位置、边界范围及周边环境。这有助于项目团队了解项目实施的物理空间限制，以便合理规划资源。

（2）改造或开发规模　根据项目需求，确定改造或开发的总体规模，包括占地面积、建筑面积、投资总额等关键指标。这些指标将直接影响项目的成本预算、时间计划及资源配置。

（3）业态布局　根据项目定位及市场需求，规划项目的业态布局，包括商业、住宅、办公、文化、娱乐等多种业态的比例与分布。合理的业态布局有助于提升项目的综合效益和市场竞争力。

（4）功能分区　根据业态布局，进一步细化项目的功能分区，如商业区、居住区、公共服务区等。明确各功能区的功能定位、设计标准及配套设施要求，确保项目功能的完整性和协调性。

（5）配套设施　规划项目所需的各类配套设施，如交通设施、景观绿化、公共设施等。配套设施的完善程度将直接影响项目的居住品质和使用体验。

3. 项目目标

项项目目标的设定是项目管理的核心环节。在设定项目目标时，应遵循 SMART 原则（具体性、可衡量、可达成、相关性、时限性），确保目标的具体性、可衡量性和可达成性。具体有以下三方面目标。

（1）经济目标　设定项目在经济方面的具体目标，如提升居住条件、促进经济发展等。这些目标可以通过具体的经济指标来衡量，如销售额、利润率、投资回报率等。

（2）社会目标　关注项目对社会发展的贡献，设定改善民生、提升城市形象等社会目标。这些目标反映了项目的社会价值和社会责任，有助于提升项目的社会认可度和影响力。

（3）环境目标 重视项目对环境的影响，设定节能减排、生态保护等环境目标。通过采用环保材料、绿色建筑技术等措施，实现项目的可持续发展。

4. 项目影响评估

在项目的规划与实施过程中，全面而深入地评估其对当地经济、社会及环境的潜在影响是至关重要的。这不仅有助于确保项目的可持续发展，还能促进项目与当地社区的和谐共生，具体有以下三点内容。

（1）对当地经济的影响

1）就业创造。项目直接和间接地创造就业机会，包括建设期间的施工岗位、运营期间的运营维护人员，以及由此带动的上下游产业链就业。具体估算将基于项目规模、建设周期及运营需求，详细分析各阶段的就业创造能力，并评估其对缓解当地就业压力、提升居民收入水平的贡献。

2）产业带动效应。项目通过引入先进技术、管理模式和市场资源，将促进当地相关产业的升级与发展。评估将分析项目对上下游产业链的拉动作用，如原材料供应、物流运输、产品销售等环节，以及可能催生的新业态、新模式，进而评估其对区域产业结构调整和优化升级的推动作用。

3）税收贡献。项目运营期间将依法纳税，为当地政府提供稳定的税收来源。评估将结合项目规模、盈利能力及税收政策，预测项目对地方财政的贡献，包括直接税收和间接税收（如通过促进就业和消费带动的税收增长）。

（2）对当地社会的影响

1）社会稳定性。项目通过提供就业机会、改善基础设施和公共服务，增强居民的生活满意度和幸福感，从而有助于维护社会稳定。评估将关注项目对减少社会矛盾、提升居民安全感等方面的积极影响。

2）社区发展。项目在实施过程中注重与当地社区的沟通与协作，通过公益活动、社区建设等方式促进社区发展。评估将分析项目对提升社区凝聚力、改善社区环境、丰富社区文化生活等方面的贡献。

3）教育与培训。项目可能涉及对当地劳动力的技能培训和再教育，提升劳动力的综合素质和就业竞争力。评估将考察项目是否建立了完善的培训体系，以及培训成果对提升当地居民就业能力和收入水平的影响。

（3）对当地环境的影响

1）生态环境保护。项目在规划、建设和运营过程中严格遵守环保法规，采取有效措施减少对环境的影响。评估将关注项目对生态敏感区域的保护、污染排放控制、资源节约利用等方面的表现，以及是否实施了生态恢复和补偿措施。

2）节能减排。项目积极采用节能技术和清洁能源，降低能耗和排放。评估将分析项目的能源消费结构、节能减排措施的实施效果，以及项目对当地乃至更大范围区域节能减排目标的贡献。

3）环境风险防控。项目建立环境风险防控机制，确保在发生突发环境事件时能够及时响应和有效处置。评估将考察项目的环境应急预案、应急设施建设和应急演练等情况，以及项目对环境风险防控能力的提升作用。

2.3.2 市场调研与预测

市场调研与预测是企业制定市场策略与规划的重要前提。通过全面分析市场现状、准确预测市场趋势及深入挖掘目标客户特征，企业可以更加精准地把握市场机遇与挑战，制定有效的市场策略以实现可持续发展。

1. 市场现状

市场现状分析应涵盖供需关系、价格水平、竞争格局等多个维度。通过问卷调查、访谈、数据分析等手段，收集第一手市场信息，为项目决策提供数据支持。同时，关注市场动态变化，及时调整市场策略。

（1）多维度解析 市场现状分析是市场调研的起点，它要求我们从多个维度全面审视市场情况。首先，供需关系是最基础的分析维度，通过对比市场上产品的供给量与需求量，可以判断市场的饱和程度及潜在的增长空间。其次，价格水平分析揭示了市场竞争的激烈程度及消费者对价格的敏感度，有助于企业制定合理的定价策略。最后，竞争格局分析则帮助企业了解行业内主要竞争对手的市场份额、优势与劣势，从而制定差异化的竞争策略。

（2）信息收集与动态监控 为了获得准确的市场现状信息，企业需要采用多种手段进行信息收集，包括问卷调查、深度访谈、数据分析等。问卷调查可以直接获取消费者的反馈意见，了解他们的需求与偏好；深度访谈则能更深入地挖掘市场背后的原因与动机；而数据分析则能通过对海量数据的处理与分析，发现市场中的隐藏规律与趋势。此外，企业还应密切关注市场动态变化，及时调整市场策略以应对市场的不确定性。

2. 市场趋势

市场趋势预测需结合历史数据、行业趋势及专家意见进行综合分析。通过构建预测模型，预测未来市场走势及潜在变化，为项目规划提供前瞻性指导。此外，还应关注政策变化、技术进步等外部因素对市场趋势的影响。

（1）综合分析方法 市场趋势预测是企业制定未来发展规划的重要依据。为了准确预测市场趋势，企业需要结合历史数据、行业趋势及专家意见进行综合分析。历史数据提供了市场发展的基础脉络与规律；行业趋势则揭示了市场未来的发展方向与热点；而专家意见则能为企业提供独特的见解与视角。通过构建预测模型，企业可以量化分析市场未来的走势及潜在变化，为项目规划提供前瞻性指导。

（2）外部因素考量　在进行市场趋势预测时，企业还需充分考虑政策变化、技术进步等外部因素的影响。政策变化可能改变市场的竞争格局与准入门槛；技术进步则可能催生新的市场需求与商业模式。需要密切关注政策动态与技术发展趋势，及时调整市场策略以应对外部环境的变化。

3. 目标客户

目标客户分析应深入挖掘其需求、偏好及支付能力。通过构建客户画像，明确目标客户的年龄、收入水平、消费习惯等特征，为产品定位、营销策略的制定提供精准指导。同时，关注目标客户群体的变化趋势，及时调整市场策略以应对市场变化。

（1）需求与偏好挖掘　目标客户分析是企业制定营销策略的基础。通过深入挖掘目标客户的需求与偏好，企业可以更加精准地定位产品与服务，满足消费者的个性化需求。在构建客户画像时，企业应关注目标客户的年龄、收入水平、消费习惯等特征，以便制定更具针对性的营销策略。关注目标客户群体的变化趋势，及时调整市场策略以应对市场变化。

（2）支付能力考量　除了需求与偏好外，目标客户的支付能力也是企业制定营销策略时需要考虑的重要因素。不同收入水平的消费者对于产品的价格敏感度与购买意愿存在差异。因此，企业需要根据目标客户的支付能力制定合理的定价策略与促销方案，以提高产品的市场竞争力与销售额。

4. 竞争分析

在项目的战略规划中，竞争分析是不可或缺的一环，它有助于我们深入理解市场环境，明确竞争对手的优势与劣势，从而精准定位项目在市场中的位置，并制定出有效的差异化策略。具体有以下 4 点。

（1）竞争对手识别与定位　明确项目所处的市场细分及目标客户群体，基于这些基础信息，识别出直接和间接的竞争对手。直接竞争对手提供相同或类似的产品/服务，而间接竞争对手则可能通过不同的方式满足相同的市场需求。通过市场调研、客户访谈、行业报告等多种渠道收集信息，构建完整的竞争对手清单，并详细记录其基本信息，如公司名称、市场份额、主要产品/服务等。

（2）竞争对手优势与劣势分析

1）优势分析。深入剖析竞争对手在产品特性、技术实力、品牌影响力、销售渠道、客户服务、成本控制等方面的优势。例如，竞争对手可能拥有专利技术、强大的品牌影响力、广泛的销售网络或高效的客户服务体系。这些优势直接影响了其在市场中的竞争力和地位。

2）劣势分析。同样地，识别竞争对手在产品、服务、管理、供应链等方面的不足和潜在风险。这些劣势可能包括产品线单一、售后服务不佳、创新能力不足、成本控制能力弱等。了解这些劣势有助于我们找到市场切入点，制定针对性的竞争策略。

（3）市场定位与差异化策略

1）市场定位。基于竞争对手的分析结果，结合项目自身的资源和能力，明确项目在市场中的定位。这包括目标客户群体的界定、产品/服务的差异化特点、品牌形象塑造等方面。确保项目定位既符合市场需求，又能与竞争对手形成有效区分。

2）差异化策略。根据市场定位和竞争对手的优劣势，制定差异化的竞争策略。这可以体现在产品功能、设计、价格、服务、渠道等多个方面。例如，通过技术创新提升产品性能，通过个性化定制满足消费者多样化需求，通过优化成本结构提供更具竞争力的价格等。差异化策略旨在使项目在市场中脱颖而出，吸引并留住目标客户。

（4）竞争策略实施与监控

1）实施计划。制定详细的竞争策略实施计划，包括具体的行动步骤、时间表、责任分配等。确保策略的有效执行和及时调整。

2）监控与评估。建立竞争监控机制，定期跟踪竞争对手的动态和市场环境的变化。通过数据分析和市场调研等手段，评估竞争策略的实施效果，并根据实际情况进行必要的调整和优化。

2.3.3 成本预算

成本预算是项目管理中的重要环节。通过全面覆盖直接成本和间接成本、深入分析各项成本构成、制定有效的成本控制策略和风险应对措施以及建立成本监控机制等措施可以确保项目经济的可行性并顺利执行。成本预算是项目计划的重要组成部分，通过对项目所需资源的合理预估和分配，为项目决策者提供了经济层面的参考依据。一个准确的成本预算能够帮助项目团队明确项目总成本、各阶段的成本分布以及可能面临的成本风险，从而制定出有效的成本控制策略和风险应对措施。

1. 直接成本

在直接成本方面，除了土地购置费、建设成本、材料费、人工费等基本项外，还应考虑设计费用、监理费用、保险费用等细节支出。特别是对于材料费，需建立详细的材料清单，考虑不同材料的价格波动趋势，制定灵活的采购策略，以降低成本风险。具体如下。

（1）基本项成本

1）土地购置费。根据项目需求，土地购置费是项目启动的首要成本。在预算时需考虑土地位置、面积、用途及市场价值等因素。

2）建设成本。包括建筑物、构筑物及配套设施的建设费用。需根据设计图纸、施工规范及市场行情进行详细估算。

3）材料费。材料费是建设成本的重要组成部分。需建立详细的材料清单，考虑材料种类、规格、数量及价格波动趋势，制定灵活的采购策略以降低成本风险。

4）人工费。根据项目工期、人员配置及工资水平计算人工费。需考虑加班费用、社保福利等额外支出。

（2）细节支出

1）设计费用。包括初步设计、施工图设计、专业设计等各阶段的设计费用。设计质量直接影响项目成本，需合理控制设计费用以提高设计效率和质量。

2）监理费用。为确保工程质量，需聘请专业监理机构进行工程监督。监理费用应根据监理范围和监理要求进行计算。

3）保险费用。为降低项目风险，需购买相应的工程保险。保险费用应根据保险种类、保险金额及保险费率进行计算。

2. 间接成本

间接成本的管理同样重要。项目管理费可通过优化管理流程、提高管理效率来降低；融资成本则需根据市场利率变化、金融机构政策等因素，选择合适的融资方式和时机；税费方面，需充分了解税收优惠政策，合理避税；营销费用则需精准投放，提高营销效率。

（1）项目管理费　项目管理费包括项目管理人员的薪酬、办公费用、培训费用等。通过优化管理流程、提高管理效率，可以有效降低项目管理费用。例如，采用信息化管理工具提高信息传递效率，减少不必要的会议和文件流转；加强项目管理人员的培训，提高其专业素养和管理能力。

（2）融资成本　融资成本是项目融资过程中产生的费用，包括贷款利息、手续费等。在选择融资方式和时机时，需根据市场利率变化、金融机构政策等因素进行综合考虑。例如，在利率较低时选择长期贷款以降低融资成本；利用政府补贴或税收优惠政策降低融资成本。

（3）税费　税费是项目成本中不可忽视的一部分。需充分了解税收优惠政策，合理避税以降低税费负担。例如，利用高新技术企业认定、研发费用加计扣除等税收优惠政策降低企业所得税；合理安排项目进度以利用税收递延等优惠政策。

（4）营销费用　营销费用是项目推广和销售过程中产生的费用，包括广告费、推广费、销售佣金等。为提高营销效率，需精准投放营销资源，选择合适的营销渠道和方式。例如，利用社交媒体平台进行精准营销；通过线上线下结合的方式提高营销效果；加强与客户的沟通和互动以提高客户满意度和忠诚度。

3. 风险成本

在编制成本预算时，应充分考虑各种风险因素，对风险成本进行量化分析并制定相应的风险应对措施。例如，针对自然灾害等外部风险，可购买相应的保险以降低损失；针对技术失败等内部风险，可加强技术研发和质量控制以提高项目成功率。同时，建立成本监控机制，定期跟踪和评估项目成本情况，及时发现和纠正成本偏差以确保项目成本控制在预算范围内。

4. 成本控制措施

制定全面而精细的成本控制策略，以最大化项目收益。具体措施包括以下三个方面。

（1）采购管理　实施集中采购策略，利用规模效应降低采购成本；建立供应商评估体系，优选性价比高的合作伙伴；加强采购流程透明度，避免不必要的开支和浪费。

（2）供应链优化　精简供应链环节，提升物流效率，减少库存积压；建立长期稳定的供应链关系，确保材料供应的稳定性和成本可控性；利用信息技术提升供应链管理水平，实现信息共享和协同作业。

（3）施工成本控制　严格执行预算管理，确保施工费用在预算范围内；优化施工方案，采用高效节能的施工技术和方法，降低施工成本；加强现场管理和监督，减少返工和浪费现象；合理安排施工进度，提高施工效率，降低时间成本。

2.3.4 收入预测

收入预测作为项目财务规划与决策的重要环节，需结合项目特点和市场环境进行全面、深入的分析与预测。通过构建科学的收入预测模型、制定差异化的销售策略和租赁策略、探索多元化的收入来源以及进行精准的敏感性分析等措施，为项目决策提供有力支持，推动项目实现可持续发展和盈利增长。

1. 收入预测模型

收入预测模型的建立需结合项目特点，考虑多种因素的综合影响。例如，对于房地产项目，需考虑地理位置、户型设计、市场定位等因素对销售和租赁价格的影响；对于科技创新项目，则需考虑技术成熟度、市场需求、竞争格局等因素对产品销售价格的影响。同时，还需考虑通货膨胀、汇率变动等宏观经济因素对收入预测的影响。除了传统的销售收入和租金收入外，还应积极探索其他收入来源，如政府补贴、广告收入、知识产权转让等。通过多元化收入来源，降低对单一收入源的依赖，提高项目的抗风险能力。

（1）多因素综合考量　收入预测模型的构建需全面考虑项目特性及外部环境的多

重因素。对于房地产项目而言，除了地理位置、户型设计、市场定位这些基础因素外，还应深入分析区域发展规划、人口流动趋势、政策导向等宏观层面的影响。科技创新项目则需进一步关注技术迭代速度、行业标准变化、竞争对手动态等市场动态，以及知识产权保护、研发投入效率等内部因素。

（2）融入宏观经济因素　在全球化背景下，通货膨胀率、汇率波动等宏观经济因素对项目收入预测的影响日益显著。因此，在构建模型时，需引入相应的宏观经济指标，如 CPI、PPI、汇率指数等，通过量化分析这些因素对销售收入、成本支出及现金流的潜在影响，提高预测的准确性。

（3）动态调整机制　鉴于市场环境的复杂多变，收入预测模型应具备动态调整的能力。通过定期收集市场数据、更新预测参数、评估模型性能，及时调整预测结果，确保预测结果的时效性和准确性。

2. 销售收入

如果项目涉及销售，则应预测销售收入。具体从以下两个方面进行考量。

（1）细分市场定位　针对销售项目，需进行细致的市场细分，明确目标客户群体及其需求特点。通过市场调研、客户访谈等方式收集信息，结合产品特性制定差异化的销售策略。例如，针对高端客户群体，可强调产品的品质、设计感及附加服务；而对于价格敏感型客户，则需注重成本控制，提供性价比高的产品。

（2）价格策略制定　在销售价格预测中，需综合考虑成本、市场需求、竞争态势及目标客户支付能力等因素。通过成本加成法、市场比较法或价值定价法等方法，制定合理的销售价格区间。同时，根据市场反馈和竞争态势的变化，灵活调整价格策略，以最大化实现销售收入和占有市场份额。

3. 租金收入

如果项目涉及租赁，则应预测租金收入。具体从以下三个方面进行考量。

（1）租赁市场分析　对于租赁项目，需深入分析租赁市场的供需状况、租金水平及变化趋势。通过收集历史数据、分析市场趋势、评估竞争对手的租赁策略等手段，为租金预测提供有力的支持。

（2）租赁策略规划　根据租赁市场分析的结果，制定差异化的租赁策略。例如，针对长期租户，可提供稳定的租金价格和优质的物业服务；而对于短期租户，则可灵活调整租金水平，以吸引更多租户入驻。同时，通过优化租赁结构、提高物业运营效率等方式，提升租金收入水平。

（3）风险防控措施　在租金收入预测中，还需关注潜在的风险因素，如空置率上升、租户违约等。通过加强租赁合同管理、提高物业服务质量、建立风险预警机制等措施，有效降低风险对租金收入的影响。

4. 其他收入

政府补贴、广告收入等收入预测。具体从以下三个方面进行考量。

（1）政府补贴与税收优惠 积极关注政府相关政策动态，争取政府补贴和税收优惠等政策支持。通过深入研究政策条款、加强与政府部门的沟通协作等方式，提高政策利用效率，以便为项目带来额外的收入。

（2）广告收入与品牌合作 利用项目自身的品牌影响力和客户资源优势，探索广告收入和品牌合作等多元化收入来源。通过引入广告商、举办品牌活动等方式，提升项目知名度和美誉度，同时实现广告收入的稳步增长。

（3）知识产权转让与技术服务 对于科技创新项目而言，知识产权是其核心竞争力的重要组成部分。通过知识产权转让和技术服务等方式，将科技成果转化为实际收益。同时，加强与其他企业的技术合作与交流，拓宽技术服务的市场范围和应用领域。

5. 收入敏感性分析

进行收入的敏感性分析，评估不同因素变化对收入的影响。具体从以下两方面进行考量。

（1）敏感性因素分析 针对影响收入的关键因素进行敏感性分析，如销售价格、租赁价格、销售量、出租率等。通过设定不同的变化情景和假设条件，评估这些因素变化对收入水平的潜在影响。

（2）决策支持与建议 基于敏感性分析的结果，为项目决策者提供有针对性的建议和支持。例如，针对销售价格敏感性较高的项目，可采取灵活的价格策略以应对市场变化；对于租赁市场波动较大的项目，则需加强租赁策略的优化和风险防控措施。

6. 价格策略

价格策略综合考虑了市场竞争、消费者心理、产品成本及市场需求等多方面因素，旨在通过科学合理的定价策略，实现产品销售与品牌价值的双赢。具体有以下六点。

（1）竞争定价策略

1）市场调研。首先，深入分析竞争对手的定价策略、市场份额及产品特点。

2）差异化定价。根据产品差异化程度，灵活调整价格，保持与竞争对手的差异化竞争优势。

3）动态调整。定期监控市场变化，适时调整价格，确保市场竞争力。

（2）折扣与促销策略

1）多样化折扣。实施包括数量折扣、季节折扣、现金折扣等在内的多种折扣方式，以刺激消费者购买。

2）促销活动。策划限时折扣、买一赠一等促销活动，提升销售量和品牌曝光度。

3）策略性折扣。针对特定客户群体（如会员、新客户）或特定时间段（如节假日）提供专属折扣，增强用户黏性。

（3）心理定价策略

1）尾数定价。利用消费者对价格的敏感性，采用如 9.99 元而非 10 元的定价方式，营造价格优势感。

2）整数定价。对于高品质产品，采用整数定价策略（如 100 元），彰显产品价值与品质。

3）声望定价。借助品牌声誉，对高端产品采用高价策略，满足消费者追求品质与身份的需求。

（4）成本导向定价

1）成本加成法。在产品成本基础上，加上合理的利润率来确定价格，确保盈利空间。

2）盈亏平衡分析。通过计算盈亏平衡点，确保定价能够覆盖成本并实现盈利。

（5）市场导向定价

1）需求导向定价。根据市场需求和消费者支付意愿，灵活调整价格，实现销量与利润的最优平衡。

2）价值导向定价。强调产品的独特价值和消费者感知价值，制定与产品价值相匹配的价格。

（6）动态定价策略

1）实时调整。利用大数据和 AI 技术，实时监控市场变化和消费者行为，动态调整价格以应对市场波动。

2）个性化定价。根据不同消费者群体的购买行为和偏好，提供个性化的价格方案，提升购买转化率。

2.3.5　资金筹措计划

资金筹措计划是项目实施过程中的重要环节。通过多元化筹资方式、合理设计筹资方案、密切关注市场动态和及时调整筹资策略，可以确保项目资金充足、风险可控，为项目的成功实施提供有力保障。

1. 自有资金

自有资金是项目方内部可动用的资金，是项目启动和初期运营的重要基础。确定项目方可以投入的自有资金额度，是资金筹措计划的首要步骤。这需要对项目方的财务状况进行全面评估，包括现金流状况、资产负债表分析、利润表预测等，以确保投入的自有资金不会对项目方的日常运营造成过大压力。

在自有资金的使用上，应优先考虑项目的核心部分和关键节点，确保项目能够顺利启动并持续进行。同时，还需预留一定的应急资金，以应对可能出现的意外情况。

2. 债务融资

债务融资是项目方通过向外部债权人借款来筹集资金的方式，主要包括银行贷款和债券发行两种形式。具体如下所示。

（1）银行贷款　银行贷款是债务融资中最常见的方式。在选择银行贷款时，需关注贷款利率、贷款期限、还款方式等关键条款，并与多家银行进行比较，选择成本最低、条件最优的贷款方案。此外，还需与银行建立良好的合作关系，争取更多的信贷支持和优惠条件。

（2）债券发行　对于规模较大、信用等级较高的项目，可以考虑通过发行债券来筹集资金。债券发行需要制定详细的债券发行方案，包括债券种类、发行规模、票面利率、发行期限等，并经过相关监管机构的审批。债券发行可以拓宽融资渠道，降低融资成本，但也需要承担一定的还本付息压力。

3. 股权融资

股权融资是通过引入外部投资者入股来筹集资金的方式。股权融资不仅可以为项目提供资金支持，还能带来先进的管理理念和技术支持。

在股权融资过程中，需要明确股权结构和融资额度。股权结构的设计应合理平衡项目方与投资者的利益，确保项目方在融资后仍能保持对项目的控制权。同时，还需确定融资额度，避免过度融资导致股权稀释和财务压力增大。

为了吸引投资者，项目方应准备详尽的商业计划书和财务报表，充分展示项目的市场前景、盈利模式、竞争优势和财务状况。此外，还需积极与投资者进行沟通交流，建立互信关系，争取更多投资支持。

4. 新兴融资方式

随着金融市场的不断发展，新兴融资方式层出不穷，如众筹、资产证券化等。这些新兴融资方式为项目融资提供了更多选择。具体有以下两种新兴融资方式。

（1）众筹　众筹是通过互联网平台向广大网民筹集资金的方式。众筹具有门槛低、受众广、传播快等优点，适合初创企业和创新型项目。在众筹过程中，项目方需要精心策划众筹方案，制作吸引人的宣传材料，并积极参与众筹平台的推广活动。

（2）资产证券化　资产证券化是将项目未来可预期的现金流转化为可交易的证券产品的方式。通过资产证券化，项目方可以将未来的收益提前变现，缓解资金压力。然而，资产证券化涉及复杂的金融工程和法律问题，需要专业机构进行设计和操作。

5. 筹资方案比较

筹资方案的制定需综合考虑成本、可行性和风险等因素。通过对不同筹资方案进行比较分析，选择最优方案。在筹资过程中，还需密切关注市场动态和金融机构政策变化，及时调整筹资策略。

为了确保资金按时到位，需要制定详细的筹资时间表。筹资时间表应明确各个阶段的资金需求和筹资计划，并建立资金监管机制，确保资金使用的合规性和有效性。同时，还需与金融机构保持密切沟通，及时了解资金到位情况，确保项目顺利推进。

6. 融资结构优化

融资结构优化是企业财务管理的重要组成部分，旨在通过平衡不同融资方式的比例，实现融资成本与风险的双重降低。以下五点是优化融资结构的具体策略与措施：

（1）多元化融资渠道

1）内部融资。充分利用企业自有资金和经营积累，提高内部融资比例，减少外部融资依赖，降低融资成本。内部融资在总融资中的占比各有不同，如英、美等国可高达75%，日本也达40%左右，且呈上升趋势。

2）外部融资。拓展银行贷款、债券融资、股权融资、政府补贴及民间资本等多元化融资渠道，增强融资灵活性，分散融资风险。

（2）合理配置融资方式

1）股权融资与债务融资结合。根据企业实际情况和市场环境，灵活采用股权融资和债务融资相结合的方式，发挥各自优势，降低融资成本。股权融资可增强企业资本实力，债务融资则可利用财务杠杆效应提升收益，但需控制债务规模，避免过度负债。

2）创新融资工具。根据项目特点，设计并引入创新的融资工具，如项目收益债券、资产支持证券等，降低融资成本，提高融资效率。

（3）优化融资期限结构

1）匹配项目周期。合理安排融资期限，确保与项目的投资回收期和经营周期相匹配，减少资金闲置和浪费，降低融资成本。

2）滚动融资策略。采用滚动融资方式，保持融资活动的连续性和稳定性，避免资金链断裂风险。

（4）控制融资成本与风险

1）全面分析融资成本。综合考虑企业规模、市场利率、税收政策及金融市场发展等因素，对融资成本进行全面分析，选择成本最低的融资方式。

2）加强风险管理。通过信用担保、保险、期货等金融工具，加强项目风险管理，降低融资风险。同时，关注宏观经济政策变化，及时调整融资策略，防范系统性风险。

（5）持续监控与调整

1）建立融资监控机制。定期评估融资结构的有效性，监控融资成本与风险的变化情况。

2）灵活调整融资策略。根据市场变化和企业实际情况，灵活调整融资策略，确保融资结构始终保持在最优状态。

7. 筹资时间表

筹资时间表的制定需明确各个阶段的资金需求和筹资计划。通过精细化管理筹资时间表，可以确保资金按时到位，满足项目进展的需要。同时，还需建立资金监管机制，确保资金使用的合规性和有效性。

2.3.6 财务分析

财务分析是项目管理及投资决策中不可或缺的一部分。通过建立详细的财务模型、分析关键的财务指标、预测项目现金流量、评估项目盈利能力和投资回收期等多个方面的工作，可以为决策者提供全面、准确的项目经济可行性评估报告，为项目的成功实施提供有力保障。

1. 财务模型

财务模型是财务分析的基础，它通过构建一系列数学和统计模型来模拟项目的未来财务状况。其中，折现现金流（DCF）分析是财务模型中的核心方法之一。DCF 分析考虑了资金的时间价值，通过预测项目未来各期的现金流量，并按照适当的折现率进行折现，从而计算出项目的净现值（NPV）、内部收益率（IRR）等关键指标。

除了 DCF 分析外，财务模型还可能包括敏感性分析、情景分析等多种方法，以评估不同假设条件下项目的财务表现。这些模型的建立需要收集大量的市场数据、财务数据及行业信息，确保模型的准确性和可靠性。

2. 财务指标

财务指标是评估项目经济可行性的重要依据，它们通过量化方式反映了项目的盈利能力和投资效率。以下四点是一些关键的财务指标及其分析。

（1）投资回报率（ROI） ROI 衡量了投资项目的收益相对于投资成本的比例，是评估项目盈利能力的重要指标。ROI 越高，说明项目的盈利能力越强。

（2）资本成本 资本成本是投资者为获得项目所需资金而要求的最低回报率。它反映了投资者对风险的认知及预期收益水平，是项目投资决策中的基准折现率。

（3）净现值（NPV） NPV 是项目未来各期净现金流量折现后的总和减去初始投资成本得到的差额。NPV 大于零表示项目在经济上可行，且 NPV 值越大，项目的经济价值越高。

（4）内部收益率（IRR） IRR 是使项目未来各期净现金流量折现后的总和等于零时的折现率。IRR 反映项目自身的盈利能力，评估项目投资效率的重要指标。IRR 高于资本成本时，项目在经济上是可行的。

3. 现金流量分析

现金流量分析是评估项目资金流动性和偿债能力的重要手段。它通过对项目未来各期现金流入和流出的预测，来分析项目的资金需求和资金来源，确保项目能够持续稳定地运营。现金流量分析主要包括以下四个方面。

（1）初始投资分析 确定项目启动所需的初始投资总额，包括固定资产投资、流动资产投资等。

（2）运营期现金流量预测 根据项目的运营计划和市场环境，预测项目在运营期内的现金流入（如销售收入）和现金流出（如运营成本、税费等）。

（3）现金流量表编制 根据预测结果编制现金流量表，直观展示项目未来各期的现金流入、流出及净现金流量情况。

（4）结果分析 通过对现金流量表的分析，评估项目的资金流动性和偿债能力，确保项目在不同阶段都有足够的资金支持。

4. 盈利能力分析

盈利能力分析是评估项目经济价值和投资风险的关键环节。它通过计算 NPV、IRR 等指标，评估项目的盈利能力和盈利水平。在进行盈利能力分析时，需要关注以下三个方面。

（1）盈利指标计算 准确计算 NPV、IRR 等盈利指标，确保结果的准确性和可靠性。

（2）敏感性分析 通过改变关键变量的取值范围，分析这些变量对项目盈利能力的影响程度，评估项目的风险承受能力。

（3）比较分析 将项目与同行业其他项目或历史数据进行比较分析，评估项目的相对盈利能力和市场竞争力。

5. 投资回收期

投资回收期是评估项目经济效益的重要指标之一，它反映了项目从开始投资到收回全部初始投资所需的时间长度。在进行投资回收期的预测时，需综合考虑项目的现金流状况、投资规模、盈利能力以及市场环境等多种因素。投资回收期分为静态投资回收期和动态投资回收期两种。

（1）静态投资回收期 不考虑资金的时间价值，直接通过计算累计净现金流量等于零的年份来确定。具体步骤包括计算各年的净现金流量，然后逐年累加，直到累加值首次等于或超过初始投资总额，此时对应的年份即为静态投资回收期。

（2）动态投资回收期 考虑资金的时间价值，使用折现后的净现金流量进行计算。通常通过求解使得折现后的累计净现金流量等于零的年份来得到，这需要利用财务计算工具或软件进行迭代计算。

2.3.7 资金自平衡方案

在项目的财务规划中，资金自平衡方案是确保项目可持续运营与健康发展的关键一环。它不仅要求对项目全生命周期内的资金流动有清晰的认识，还需要通过精细的预测与策略制定，确保资金的有效利用与平衡。

1. 资金流入

（1）销售收入　除了传统的产品/服务销售收入外，应积极探索增值服务、定制化服务及售后维护等多元化收入来源。通过市场调研，了解目标客户群体的需求变化，灵活调整销售策略，提升产品附加值，从而增加销售收入。

（2）租金收入　对于涉及物业或设施租赁的项目，应优化租赁结构，实施差异化租金策略，吸引不同层次的租户。同时，考虑引入长期租赁合约，稳定租金收入来源，并探索租金与物业价值增长挂钩的激励机制，提升租户黏性。

（3）政府补贴与税收优惠　密切关注国家及地方政府的政策导向，积极申请符合条件的政府补贴和税收优惠。建立与政府部门的良好沟通机制，及时获取政策信息，确保项目能够充分享受政策红利。

（4）其他资金来源　考虑引入风险投资、私募股权等外部融资方式，拓宽资金来源渠道。同时，探索资产证券化、PPP（政府和社会资本合作）等创新融资模式，降低融资成本，提高资金使用效率。

2. 资金流出

为了更好地保证项目的资金自平衡，资金流出的控制主要有建设成本控制、运营成本优化及债务偿还管理三方面，具体如下。

（1）建设成本控制　在项目规划阶段，就应进行详尽的成本估算与预算制定。通过招标采购、优化设计、施工管理等多方面的成本控制措施，确保建设成本在可控范围内。同时，建立成本监控机制，定期对成本进行审计与评估，及时调整成本控制策略。

（2）运营成本优化　在运营阶段，通过引入先进的管理系统和技术手段，提高运营效率，降低运营成本。例如，采用智能化管理系统进行能耗管理，减少不必要的浪费；通过大数据分析优化库存管理，降低库存成本；加强员工培训，提高服务质量，减少客户投诉与赔偿成本等。

（3）债务偿还管理　对于存在债务负担的项目，应制定科学合理的债务偿还计划。根据项目的现金流状况，合理安排偿债节奏，避免集中偿债导致的资金压力。同时，积极与债权人沟通，争取债务重组或延期偿还等有利条款，减轻偿债压力。

3. 资金流预测图表

在创建资金流入和流出的预测图表时，应采用先进的财务模型与预测工具，确保预测结果的准确性和可靠性。图表应详细展示不同时间段内的资金流动情况，包括月度、季度和年度预测。同时，设置敏感性分析模块，对不同影响因素下的资金流动情况进行模拟预测，为决策提供有力支持。

4. 自平衡分析

在自平衡分析过程中，不仅要关注资金流入与流出的总量平衡，还要深入分析其结构特征与变化趋势。通过对比不同来源的资金流入与不同用途的资金流出之间的匹配度与协同效应，评估项目的财务稳健性与可持续发展能力。同时，结合市场环境、政策变化等外部因素进行风险评估与应对策略制定。

5. 自平衡策略

在提出具体的自平衡策略时，应注重策略的灵活性与创新性。根据项目的实际情况与外部环境变化，及时调整策略方向与实施路径。例如，在现金流紧张时，可采取短期融资、资产处置等应急措施；在成本上升压力较大的情况下，可探索成本分摊、合作共赢等创新模式。同时，加强团队建设与人才培养，提升项目团队的专业能力与创新能力，为自平衡策略的有效实施提供有力保障。

6. 应急资金安排

为确保企业能够迅速应对突发事件导致的资金短缺，应实施全面而周密的应急资金安排策略，具体包括以下七点。

（1）资金池设立　设立专门的应急资金池，保持一定规模的流动资金储备，以应对突发情况。资金池规模需根据企业规模、行业特点及历史经验合理确定，并定期评估调整。

（2）快速融资渠道　预先与金融机构建立紧密合作关系，确保在紧急情况下能迅速获得贷款、信用额度或其他融资支持，以补充应急资金。

（3）风险评估与预警　建立完善的风险评估体系，对可能影响企业资金流的各类风险进行持续监测和预警。一旦发现潜在风险，立即启动应急响应机制，提前做好资金准备。

（4）多元化投资　在保障资金安全的前提下，通过多元化投资方式，如短期理财产品、货币市场基金等，提高应急资金的收益率，同时保持资金的流动性。

（5）透明化管理　建立应急资金使用的透明化管理机制，明确资金申请、审批、使用及监督流程，确保应急资金专款专用，防止挪用或浪费。

（6）定期演练与培训　定期组织应急资金使用的模拟演练和员工培训，提高全体员工对突发事件的应对能力和资金管理的专业水平。

（7）持续改进与优化　根据应急资金使用的实际效果和市场环境的变化，不断总结经验教训，对应急资金安排策略进行持续改进和优化，确保企业始终具备强大的资金应对能力。

2.3.8 风险评估与管理

风险评估与管理是投资工作中不可或缺的一环，它贯穿于项目全生命周期，对于保障投资安全、实现投资目标具有重要意义。通过科学的风险识别、评估、管理和量化分析，以及制定有效的风险缓解措施和预案，可以最大限度地降低投资风险，提高投资成功率。

1. 风险识别

风险识别是风险评估与管理的首要步骤，旨在全面、系统地识别出可能影响项目财务表现及投资目标实现的各种风险因素。这一过程需要采用多种方法，包括但不限于以下四种方法。

（1）专家访谈　邀请行业专家、顾问团队对投资项目进行深度分析，识别潜在风险。

（2）历史数据分析　回顾类似项目的历史数据，分析过往失败或成功的案例，提炼出共性风险点。

（3）问卷调查　设计问卷向项目相关方（如供应商、客户、合作伙伴）收集意见，了解外部视角下的潜在风险。

（4）SWOT 分析　从项目的优势（Strengths）、劣势（Weaknesses）、机会（Opportunities）和威胁（Threats）四个维度进行综合分析，识别内外部风险。

通过上述方法，形成详尽的风险清单列表，为后续的风险评估与管理打下基础。

2. 风险评估

风险评估是在风险识别的基础上，对每个已识别的风险进行深入分析，确定其发生的可能性和对项目的影响程度（即风险严重性）。这一过程通常采用定性和定量相结合的方法，具体如下。

（1）定性评估　利用专家判断、历史经验等，对风险进行主观评价，如使用"高""中""低"等级来描述风险的可能性和严重性。

（2）定量评估　通过构建风险模型，结合历史数据和统计方法，对风险进行量化分析，计算出具体的风险值（如风险影响度×风险发生概率）。

评估结果应形成清晰的风险矩阵或风险热力图，直观展示各风险项目的优先级，为后续的风险管理提供依据。

3. 风险管理

风险管理是制定并执行风险应对策略的过程，旨在降低风险对项目目标实现的负面影响。根据风险评估的结果，可以采取以下四种风险管理策略。

（1）风险规避　通过调整项目计划、改变投资策略等方式，完全避免高风险项目的实施。

（2）风险减轻　采取措施降低风险发生的可能性或减轻其影响程度，如增加冗余资源、加强监控等。

（3）风险转移　通过保险、合同方式将风险转移给第三方承担。

（4）风险接受　对于低影响、低概率的风险，或经过评估后认为采取其他策略成本过高的风险，可以选择接受并制定相应应急计划。

4. 风险量化

风险量化是风险评估的重要环节，它通过数学和统计方法，对风险进行精确的计算和度量。这包括评估风险可能带来的具体损失金额、损失发生的概率以及损失的分布情况等。风险量化有助于投资者更准确地理解风险，为制定风险应对策略提供数据支持。

5. 风险缓解措施

针对已识别的风险，需要制定具体的缓解措施和应急预案。这些措施应明确责任主体、实施步骤、时间节点和所需资源等，确保在风险发生时能够迅速响应、有效控制。同时，应建立风险监控机制，定期评估风险状态，及时调整风险应对策略和预案，确保项目顺利进行。

2.3.9　编制财务报表

编制财务报表是企业财务管理的重要工作之一。通过合理的模板设计、详尽的注释说明以及准确的报表编制过程，可以为企业内外部利益相关者提供全面、准确、可靠的财务信息支持。

1. 报表模板

编制财务报表时，首先需要参考或设计一套标准化的报表模板。这些模板通常包括资产负债表、利润与亏损表（也称为损益表）、现金流量表等核心财务报表。模板的提供不仅有助于统一报表格式，提高编制效率，还能确保信息的可比性，便于不同时间点和不同企业间的数据对比分析。同时模板具备以下两个特点。

（1）模板的定制化　根据企业的特定需求，可以对标准模板进行适当调整，如增加特定行业的财务指标、调整报表结构等，以更全面地反映企业的财务状况。

（2）电子化工具　利用财务软件或 Excel 等电子表格工具，可以大大提高报表编制的效率，减少人为错误，并支持数据的自动计算和更新。

2. 注释说明

财务报表中的数字和专业术语往往对非专业人士而言难以理解。因此，对报表中的关键数字和复杂概念进行注释说明显得尤为重要。注释说明不仅有助于报表使用者准确理解报表内容，还能提升报表的透明度和可信度。注释说明应具备以下两个特点。

（1）关键指标解释　对报表中的关键财务指标（如净利润率、总资产周转率等）进行详细解释，说明其计算方法和经济意义。

（2）假设与限制　在编制预测性财务报表（如预算报表）时，应明确说明所依据的假设条件及报表的适用范围和限制。

3. 现金流量表

现金流量表是反映企业在一定会计期间内现金及现金等价物流入和流出情况的报表。通过现金流量表，可以清晰地看到企业现金的流动方向、规模和结构，评估企业的偿债能力和支付能力。现金流量表应具备以下两个特点。

（1）现金等价物的定义　明确说明现金等价物的具体范围，如短期国库券、货币市场基金等流动性强、易于转换为已知金额现金且价值变动风险很小的投资产品。

（2）现金流量的分类　详细解释经营活动、投资活动和筹资活动产生的现金流量如何分类列示，并说明每类现金流量的主要项目和特点。

4. 利润与亏损表

利润与亏损表（损益表）是反映企业在一定会计期间内经营成果的报表。通过利润与亏损表，可以了解企业的收入、费用、利润（或亏损）等经营成果信息，评估企业的盈利能力。利润与亏损表应具备以下两个特点。

（1）收入与费用的确认　详细说明收入和费用如何按照会计准则进行确认和计量，包括收入的实现条件、费用的配比原则等。

（2）利润的计算　阐述净利润的计算过程，包括营业收入、营业成本、税金及附加、期间费用等项目的加减计算，最终得出净利润（或净亏损）金额。

5. 资产负债表

资产负债表是反映企业在某一特定日期财务状况的报表。通过资产负债表，可以了解企业的资产、负债和所有者权益情况，评估企业的资产结构、负债水平和所有者权益构成。资产负债表应具备以下两个特点。

（1）资产分类　详细说明资产如何按照流动性进行分类（如流动资产、非流动资产），并解释各类资产的主要项目和特点。

（2）负债与所有者权益　阐述负债和所有者权益的构成及其经济意义，包括流动负债、长期负债、实收资本（股本）、资本公积、盈余公积等项目的具体内容。

2.3.10　项目实施计划

1. 关键里程碑

关键里程碑是项目推进过程中的重要节点，标志着项目阶段性目标的达成。它们不仅能帮助项目团队明确各阶段的工作重点，还是监控项目进度、评估项目绩效的重要依据。以下为关键里程碑及其完成标准的五点内容。

（1）需求分析与规划完成　完成对所有利益相关者的需求收集、整理与分析，形成详细的项目需求规格说明书，并经过所有相关方确认无误。此里程碑的完成标准是获得所有利益相关者的正式签字认可。

（2）设计评审通过　完成系统设计、技术架构设计、数据库设计等关键设计工作，并通过专家评审。评审标准包括设计方案的合理性、可行性、可扩展性及安全性等方面。

（3）系统开发完成　按照设计文档进行系统编码、单元测试及集成测试，确保系统功能符合需求规格说明书的要求。此里程碑的完成标准是系统通过全面的测试验证，无重大缺陷。

（4）用户验收测试通过　组织用户进行系统的验收测试，确保系统在实际应用环境中表现良好，满足用户期望。完成标准是用户签署验收报告，确认系统正式上线运行。

（5）项目总结与交付　完成项目文档整理、知识转移及项目总结工作，确保项目成果顺利交付给运维团队或客户。此里程碑的完成标准是项目总结报告编制完成，并得到各方认可。

2. 项目实施时间表

为确保项目按计划有序进行，需制定详细的项目实施时间表。时间表应涵盖从项目启动到项目结束的每一个关键阶段，包括需求分析、设计、开发、测试、部署及后期维护等。同时，需明确每个阶段的具体开始与结束时间、关键任务及其依赖关系。此外，还需考虑节假日、资源调配等因素对项目进度的影响，制定相应的应对措施。

3. 资源分配

资源分配是项目实施计划的重要组成部分，直接关系到项目的成败。需明确项目实施过程中所需的人力资源、物资资源及资金资源等，并进行科学合理的分配。具体资源分配主要包括以下三点。

（1）人力资源　根据项目需求，组建跨职能的项目团队，明确各成员的职责与角色。同时，需考虑团队成员的技能匹配度、工作经验及适应性等因素，确保团队能够高效协作。

（2）物资资源　根据项目需求，采购必要的硬件设备、软件工具及办公用品等。需制定详细的采购计划，确保物资及时到位，不影响项目进度。

（3）资金资源　根据项目预算，合理分配项目资金。需明确各项费用的具体用途、预算金额及支付时间，确保项目资金的有效利用。

4. 项目分工及权责分配

为确保项目各项工作有序进行，需明确各个阶段的责任人和任务分工。通过制定详细的任务分配表，明确每个成员在不同阶段的职责与任务，确保责任到人、任务清晰。同时，需建立有效的沟通机制，确保团队成员之间的信息畅通无阻，及时解决项目实施过程中遇到的问题。需建立项目绩效考核机制，对团队成员的工作绩效进行定期评估与反馈，激励团队成员积极投入工作，提高项目整体执行效率。

5. 项目沟通管理

制定全面而细致的项目沟通计划，旨在确保项目团队内部、与投资者、政府监管机构及外部合作伙伴之间的信息流通高效、准确、及时。具体策略包括以下七点。

（1）明确沟通目标　界定项目各阶段的关键沟通目标，确保信息传递聚焦于项目进展、风险、决策点及成果展示等核心议题。

（2）识别沟通对象　详细列出所有关键沟通对象，包括项目团队成员、管理层、投资者、政府相关部门、供应商及客户等，并明确各对象的沟通需求和偏好。

（3）建立沟通渠道　根据沟通对象的特点，选择并建立合适的沟通渠道，如会议、报告、电子邮件、项目管理软件、社交媒体等，确保信息能够准确传达至每位相关方。

（4）制定沟通时间表　规划定期和不定期的沟通活动，如周会、月度报告、里程碑评审会议等，确保项目进展和重要信息得到及时分享和讨论。

（5）建立反馈机制　鼓励并促进沟通对象之间的双向交流，建立有效的反馈机制，以便及时收集并处理意见、建议和疑问，优化项目执行。

（6）培训沟通技巧　为项目团队成员提供沟通技巧培训，包括有效倾听、清晰表达、冲突解决等，提升团队整体沟通效率和质量。

（7）监控与评估　定期评估沟通计划的执行效果，包括信息传递的及时性、准确性和满意度等，根据评估结果及时调整沟通策略，确保沟通管理的持续优化。

2.3.11　项目监测与实时调整

项目监测与实时调整是项目管理中不可或缺的重要环节。通过明确监测指标、实施动态监测、建立调整机制并适时进行动态调整，可以确保项目在复杂多变的环境中保持高效、有序和可控，最终实现项目目标。

1. 监测指标

项目监测的首要任务是确定关键指标，这些指标能够全面反映项目的运行状况。一般而言，项目监测的关键指标包括但不限于以下四个方面。

（1）进度指标　通过里程碑计划、甘特图等工具，对项目各阶段的任务完成情况进行跟踪，确保项目按计划推进。进度延误是项目管理中常见的风险，及时识别并采取补救措施至关重要。

（2）成本指标 包括预算执行情况、成本偏差分析等，用于监控项目资源的有效利用情况。通过成本监控，可以及时发现成本超支的潜在风险，并采取相应的成本控制措施。

（3）质量指标 通过质量检查、验收标准等手段，确保项目成果符合既定的质量要求。质量是项目成功的基石，任何质量问题都可能对项目造成不可估量的损失。

（4）风险指标 识别并评估项目可能面临的各种风险，包括技术风险、市场风险、财务风险等。通过风险监控，可以提前预警并制定相应的风险应对策略。

2. 动态监测

动态监测是项目监测的核心环节，它要求项目团队在项目实施过程中，运用合适的监测手段及方法，持续监控项目的各项关键指标。具体而言，动态监测应包括以下三个方面。

（1）实时监控 利用项目管理软件、数据分析工具等现代信息技术手段，实现项目数据的实时采集和分析。这有助于项目团队及时掌握项目进展情况，发现潜在问题。

（2）定期评估 根据项目特点和需要，设定定期评估的周期（如每周、每月等），对项目进行全面评估。评估内容包括但不限于进度、成本、质量、风险等方面，以确保项目按计划推进。

（3）市场变化监控 市场环境的变化对项目的影响不容忽视。因此，项目团队需要密切关注市场动态，包括政策变化、行业趋势、竞争对手动态等，以便及时调整项目策略。

3. 调整机制

建立项目调整的机制、流程、依据和方法是确保项目能够灵活应对变化的关键。调整机制应包括以下四个方面。

（1）明确调整原则 确立项目调整的基本原则和指导思想，如成本效益原则、风险控制原则等。这些原则将指导项目团队在面临变化时做出合理的决策。

（2）制定调整流程 明确项目调整的具体流程，包括问题识别、影响分析、决策制定、执行监控等环节。这有助于确保项目调整的有序进行。

（3）设定调整依据 根据项目监测结果和市场变化情况，设定项目调整的依据和条件。只有当满足这些条件时，项目团队才能启动调整程序。

（4）提供调整方法 为项目调整提供多种可行的方法和方案，以便项目团队在面临不同情况时能够灵活应对。这些方法可以包括技术改进、资源配置优化、市场策略调整等。

4. 动态调整

在实际情况发生变化时，项目团队需要根据调整机制进行动态调整。动态调整的内容可包括但不限于以下四个方面：

（1）进度调整　根据项目实际进展情况和市场需求变化，对项目进度计划进行适当调整。例如，通过加班加点、并行作业等方式加快项目进度；或者通过优化工作流程、调整任务分配等方式提高项目执行效率。

（2）成本调整　根据成本监控结果和市场价格变化，对项目预算进行适时调整。例如，通过优化采购策略、降低物料消耗等方式控制成本；或者通过调整项目范围、减少非必要支出等方式降低总成本。

（3）质量调整　根据质量检查结果和客户反馈意见，对项目质量标准进行适当调整。例如，通过提高质量标准以满足客户更高要求；通过改进生产工艺、加强质量控制等方式提升产品质量。

（4）投资测算和资金自平衡方案调整　在项目实施过程中，根据市场变化和投资回报情况，适时调整投资测算和资金自平衡方案。这有助于确保项目资金的有效利用和项目的长期可持续发展。

5. 项目后评价

项目完成后，系统开展项目后评价工作，旨在全面回顾项目执行过程，深入剖析项目成果与预期目标的达成情况，客观总结成功经验与失败教训，为未来项目的策划、实施与管理提供宝贵参考。具体内容包括以下八点。

（1）目标实现评估　对比项目实际成果与既定目标，评估项目完成度及目标达成情况，分析偏差原因。

（2）过程管理评价　审视项目从策划到结束全过程，评估项目管理机制、流程、资源分配等方面的效率与效果，识别管理亮点与不足。

（3）财务效益分析　进行项目成本收益分析，评估项目经济效益，包括投资回报率、净现值等关键财务指标，为投资决策提供依据。

（4）社会与环境影响评估　分析项目对社会、环境等方面的正面与负面影响，评估项目可持续发展能力。

（5）风险应对评价　回顾项目执行过程中遇到的风险及应对措施，评估风险管理策略的有效性，提炼风险防控经验。

（6）团队与领导力评价　评价项目团队成员表现及领导力作用，总结团队协作中的优势与待改进之处。

（7）经验教训总结　基于上述评估，系统总结项目成功因素与失败原因，提炼可复制的成功经验和需避免的教训。

（8）未来项目建议　基于后评价结果，提出对未来项目策划、实施与管理的改进建议，促进项目管理水平的持续提升。

2.3.12　相关法律法规及拓展

本节通过相关法律法规的详细解析以及对相关参考资料的拓展与推荐，旨在为项目团队提供一个全面、系统的知识框架与资源支持，确保项目在合规性、专业性及创新性方面均达到较高水平。

1. 相关法律法规

在项目的实施过程中，确保严格遵循相关法律法规是至关重要的。这不仅关乎项目的合法性与合规性，还直接影响到项目的顺利进行及未来的可持续发展。以下是对与项目紧密相关的几类法律法规的详细解析与补充，以便项目团队能够更全面地了解和遵守。

（1）项目规划与建设类法律法规

1）《城乡规划法》。该法明确了城乡规划的制定、实施、修改及监督检查的基本原则与程序，项目在选址、规划方案报批等环节需严格遵循，确保项目符合当地城乡发展规划要求。

2）《土地管理法》。针对项目用地问题，本法规定了土地的所有权、使用权、征收、补偿及土地监察等内容。项目在获取土地使用权、进行土地开发时必须遵循此法，确保土地使用合法合规。

3）《环境保护法》及相关环保条例。随着环保意识的增强，环境保护已成为项目不可忽视的重要方面。项目在设计、施工及运营过程中，需严格遵守环保法律法规，实施环境影响评价，采取有效措施防治污染，保护生态环境。

（2）投资与资金管理类法律法规

1）《公司法》及《合伙企业法》。若项目以公司或合伙企业形式运作，则需遵循这些法律关于企业设立、组织机构、经营管理及解散清算等方面的规定，确保项目主体的合法性。

2）《证券法》及《公司法》中关于证券发行的部分。若项目涉及融资，特别是通过发行股票、债券等方式筹集资金，则需遵守证券法及相关规定，确保信息披露的真实、准确、完整，保护投资者权益。

3）财政部关于《基本建设财务管理》的若干规定。针对基本建设项目的财务管理，该规定明确了项目资金筹集、使用、核算及监督等方面的具体要求，为项目资金管理提供了重要依据。

（3）行业特定法律法规　根据项目的具体行业属性，还需关注并遵守相应的行业特定法律法规。例如，对于基础设施建设项目，需关注《建筑法》《安全生产法》等；对于能源类项目，则需关注《能源法》《电力法》等；对于科技研发类项目，则需关注《科学技术进步法》《专利法》等。

（4）国际法律法规（如适用） 若项目涉及跨国合作或海外投资，还需关注并遵守国际相关法律法规及国际条约。如《对外贸易法》《国际投资法》以及 WTO 规则等，确保项目在国际合作中的合法性与合规性。

2. 参考资料

在编制投资测算和资金自平衡方案时，除了依赖项目团队的专业知识外，还需广泛参考各类资料和文献，举例如下，仅供参考。

（1）行业研究报告 关注权威机构发布的行业研究报告，了解行业动态、市场趋势及竞争格局，为项目定位和投资决策提供有力支持，如中国产业信息网、艾瑞咨询等机构发布的报告。

（2）政策文件与解读 及时获取并研读政府发布的政策文件及其解读，掌握政策导向与扶持重点，为项目争取政策红利和资金支持。

（3）财务与金融书籍 阅读财务管理、投资分析、资金运作等方面的专业书籍，提升团队在投资测算和资金自平衡方案设计上的专业能力，如《财务管理原理》《投资学》等经典教材。

（4）案例分析 收集并分析类似项目的成功案例与失败教训，总结经验与教训，为项目实施提供借鉴与参考。可通过网络搜索、行业会议及专业论坛等途径获取。

（5）学术期刊与论文 关注国内外知名学术期刊上发表的相关论文，了解领域内的最新研究成果与理论进展，为项目提供理论支撑与创新思路。

3. 项目风险数据库

项目风险数据库的构建是项目风险管理的重要一环，旨在系统化地收集、整理、分析并存储行业内及历史项目中的风险案例，为当前及未来项目的风险评估与应对提供有力支持。具体内容有以下四点。

（1）数据库建立的目的

1）风险信息集中化。将分散的风险信息集中存储，便于项目团队快速查阅与参考。

2）风险识别与预警。通过分析风险案例，识别潜在风险点，提前预警，降低风险发生的概率。

3）决策支持。为项目决策提供数据支撑，帮助项目管理者制定科学合理的风险管理策略。

（2）数据库内容构成

1）风险案例收录。①行业风险案例：广泛收集行业内发生的各类风险事件，包括但不限于市场风险、技术风险、财务风险、政策风险等。②历史项目风险：回顾并分析过往项目中的风险案例，总结经验教训，提炼应对措施。③案例详细信息：每个案例应包含事件描述、发生时间、影响范围、损失情况、原因分析、应对措施及效果评估等。

2）风险分类与编码。根据风险类型、影响程度等因素对案例进行分类，并赋予唯一编码，便于检索与管理。

3）数据分析工具。引入数据分析工具，对数据库中的风险案例进行统计分析，如风险发生频率、影响程度分布等，揭示风险规律。

（3）数据库维护与更新

1）定期更新。随着行业发展和项目推进，不断收集新的风险案例，确保数据库的时效性和完整性。

2）数据校验。对收集到的数据进行严格校验，确保信息的准确性和可靠性。

3）用户权限管理。设置合理的用户权限，保障数据库的安全性和数据质量。

（4）应用与反馈

1）风险识别与评估。在项目初期，利用风险数据库进行风险识别与初步评估，为制定风险管理计划提供依据。

2）风险应对与监控。在项目实施过程中，参考数据库中的应对措施，制定针对性的风险应对策略，并实时监控风险变化。

3）反馈与优化。鼓励项目团队在使用数据库后提供反馈意见，不断优化数据库结构和内容，提高其实用性和价值。

第3章　产业咨询招商策划

3.1　工作模式

在当今信息爆炸、全球化深度融合的时代，招商工作不再局限于传统的推广和谈判，而是演变为一种高度专业化、智能化的服务模式。这种模式以定制化服务为核心，依托数据驱动的决策机制，拓宽国际化视野，追求可持续发展的目标。它通过全方位资源整合，构建起一个多维度、多层次的招商生态系统，由一支专业团队精心执行，确保每一个招商项目都能精准对接市场需求，实现区域经济的高质量发展，作为对区域经济竞争力提升的有力支撑。

3.1.1　定制化服务

招商工作模式强调为每一位投资者和每一个项目提供个性化的服务方案。通过深入了解投资者的需求和项目特性，设计出符合其特定情况的招商策略，确保服务的精准性和有效性。

3.1.2　数据驱动

利用先进的数据分析技术，对市场趋势、投资者行为、产业动态等进行深入挖掘和实时监控。数据驱动的决策模式能够为招商工作提供科学的依据，提高预测的准确性和应对市场变化的敏捷性。

3.1.3　国际化视野

在全球化的经济格局中，招商工作模式倡导开放和包容的国际视野。通过与全球投资者的互动，引入国际先进的管理理念和资本，以推动区域经济的国际化和多元化发展。

3.1.4　可持续化

招商工作模式注重长远发展，追求经济效益与社会责任的平衡。通过选择和培育具有长期增长潜力的产业和项目，促进区域经济的可持续发展，为后代留下绿色和繁荣的遗产。

3.1.5　全方位资源整合

招商工作模式通过整合政府政策、金融资本、技术资源、人才优势等各方面资源，构建一个多维度、多层次的招商生态系统。这种整合不仅提升了招商的效率，也增强了区域的综合竞争力。

3.1.6　专业团队执行

由具有深厚行业背景和丰富实战经验的专业团队来执行招商工作。这些团队成员不仅应具备专业的知识和技能，而且能够灵活应对各种复杂情况，确保招商项目的顺利推进和成功落地。

3.2　工作内容及流程

从市场调研入手，洞察行业趋势，为产业定位和规划提供数据支撑。通过项目策划与包装，将潜在商机转化为吸引投资的亮点。制定优惠的招商政策，通过多渠道宣传和推广，建立与投资者的初步联系。在深入的商务谈判中，展现专业谈判技巧，确保双方利益最大化。并进行持续的风险评估与绩效监控。

3.2.1　招商咨询概述

从项目优势分析开始，深度剖析产业趋势和竞争格局，为招商决策打下坚实基础。通过精准的招商定位和规划，明确招商目标和重点，制定符合项目需求的招商策略。

如何将区域优势和项目潜力转化为吸引投资的亮点，通过创新的宣传推广手段，提升项目的市场竞争力。同时，制定具有吸引力的招商策略，包括政策优惠、产业链构建、以商引商等，以增加区域的吸引力和竞争力。涵盖招商活动策划，通过推介会等，持续为投资者提供市场信息、政策更新等服务，维护良好的投资者关系。建设招商团队，包括人员培训、团队协作和绩效管理，以提升团队的专业能力和服务水平。

3.2.2　项目优势分析

首先聚焦于地理优势，考量区位的中心性与交通的通达性，为投资者描绘出一幅便捷的物流与市场接入图景。紧接着，空间规划的篇章展开，阐释土地利用的高效与基础设施的完善，为项目的实施提供坚实的物理支撑。资源禀赋的章节则深入探讨本地的自然资源、人才储备及技术潜力，彰显项目的独特价值。产业链规划部分，细致勾画产业上下游的协同与集群效应，展现区域产业的发展潜力。最后，整合综合优势，将地理、空间、资源与产业链的亮点融会贯通，构建出项目的全面吸引力，为招商工作奠定坚实的基础。

1. 地理优势

深入剖析项目所在区域的地理优势，旨在向潜在投资者展示其在区位、交通、资源和市场接入方面的战略价值。首先，区域的地理位置得天独厚，位于经济活跃带的核心，紧邻主要的交通枢纽，为物流运输和商务往来提供了极大的便利。其次，区域还拥有发达的交通网络，包括高速公路、铁路、航空和港口等，确保了与国内外市场的快速连接。这不仅降低了物流成本，也为投资者提供了广阔的市场空间。全面了解项目区域的地理优势，以便让投资者认识到投资的潜在价值和长远前景。

2. 空间规划

区域的空间规划以高效、可持续和环境友好为核心原则，确保每一寸土地都能发挥最大的经济和社会效益。空间规划包括应多功能的商业区、先进的工业园区、便捷的物流中心、宜居的生活社区以及相应的配套。这些规划不仅满足不同类型企业的发展需求，也为员工提供了优质的生活环境。通过合理的空间布局，实现生产、生活和生态的和谐统一。

区域规划还特别注重基础设施建设，包括交通网络、信息通信、公共服务等，这些都是支撑区域经济发展的重要基石。空间规划优势还体现在对绿色发展和智慧城市理念的融入，通过引入先进的技术和管理手段，打造一个高效、智能、可持续的现代化区域。

3. 资源禀赋

（1）农业资源　如，本区域以其肥沃的土地和适宜的气候条件，成为农业生产的沃土。多样化的农作物种植，不仅确保了食品的丰富性和安全性，也为农产品深加工提供了优质原料。

（2）产业链资源　如，区域的产业链资源完整，从原材料采集到成品制造，形成了高效协同的产业生态。这为企业提供了一个成本效益高、供应链稳定的生产环境。

（3）高效研究机构技术人才资源　如，区域内的研究机构和高等学府云集，孕育了大量高素质技术人才。这些人才和机构在推动科技创新、产品研发方面发挥着关键作用，可为企业提供强大的智力支持。

（4）文化资源　如，该区域的文化资源丰富，历史遗产和地方特色为文化创意产业提供了独特的素材。这些文化资源不仅可提升区域的文化软实力，也为旅游业和相关产业的发展注入了活力。

4. 产业前瞻

产业链及前瞻性产业规划是展现区域经济发展蓝图和吸引投资者的关键部分。

（1）产业链优势　本区域的产业链优势体现在其完整的产业集群和高效的协同效应上。如，区域拥有从原材料供应、生产制造到销售服务的全链条布局，可为企业提供一站式的产业配套服务。产业链的完整性大大降低了企业运营成本，提高了生产效率，同时增强了区域产业的竞争力。

（2）前瞻性产业规划　区域的产业规划应具有高度的前瞻性和战略性，聚焦于新兴产业和未来发展趋势。通过深入的市场研究和政策引导，例如：优先发展高新技术产业、绿色能源、生物医药、智能制造等前沿领域，以便为投资者提供广阔的发展空间和丰富的合作机会。

（3）产业创新生态　区域致力于打造开放、协同、共享的产业创新生态系统。通过数字化建设提供创新联盟、产学研合作平台等，促进企业、高校和研究机构之间的深度合作，加速科技成果的转化和产业的创新发展。

（4）产业国际化发展　积极推动区域产业的国际化发展，通过参与国际交流合作、引进外资企业、拓展海外市场等途径，提升产业的国际竞争力和影响力，从而为投资者提供更广阔的国际视野和市场机会。

3.2.3　产业深度分析

1. 产业现状深度剖析

（1）基础数据收集　详尽搜集地方产业的产值、增长率、就业人数等关键经济指标，提供市场规模和成长潜力的量化视角。

（2）产业链竞争力剖析　从原材料采购到产品销售的全链条进行细致分析，评估产业链各环节的成熟度和价值创造能力。

（3）SWOT分析揭示优势　识别地方产业的资源、技术、市场和政策优势，明确项目的劣势和潜在威胁，为区域发展的战略布局提供参考。

（4）国际国内市场需求与发展　分析产品的市场需求动态，评估产业在全球市场中的定位和扩张潜力。

（5）技术创新与研发实力评估　通过专利数量、研发投入等指标衡量产业的创新能力，预测技术发展的前沿趋势。

（6）环保评价与发展潜力　考量产业的环保措施、社会责任实践，评估其适应环境和社会挑战的能力。通过这些细化分析，深入地方产业，通过市场竞争视角识别发展机遇、评估风险，并做出明智的投资决策。

2. 投资需求精准把握

（1）资源禀赋分析　对区域的自然资源进行详细评估，包括资源的可获取性、成本效益和对特定产业的支持能力。探讨人力资源和技术资源的深度与广度，包括劳动力市场的规模、教育背景、专业技能及研发能力，分析这些资源如何满足投资者的特定需求，提升企业的核心竞争力。

（2）企业需求洞察　通过市场调研，深入了解企业在不同发展阶段的需求，包括资本、技术、市场渠道和人才等方面。识别企业需求与区域资源的匹配度，评估企业在市场拓展、技术创新和人才招聘等方面的实际能力，为招商策略提供定向产业企业的发展路径。

（3）集约化工业园区规划　详细介绍工业园区的集约化规划，包括园区布局、设施共享机制、物流优化方案等，展示如何实现资源的高效利用和成本的有效控制。阐述集约化生产的优势，如规模经济、流程优化和技术创新，以及这些因素如何帮助企业提高生产效率和降低运营成本。

（4）产业链协同　分析区域产业链的结构和协同效应，展示上下游企业如何通过紧密合作实现供应链的稳定性和市场的扩展。强调区域对可持续发展的承诺，分析企业如何通过参与产业链整合、产业集群发展等提升自身的品牌形象和市场竞争力。

3. 行业趋势前瞻预测

对市场趋势的深入分析是预测行业未来走向、政策导向和市场需求的关键步骤。首先，通过收集和分析行业报告、市场研究和专家观点，洞察行业的当前状态和潜在变化，识别技术创新、消费习惯变化和竞争格局演变等关键因素。这些因素对行业的发展方向和速度有着决定性的影响。

（1）政策研究　理解政府意图和预测政策影响的重要环节。关注政府的政策文件、规划纲要和法律法规，可以发现政府鼓励发展的领域和可能的限制措施，从而为招商决策提供政策层面的支持。同时，市场需求预测依赖于对消费者行为数据、销售数据和市场调查的分析，应考虑宏观经济因素、人口结构和社会文化对市场需求的综合影响。

（2）技术跟踪　新技术的研发、应用和推广正在不断改变行业的生产方式、产品形态和服务模式。竞争对手分析帮助我们预测市场的竞争格局和潜在策略，而宏观经济环境分析则提供了行业发展趋势的宏观经济背景。

（3）社会文化　社会与文化的考量对于理解行业需求的变化至关重要。人口老龄化、消费升级和可持续发展等社会文化趋势对行业的影响日益显著。为了更准确地预测市场趋势，建立预测模型成为不可或缺的工具。运用统计分析、时间序列分析和机器学习等方法，构建和优化预测模型，并通过专家咨询和持续更新与验证，确保预测的准确性和时效性。

通过基于深入市场调研和专业分析的投资环境，把握行业发展的脉搏，顺应政策导向，满足市场需求，从而做出明智的投资决策。

3.2.4　招商目标

设定招商目标是实现项目落地的核心。首先，通过量化目标设定，如特定企业数量和投资额度，为招商提供清晰的方向。随后，明确企业数量与构成，包括不同规模企业的比例，以丰富产业链生态。聚焦产业方向，筛选与区域资源和优势相匹配的产业领域，如高新技术或先进制造业。对企业要素进行深入分析，考查其资本、技术和市场潜力，确保与地方发展相契合。利用大数据技术，收集企业信息，为招商决策提供数据支撑。通过双向考察，促进投资项目与地方发展目标一致，确保项目顺利落地，推动区域经济的持续增长和产业升级。

1. 目标的量化设定

目标的量化设定是实现招商成功的重要前提。这一过程涉及设定一系列具体而明确的指标，包括预期引进的企业数量，这不仅涵盖了企业总数，也包括了不同规模和类型的企业，如中小企业、大型企业或跨国公司。同时，量化目标还包括了预期的投资额度，这一指标以货币单位明确了招商活动的财务目标，反映了资本的引入规模。此外，创造就业岗位数的设定是衡量招商活动社会贡献的关键，它直接关联到项目对当地就业市场的促进作用。通过这些量化指标，招商团队能够制定更加精准的招商策略。

2. 企业数量与构成

企业数量与构成的明确规划对于构建多元化且互补的商业环境至关重要。首先，招商目标需要根据区域产业发展战略来设定希望引进的企业数量，这通常与经济增长、就业创造和技术创新等宏观目标相挂钩。不同类型的企业，如大型企业、中型企业、初创企业等，各自在资本、技术、市场和管理等方面具有不同优势，对产业链的贡献也各不相同。

大型企业往往能带来显著的资金投入和就业机会，同时可能成为产业链的核心，吸引相关配套企业聚集，形成产业集群效应。中型企业可能在特定领域具有专业优势，有助于提升产业链的专业化和细分市场的竞争力。而初创企业则可能带来创新活力，为区域经济注入新的发展动力，尽管它们可能面临更高的风险，但在正确的扶持和引导下，初创企业能够快速成长，成为未来产业的新星。

招商规划还应考虑企业在产业链中的位置，如原材料供应、生产制造、研发设计、市场营销等环节，确保引进的企业能够与现有产业形成良好的协同效应，提升整体产业链的竞争力。此外，招商策略需要综合考虑企业的地理分布、行业多样性和市场定位，以实现产业结构的优化和经济的可持续发展。通过这样的细致规划，招商工作就能够更加有的放矢地加以推进。

3. 产业聚焦方向

产业聚焦方向的细化是招商策略的核心，它要求对区域的资源禀赋、现有产业基础和长远发展需求进行深入分析。首先，识别区域独有的自然资源、地理位置、人才储备和技术积累等优势，以此为基础确定产业发展的比较优势。接着，评估现有产业结构，强化传统优势产业的同时，培育新兴增长点。

重点发展的产业领域应包括高新技术产业，这类产业通常具有高附加值和创新驱动的特点，能够引领区域经济向高端化、智能化转型。先进制造业也是关键聚焦点，它强调技术革新和工艺改进，以提升产品竞争力和生产效率。此外，现代服务业因其在促进产业融合、提升生活品质方面的作用而日益重要，特别是在金融、教育、医疗和信息服务等领域。

通过明确产业聚焦方向，招商工作能够吸引与区域发展相匹配的企业，促进产业集群的形成。

4. 企业要素分析

企业要素分析是招商过程中的关键环节，它要求对目标企业的多个关键维度进行细致评估。资本要素分析关注企业的资金实力和投资能力，确保其有足够的资源支持项目落地和运营。技术要素分析则着眼于企业的创新能力和技术成熟度，评估其对提升区域产业技术水平和推动产业升级的潜在贡献。

市场要素分析考察企业产品的市场需求、客户基础和销售网络，预测其在目标区域市场的竞争力和增长前景。管理要素分析则涉及企业的组织结构、管理团队和运营效率，确保企业具有高效的决策和执行能力。通过这些分析，评估目标企业与区域产业发展战略的契合度，选择那些能够促进产业链完善、带动就业和创新的企业。

5. 陆原大数据

陆原大数据在招商领域的应用，为招商决策提供了深度的数据基础和科学依据。首先，通过大数据技术，可以全面收集企业的基本信息，包括但不限于企业规模、注册资本、员工人数等，为评估企业的经济实力和市场地位提供数据支撑。其次，经营状况分析涉及企业的财务报表、盈利能力、成本结构和现金流等关键财务指标，帮助判断企业的财务健康状况和盈利模式的可持续性。

研发能力分析则聚焦于企业的研发投入、专利数量、技术创新和新产品开发等方面，评估企业的技术先进性和行业竞争力。此外，通过分析企业的成长性，包括近年来的营收增长率、市场份额变化和行业排名变动等，可以预测企业未来的发展潜力和扩张计划。

利用大数据技术还能够收集和分析企业的社会信用记录、合作伙伴评价和消费者反馈等信息，全面了解企业的商业信誉和市场口碑。这些数据的整合分析，不仅能够帮助招商团队精准识别目标企业，而且能够为招商谈判和合作协议的制定提供有力的数据支持，确保招商项目的成功对接和顺利实施。

6. 双向考察落地

双向考察落地是确保招商成功的重要环节，涉及投资方和地方政府之间的深入互动。实地考察使投资方能够直观评估区域的基础设施、市场环境、人才资源以及政策支持，确保投资决策能基于全面和准确的信息。同时，地方政府通过考察投资方的经营状况和技术实力，可以确保其符合地方产业发展的方向和需求。

此过程包括组织投资方参与地方的产业论坛、商务洽谈会，以及访问潜在的项目用地和产业园区，促进双方的沟通和理解。项目所在区域需展示其服务能力和行政效率，如行政审批流程、政策扶持措施等，以增强投资方的信心。此外，通过建立反馈机制，收集投资方的意见和建议，及时调整招商策略和服务方式，确保投资项目与地方发展目标相一致，推动项目快速落地并产生效益。

3.2.5　招商策略

招商策略的制定是吸引和促进投资的关键。优惠政策的实时导航为投资者提供清晰的激励方向，包括税收减免、土地使用优惠和财政补贴等，这些政策能够显著降低企业运营成本，提高区域吸引力。产业链集群战略通过优化产业布局，促进上下游企业协同发展，形成产业生态圈，增强整体竞争力。以商引商的网络模式可以利用现有企业资源，通过口碑和商业联系吸引更多相关企业入驻，形成良性互动。同时，线上线下融合的新模式打破了传统招商局限，利用互联网平台和数字工具，拓宽招商渠道，提高招商效率。这些策略的综合运用，能够为投资者提供全面的支持和服务，推动区域经济的快速发展和产业升级。

1. 优惠政策实时导航

优惠政策实时导航的细化实施是确保投资者充分利用激励措施的关键，具体涵盖以下几个方面。

（1）政策信息库建设　构建一个全面的政策信息库，系统化地收集国家和地方政府的税收优惠、土地使用政策、财政补贴等信息。

（2）实时更新机制　实施实时更新政策，确保信息库反映最新的政策变动，可能涉及与政府部门的信息共享或自动化监控工具。

（3）投资者定制服务　提供定制化咨询服务，根据投资者需求和行业特性，匹配适合的优惠政策。

（4）政策解读与指导　为投资者提供政策条款的解读和申请指导，简化政策使用流程。

（5）在线政策服务平台　创建在线平台，让投资者便捷地访问、搜索政策信息，并提供在线咨询或申请服务。

（6）政策培训与研讨会　定期组织政策培训和研讨会，邀请政策制定者和行业专家分享政策应用经验和策略。

（7）人工智能应用　引入人工智能技术，通过数据分析和模式识别，预测政策变化趋势，通过个性化推荐政策信息，提高政策导航的智能化水平。

2. 产业链集群战略

产业链集群战略在招商领域的应用是推动区域经济发展的有效手段。以下是招商方面的策略。

（1）明确产业链招商目标　依据区域产业优势，设定清晰的产业链集群发展目标，吸引关键领域的企业，形成产业核心竞争力。

（2）优化产业链布局　通过科学的产业规划，优化产业链的空间布局，打造特色产业园区，为上下游企业集聚提供物理空间和基础设施支持。

（3）促进产业链协同　通过政策激励和市场机制，加强产业链各环节企业的协同合作，提升产业链整体效率和创新能力。

（4）强化关键环节招商　识别并强化产业链中的关键和缺失环节，通过定向招商策略，吸引核心企业或技术填补产业链空白。

（5）提供定制化政策支持　为产业链集群内的企业提供定制化的政策支持，包括税收减免、资金扶持、人才引进等，增强企业的落地意愿。

（6）建立产业链服务平台　构建产业链内部的服务平台，提供信息交流、技术研发、市场对接等服务，促进企业间的合作与交流。

（7）打造产业链品牌影响力　通过品牌建设活动，提升产业链集群的品牌形象，增强其对外的吸引力和竞争力。

3. 以商引商网络模式

以商引商网络模式的细化实施，重点在于如何有效利用现有企业的商业网络来拓展招商渠道和增强招商吸引力。

（1）建立企业联络平台　创建一个平台，促进现有企业与潜在投资者之间的沟通与联系，分享成功案例和合作经验。

（2）发挥企业口碑效应　鼓励现有企业分享他们在区域投资的正面经验，通过口碑传播吸引更多企业的关注和兴趣。

（3）利用供应链关系　分析现有企业的供应链，识别并接触其上下游合作伙伴，以产业链的延伸作为招商的切入点。

（4）举办行业交流活动　定期举办行业论坛、商务洽谈会和展览会，邀请现有企业及其业务伙伴参与，拓宽商业网络。

（5）制定推荐奖励机制　为现有企业推荐新投资者设立奖励机制，以经济激励促进他们参与招商活动。

（6）建立企业顾问团队　邀请行业内有影响力的企业领袖组成顾问团队，为招商策略提供咨询，并吸引同行企业。

（7）强化企业服务支持　提供一站式服务，包括政策咨询、行政手续办理等，确保现有企业的投资体验，增加其推荐新企业的意愿。

（8）构建企业社群网络　通过线上线下社群活动，构建企业间的紧密联系，促进信息共享和资源整合。

（9）实施企业定制化招商　根据现有企业的需求和建议，定制化设计招商方案，满足特定行业或企业群体的投资需求。

（10）持续跟进与服务　对通过以商引商模式引入的企业进行持续跟进，提供必要的支持和服务，确保其稳定发展并成为网络中的积极分子。

通过这些细化措施，可以充分利用现有企业的商业网络，形成以点带面、以强引强的良性招商生态，不断吸引更多相关企业投资，增强区域的产业集聚效应。

4. 线上线下融合新模式

线上线下融合新模式的细化实施，旨在通过互联网技术和传统招商手段的结合，提升招商效率和效果。

（1）线上平台建设　开发专业的线上招商平台，集成企业数据库、政策信息、项目推介等功能，提供全面的投资信息。

（2）移动应用开发　推出移动应用程序，方便用户随时随地访问招商信息，实现在线咨询、预约考察等功能。

（3）线上品牌推广　通过搜索引擎优化（SEO）、内容营销等方式提升线上平台的品牌知名度和搜索排名。

（4）线下活动组织　定期举办投资说明会、行业论坛、商务考察等线下活动，为投资者提供深入了解区域投资环境的机会。

（5）线上线下互动　在线下活动中推广线上平台，鼓励参与者使用线上平台，实现线上线下信息的互通和互动。

（6）大数据分析　用大数据分析用户行为，优化招商策略，实现招商信息的精准推送。

（7）虚拟考察体验　利用虚拟现实（VR）技术提供在线考察体验，让投资者远程也能感受投资环境。

（8）合作伙伴网络　与商会、行业协会、投资促进机构等建立合作伙伴关系，拓展招商渠道。

3.2.6　招商活动

招商活动通过精心策划的推介会和项目风采展现，有效吸引投资者关注。推介会通过目标定位、内容策划、场地布置、嘉宾邀请、宣传推广和互动交流等环节，全面介绍区域优势和政策环境，促进信息交流。同时，项目风采展现精选区域内重点项目，通过制作专业展示材料、设置互动体验和培训讲解人员，以便更生动地呈现项目特色和潜力。

1. 招商推介会

（1）目标定位　精确识别并邀请与推介会主题相关的特定行业企业和国际投资者，确保参与者与推介内容的高度相关性。

（2）内容策划　精心设计推介会的议程，确保内容全面且针对性强，使其涵盖地区经济概况、产业优势、政策环境、成功案例及合作机会等。

（3）场地布置　选择地理位置优越、交通便利的会议场所，专业化布置舞台、展览区和交流区，配备先进的音视频和网络设备，营造专业且友好的氛围。

（4）嘉宾邀请　针对性地邀请政府官员、行业专家、企业领袖等，确保他们能在推介会上提供权威性的政策解读和行业洞察。

（5）宣传推广　利用线上（社交媒体、电子邮件营销）和线下（行业杂志、户外广告）多渠道宣传，提前发布活动信息，扩大活动的影响力和参与度。

（6）互动交流　在推介会中设置互动环节，如现场问答、圆桌讨论、网络直播互动等，鼓励与会者积极交流，提高活动的参与感和实效性。

（7）后续跟进　推介会后，及时收集反馈，对有意向的投资者进行一对一跟进，提供更详细的项目信息和个性化服务。

2. 项目风采展现

（1）展示材料定制化　为每个项目定制化制作展示材料，包括图文并茂的展板、内容丰富的宣传册和生动的项目介绍视频，确保材料能够准确传达项目的核心价值和竞争优势。

（2）现场布置创新化　推介会现场设置创意十足的项目展示区，运用多媒体展示技术和互动展览设计，如触摸屏、LED屏幕等，使项目展示更加生动和直观。

（3）讲解人员专业化　选拔专业知识扎实、沟通能力强的人员，进行系统的培训，包括项目知识、沟通技巧和礼仪规范，确保他们能够提供专业、精准的项目介绍和咨询服务。

（4）体验互动科技化　运用虚拟现实（VR）、增强现实（AR）、3D打印等现代科技手段，设计互动体验环节，让投资者能够身临其境地感受项目的魅力和潜力。

（5）跟进服务个性化　根据投资者的兴趣和需求，提供个性化的跟进服务，包括项目资料的深入提供、项目团队的深入对接和投资方案的定制化设计。

（6）反馈机制即时化　建立快速响应的反馈机制，对投资者的咨询和建议进行及时收集和处理，确保投资者的关切得到及时回应。

（7）合作机会明确化　在项目展示中明确指出合作机会和投资回报，提供清晰的投资方案和合作模式，增强投资者的信心。

（8）成功案例展示　展示区域内成功落地的案例，通过案例分析，展现项目的实施效果和投资回报，增加潜在投资者的信心。

3.2.7　招商团队

招商团队建设的细化实施集中于汇聚具有多元背景和专业技能的人才，通过定期的专业培训提升团队的行业知识和商务沟通能力。利用共享平台和先进技术实现信息的高效流通和知识共享，同时明确团队成员的角色和责任，采用项目管理工具优化工作流程，促进团队的高效协作。此外，通过设计激励机制和培养团队文化，增强团队的凝聚力和执行力。建立风险管理和持续学习机制，鼓励团队成员不断提升专业素养，并通过客户关系维护和反馈改进流程，确保团队能够适应市场变化，提高招商工作的专业性和有效性。

1. 汇聚人才

汇聚人才的策略，旨在构建一个专业且多元化的招商团队。

（1）人才计划　制定详细的招聘计划，明确岗位要求，针对具有相关招商经验的专业人士进行精准招聘。通过人才引进政策，吸引行业专家和资深人士加入团队，利用他们的经验和网络资源。

（2）人才构成　运用多种招聘渠道，包括在线招聘平台、行业会议、大学合作等，扩大人才搜寻范围。注重团队成员专业背景的多样性，最好能涵盖经济、法律、金融、市场营销等多个学科领域。

（3）团队建设　营造包容和协作的团队文化，鼓励不同背景的团队成员交流和分享经验。为团队成员提供持续的职业发展和教育机会，包括行业研讨会、在线课程等。

（4）人才管理　设计有效的激励机制和职业发展路径，提高人才留存率。建立绩效管理体系，定期评估团队成员工作表现和贡献，确保团队高效运作。

2. 专业培养

（1）专业培训　通过深入分析团队成员的具体培训需求，制定个性化的培训计划，确保培训内容覆盖行业知识更新、市场分析工具、商务沟通技巧等关键领域。内部知识共享机制鼓励经验丰富的成员传授专业知识，同时，定期邀请行业专家和市场分析师就最新市场趋势和政策变化举办讲座和研讨，以确保团队成员能够及时掌握行业前沿信息。

（2）实战演练　角色扮演、案例分析、模拟谈判等活动，加强团队成员的实际操作能力和问题解决技巧。此外，利用在线课程和教育平台，为团队成员提供灵活的学习方式，满足不同成员的学习需求，并鼓励他们参加专业资质认证，如市场营销证书，以提升个人专业水平。

（3）持续学习　跨文化交流能力的培训对于国际招商尤为重要，应着重加强团队成员在这方面的培训，以适应不同文化背景下的商务沟通。通过建立公正透明的绩效评估体系和激励机制，鼓励团队成员主动学习、不断进步，并根据团队成员的工作表现和贡献给予相应的奖励，从而提升团队的整体招商能力和服务水平。

3. 共享平台

共享平台建设是确保团队协作和信息流通的关键。

（1）架构设计　创建一个用户友好、易于导航的信息共享平台，能够确保所有团队成员无论身处何地，都能迅速访问到所需的信息。这一设计注重直观的界面和便捷的搜索功能，以提升用户体验。

（2）项目数据库　创建一个集中的项目数据库，详尽记录项目的概况、进度和关键里程碑等信息。这一数据库不仅可以为团队成员提供一个直观的全面项目视图，也可以为项目跟踪和决策提供坚实的数据基础。

（3）客户关系管理　CRM系统的开发是共享平台的另一项重要细化措施。通过CRM系统，能够记录并分析客户信息、了解其历史和偏好，为提供定制化的服务和建立长期客户关系奠定基础。CRM系统的集成可进一步提升团队的客户服务能力。

（4）移动访问　确保共享平台的灵活性和可达性。平台能够支持移动设备访问，这样团队成员就可以在任何时间和地点获取信息，响应客户需求。这种移动能力可显著提升团队的工作效率和响应速度。

（5）AI分析　AI工具能帮助团队成员快速生成项目报告和业绩分析，从而更加精准地把握项目进展和业务成果。通过这些细化措施，共享平台将成为团队协作和信息管理的强大工具，提高工作效率，促进知识的积累和创新。

4. 高效协作

（1）责任分配　确保每个团队成员都清楚自己的职责所在。通过制定详细的职责描述和角色矩阵，实现责任的透明化，有效减少职责重叠或遗漏。对现有工作流程进行深入分析，识别并消除瓶颈和冗余步骤，通过流程再设计来简化和优化这些流程，引入精益管理和持续改进的方法论，提高团队的工作效率和响应速度。

（2）项目协作工具　利用软件实现任务分配、进度跟踪和团队沟通的智能化。如熟练利用 Asana、JIRA 或 Microsoft Project 等软件工具，这些工具不仅支持任务分配和时间线规划，还提供了实时更新和自动化提醒功能。

（3）反馈循环　通过定期的进度跟踪和报告，确保所有相关方都对项目招商进展有清晰的认识。培养以结果为导向的招商团队文化，鼓励团队成员主动承担责任、协作解决问题，并认可和奖励团队协作精神。这些细化措施能够使招商团队实现无缝协作，快速响应市场变化和客户需求。

3.2.8　工作流程图

招商活动的具体工作流程可参见图 3-1。

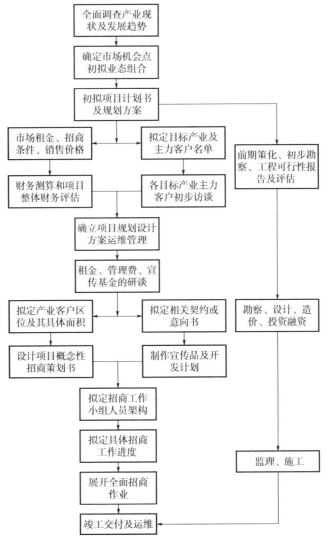

图 3-1　工作流程图

注：具体执行中，在和设计单位及施工单位的协调中需要一些微调。

3.3　工作要求及评价

　　招商工作要求及评价的细化实施策略，涵盖了量化指标的科学监测、项目进度的严格跟踪以及企业满意度的持续调研。通过建立关键性能指标（KPIs）体系和数据管理系统，能够实时监测并分析招商成效，确保目标达成。同时，通过项目管理工具监控项目进度，及时发现并解决延期问题，保障项目顺利进行。定期的企业满意度调研可帮助团队收集反馈信息，识别服务改进点，并通过快速响应机制增强所服务企业的满意度。

3.3.1　量化指标

1. 指标（KPIs）体系

　　制定量化监测体系，包括但不限于《投资额月度报告》《项目引进数量统计》《资金到位情况分析》和《企业增长潜力评估》等关键指标，以全面反映招商成效。

2. 招商成效报告

　　建立定期的《招商成效评估报告》发布机制，该报告将综合关键性能指标的监测结果，评估招商目标的达成情况，并提供未来招商策略的决策支持。

3. 数据分析与可视化

　　运用先进的数据分析工具和数据可视化技术，如《招商成效动态仪表盘》，直观展示招商数据和趋势，便于团队成员和决策者实时把握招商动态。

4. 监测结果审查

　　通过《招商成效月度审查会议》，定期审查监测结果，讨论关键指标的表现，及时调整招商策略。

5. 目标与实际对比

　　在《招商目标与实际成效对比分析报告》中，明确展示目标设定与实际完成情况的差异，以便为持续改进提供依据。

6. 动态调整

　　根据市场变化和招商实际进展，动态调整《关键性能指标（KPIs）体系》，确保监测指标能始终反映最新的业务需求。

3.3.2　进度跟踪

1. 跟踪计划书

　　制定详尽的《项目进度跟踪计划书》，明确项目的各个关键里程碑、预期完成时限以及负责人，确保项目进度的透明性和可追踪性。

2. 项目管理工具

利用《项目管理甘特图》和《关键链项目进度图》等工具，实现项目进度的可视化监控，使项目团队能够直观地了解项目各阶段的进展情况。

3. 进度更新报告

实施《月度项目进度审查会议》和编制《项目进度更新报告》，及时审查项目状态，更新进度信息，确保所有相关方对项目进展有清晰的认识。

4. 关键节点审核

建立《关键节点审核制度》，在项目的关键节点进行严格的审核和质量控制，确保项目按既定标准和时间表推进。

5. 偏差管理

制定《项目偏差管理流程》，一旦发现项目进度与计划出现偏差，立即启动偏差处理流程，采取纠正措施。

6. 进度预警

开发项目进度预警系统，当项目进度出现潜在延期或偏离预定轨道时，系统能够自动发出预警，提醒项目管理者及时介入。

7. 进度调整

在项目进度受到影响时，制定《项目进度调整方案》，对项目计划进行必要的调整，以适应变化并保证项目目标的实现。

8. 总结报告

项目完成后，编制《项目完成总结报告》，评估项目整体表现，总结经验教训，为未来项目提供参考。

3.3.3 持续调研

1. 企业满意度调查

制定《企业年度满意度调查计划》，明确调查的时间点、对象、方法和内容，确保调查的系统性和周期性。

2. 渠道反馈

通过《企业满意度调查问卷》《深度访谈纪要》和《招商服务座谈会记录》等多渠道收集企业反馈，全面了解企业对招商服务的感受和建议。

3. 数据分析

编制《企业满意度调研数据分析报告》，运用统计分析方法，识别服务的强项和弱点，为服务改进提供数据支持。

4. 服务改进

基于调研结果，制定《招商服务改进行动计划》，明确改进措施、责任分配和完成时限，确保服务优化的实施。

5. 客户关系强化

制定《客户关系强化策略》，通过定期沟通、定制化服务和客户关怀活动，增强企业的归属感和忠诚度。

6. 服务标准化

更新《招商服务标准化手册》，将调研成果转化为服务标准和操作流程，提升服务的一致性和专业性。

7. 持续改进

建立《持续改进循环机制》，将满意度调研和改进行动纳入常态化管理，确保服务质量的持续提升。

3.4 招商咨询报告模板

3.4.1 招商策划

1. 企业增长潜力评估

企业增长潜力评估可参见表3-1。

表 3-1 企业增长潜力评估

序号	评估项目	评分/评级标准	备注/详细说明
1	市场定位与需求分析	1~10分	市场规模：1~3分；需求增长：1~3分；市场适应性：1~4分
2	产品或服务竞争力	A~F 评级	创新性：A~F；质量与性能：A~F；客户满意度：A~F
3	技术实力与研发能力	1~5星	研发团队：1~2星；技术创新：1~2星；专利数量：0~1星
4	管理团队与企业文化	1~10分	管理经验：1~3分；企业文化：1~3分；员工忠诚度：1~4分
5	财务状况与盈利能力	1~5星	收入增长：1~2星；利润率：1~2星；资产负债：0~1星
6	市场扩张与销售网络	1~10分	销售网络：1~4分；市场扩张策略：1~3分；国际市场：1~3分
7	供应链与运营效率	1~5星	供应链效率：1~2星；生产效率：1~2星；物流配送：0~1星
8	风险管理与应对策略	1~10分	风险识别：1~3分；应对策略：1~4分；风险管理历史：1~3分
9	可持续发展与社会责任	1~5星	环保措施：1~2星；社会责任活动：1~2星；发展战略：0~1星

（续）

序号	评估项目	评分/评级标准	备注/详细说明
	综合评估		
	增长潜力评级		根据各项目评分综合评定
	发展建议		针对评分较低项目提出改进建议
	评估结论		综合分析企业增长潜力的结论性描述

注：评分/评级标准说明。

1. 1~10 分：1 分为最低，10 分为最高，以此类推。

2. A~F 评级：A 为最高等级，F 为最低等级。

3. 1~5 星：5 星为最高评价，1 星为最低评价。

2. 关键性能指标（KPIs）体系

关键性能指标（KPIs）体系可参见表 3-2。

表 3-2 关键性能指标（KPIs）体系

序号	KPIs 类别	指标名称	目标值	计算公式	数据来源	频率	责任部门
1	招商效果	引进项目数量	10 个	新引进项目数	招商部	季度	招商部
2	投资吸引力	投资总额	5 亿	引进项目投资总额	财务部	季度	招商部/财务部
3	投资者关系	投资者满意度	90%	投资者满意度调查结果	客服部	半年	客服部
4	项目落地率	项目落地率	80%	（成功落地项目数/引进项目总数）×100%	项目部	季度	项目部
5	项目质量	平均投资规模	5000 万	投资总额/引进项目数量	财务部	季度	招商部/财务部
6	市场拓展	新增投资国别或地区数	3 个	新增的投资者国别或地区数	市场部	年度	市场部
7	产业链招商	产业链完善度	提高10%	新引进产业链上下游企业数/现有企业数×100%	产业部	年度	产业部
8	政策执行	政策落实率	100%	实施的政策条目数/制定的政策条目数×100%	政策部	年度	政策部
9	服务效率	项目响应时间	3 天	从接洽到首次反馈的平均时间	招商部	季度	招商部
10	风险管理	项目风险发生率	低于 1%	发生风险的项目数/引进项目总数×100%	风险部	年度	风险管理部

注：KPIs 说明。

1. 指标名称——列出招商领域关注的关键性能指标。

2. 目标值——为每个 KPI 设定的具体目标或期望值。

3. 计算公式——提供每个 KPI 的量化计算方法。

4. 数据来源——指明负责收集和提供 KPI 数据的部门。

5. 频率——确定每个 KPI 的评估周期，如月度、季度、半年或年度。

6. 责任部门——明确负责监控和优化该 KPI 的部门。

3.4.2 招商管理

1. 项目招商进度报告

项目招商进度报告可参见表 3-3。

表 3-3 项目招商进度报告

序号	企业名称	招商阶段	开始日期	预计完成日期	实际完成日期	完成度（%）	阶段成果	当前状态	风险/问题	下一步计划	负责人	更新日期
1	食品公司	市场调研	2024/4/1	2024/5/1		90	完成市场调研报告	进行中	竞争加剧	制定招商策略	李经理	2024/7/1
2	生物医药公司	投资者接洽	2024/5/1	2024/6/30		50	确定 5 家潜在投资者	进行中	资金到位延迟	安排投资者考察	张主管	2024/7/1
3	供应链公司	协议谈判	2024/6/1	2024/7/31		20	完成 2 家投资协议初稿	进行中	法律条款需进一步协商	法律审查与条款协商	王总监	2024/7/1
4	智能制造公司	项目落地	2024/7/1	2024/8/31		0	项目立项	计划启动	土地审批流程	土地审批与环境评估	赵经理	2024/7/1

2. 招商方案调整报告

招商方案调整报告可参见表 3-4。

表 3-4　招商方案调整报告

序号	园区名称	原定目标	实际进展	调整原因	调整措施具体内容	预期效果	执行时间	负责人	更新日期
1	高新技术区	引进 5 家科技型企业	引进 2 家，3 家在谈中	目标企业对园区政策敏感度不高	提供定制化税收优惠，增强政策宣传力度	增加企业对园区的兴趣和入驻率	2024 年 3 月开始	张三	2024/7/1
2	国际商务区	完成 70% 的商业空间出租率	目前出租率为 50%，需求不足	区域内商业竞争激烈，租金相对较高	实施差异化租金策略，提供增值服务吸引租户	提高出租率，增强竞争力	2024 年 4 月计划	李四	2024/7/1
3	绿色制造区	吸引 2 家环保制造企业	0 家企业入驻，环保政策限制较多	环保法规严格，潜在投资者犹豫	优化环保设施，提供环保合规指导服务	降低企业环保规成本，吸引入驻企业	2024 年 2 月实施	王五	2024/7/1
4	文化创意园	吸引 10 家文创企业	引进 3 家，市场认知度不足	文创行业特性导致对园区文化氛围有特别需求	增设文化活动空间，举办文创市集和展览	提升园区文化氛围，吸引更多文创企业	2024 年 3 月策划	赵六	2024/7/1
5	冷链物流区	建立 3 个冷链物流中心	1 个中心建成，2 个在规划中	物流行业变化快，需及时调整规划和服务	加快基础设施建设，提供定制化物流解决方案	提升物流效率，吸引更多物流企业	2024 年 4 月动工	钱七	2024/7/1

3. 招商目标与实际成效对比分析报告

招商目标与实际成效对比分析报告可参见表 3-5。

表 3-5 招商目标与实际成效对比分析报告

序号	园区名称	招商目标	目标设定时间	目标完成时间	实际成效	实际完成时间	完成度（%）	目标与实际差异	差异原因分析	改进措施建议	负责人	更新日期
1	高新技术园	引进 10 家科技企业	2024/1/1	2024/6/30	引进 8 家，谈判中 2 家	2024/6/20	80	缺少 2 家	市场竞争激烈，部分企业转向其他园区	加强市场调研，优化招商政策	张三	2024/7/1
2	国际商务区	出租率提升至 80%	2024/1/1	2024/12/31	出租率 65%	2024/6/30	81.25	未达到目标出租率	经济环境影响，部分企业缩减规模	提升园区服务质量，调整租金策略	李四	2024/7/1
3	智能制造园	引进 5 家环保企业	2024/1/1	2024/7/31	引进 3 家	2024/5/15	60	低于目标数量	环保政策严格，部分企业不符合条件	加大环保支持力度，放宽部分条件	王五	2024/7/1
4	创新孵化区	孵化项目成功率达 70%	2024/1/1	2024/8/31	成功率 60%	2024/7/10	85.71	成功率低于目标	部分项目因资金不足而中止	提供更多资金支持，加强项目管理	赵六	2024/7/1
5	跨境电子商务区	吸引 10 家电商企业入驻	2024/1/1	2024/6/30	吸引 8 家企业入驻	2024/6/25	80	缺少 2 家	电商市场变化快，部分企业选择自建物流中心	加强电商市场趋势研究，提供定制化服务	钱七	2024/7/1

3.4.3 持续服务

1. 企业满意度调查报告

企业满意度调查报告可参见表3-6。

表 3-6 企业满意度调查报告

序号	企业名称	行业类型	调查时间	服务满意度	设施满意度	政策满意度	综合满意度	具体建议与反馈	改进措施建议	负责人	更新日期
1	企业 A	科技	2024/7/1	90%	85%	80%	85%	需要更高效的流程服务和更便捷的行政流程	增强物流协调，简化行政流程	张三	2024/7/10
2	企业 B	制造	2024/7/2	75%	80%	75%	76%	希望降低租金成本，提供更多市场推广支持	考虑租金减免，增加市场推广服务	李四	2024/7/10
3	企业 C	文创	2024/7/3	95%	90%	85%	90%	增加园区内餐饮服务，举办更多文化交流活动	增设餐饮点，策划文化活动	王五	2024/7/10
…	…	…	…	…	…	…	…	…	…	…	…
n	企业 N	…	2024/7/n	××%	××%	××%	××%	[具体建议与反馈]	[针对性改进措施]	负责人 N	2024/7/n' （$n'>n$）

2. 招商服务改进行动计划

招商服务改进行动计划可参见表3-7。

表 3-7　招商服务改进行动计划表

序号	改进领域	具体问题描述	改进目标	改进措施具体内容	预期效果	执行时间表	负责人	更新日期
1	客户服务	客户咨询响应时间长	缩短响应时间至24小时内	增加客服人员，优化咨询流程	提升客户满意度			
2	政策宣传	政策信息更新不及时	实现政策信息实时更新	建立政策信息更新机制，利用数字化平台发布	确保企业及时了解政策			
3	基础设施建设	园区交通设施不足	完善园区交通设施	扩建道路，增加交通指引，提升交通便利性	增强园区吸引力			
4	投资环境优化	投资流程复杂	简化投资流程	推行一站式服务，减少审批环节	提高投资效率			
5	企业关系维护	企业沟通不足	加强企业关系	定期举办企业座谈会，建立企业联络群	增强企业归属感			
6	技术支持与创新	技术转移和创新支持不足	加强技术创新支持	建立技术转移中心，提供创新基金支持	促进技术发展			
7	人才引进与发展	高端人才缺乏	提升人才引进与培养	与高校合作，设立人才培训项目，提供人才住房补贴	吸引和留住高端人才			
8	市场营销与推广	园区知名度不足	提升园区品牌知名度	加大网络营销力度，参加行业展会，发布成功案例故事	扩大园区影响力			

3.5　产业招商相关企业

3.5.1　相关企业及业务

产业招商相关企业及业务描述见表3-8。

表 3-8　相关企业及业务描述

序号	公司名称	服务/产品描述
1	CTR 洞察中国	结合本土经验与全球先进技术，提供市场趋势解读和分析
2	艾司隆	提供多渠道数据营销解决方案，帮助品牌深化与客户的关系
3	英敏特	独立市场研究咨询公司，专注于消费者研究、产品创新、竞争分析和市场分析
4	华通明略	提供市场研究、品牌咨询和媒介研究等服务，尤其在广告、媒体、传播以及品牌资产研究领域占据领先地位
5	清科研究中心	为有限合伙人、政府、园区、风险投资和私募股权投资机构等提供数据系统、研究分析、咨询服务和培训课程
6	艾媒咨询	第三方数据挖掘和分析机构，专注于新经济领域，提供市场地位、消费洞察和商业趋势研究服务
7	艾瑞咨询	市场调研机构，专注于网络媒体、电子商务等新经济领域，提供市场调查研究和战略咨询服务
8	IBM	全球科技公司，提供硬件、软件、咨询服务以及云计算等
9	埃维诺	数字化创新公司，利用微软技术帮助企业实现数字化转型
10	威勃庞尔	全渠道智能化会员营销服务商，提供营销需求的解决方案
11	实力传播	媒体代理公司，提供创新和数据驱动的媒体解决方案
12	微盟	提供中小企业云端商业及营销解决方案，主要通过 Saas 产品为商户提供数字化转型服务
13	爱点击	企业数字化运营和营销云平台公司，利用 AI 和大数据技术提供服务
14	群邑中国	媒介投资集团，提供品牌、营销全链路综合解决方案
15	安索帕	全球数字代理商，帮助企业和品牌实现转型
16	阳狮锐奇	媒介代理公司，提供跨渠道效果营销、数据与技术方案
17	品友互动	程序化购买 DSP，提供私有程序化购买产品服务
18	Criteo	提供个性化的重点定向广告解决方案的全球性技术公司
19	维拉沃姆	社会化媒体营销的数字营销机构
20	百分点科技	数据科学基础平台及数据智能应用的领先提供商
21	易点天下	全球移动营销公司，提供移动广告、数据分析、市场调研等服务

（续）

序号	公司名称	服务/产品描述
22	互动派	社交媒体数据分析公司，提供监测、数据分析和营销策略服务
23	Trustdata	移动互联网大数据监测及统计分析平台
24	友盟	移动互联网数据分析公司，提供移动应用统计、运营大数据平台等服务
25	易观智库	数字经济领域市场研究和咨询服务提供商，提供行业趋势分析等研究报告
26	DCCI	互联网数据中心，提供互联网数据测量、市场调查、产业研究、策略咨询等专业服务
27	知微数据	互联网大数据情报服务公司，提供舆情与经营风险管理等服务
28	胖鲸	营销媒体平台，提供营销趋势、案例、数据等信息
29	华扬联众	数字技术驱动的全媒体公司，提供全方位服务
30	秒针系统	营销科学和数据技术公司，提供全域数字测量服务等
31	Geo 集奥聚合	人工智能场景化应用解决方案提供商，提供智能风控等服务
32	明思力中国	提供整合传播和市场营销服务
33	阿里研究院	研究机构，研究和分析数字经济、电子商务、科技创新等领域趋势和问题
34	360 研究报告	安全分析报告，涵盖勒索软件态势分析等
35	百度营销研究院	挖掘网络营销价值，推动产业健康发展
36	艺恩网 （Endate)	数据智能服务商，提供内容产业和消费行业的解决方案
37	京北金融	互联网金融综合解决方案提供方，构建"公共服务平台"
38	北京贲士信息科技有限公司	移动互联网商业智能服务商，提供多维度数据分析服务

3.5.2 核心企业简介

下面简要介绍一下与产业招商相关的这些相关企业情况。

1. CTR 洞察中国

CTR 洞察中国是一家结合中国本土经验与全球先进技术的市场研究公司。它通过连续性调查和定制化专项研究，提供市场趋势解读和洞察，帮助客户理解商业环境并制定营销决策。CTR 的研究领域广泛，包括媒介经营与管理、品牌与传播策略、消费者洞察等，并在多个专业研究领域拥有权威地位。

2. 艾司隆

艾司隆是一家全球性的营销服务公司，能提供多渠道数据营销解决方案，帮助加深品牌影响及与客户的关系。它成立于 1969 年，总部位于美国得克萨斯州，在全球拥有 37 个办事处和超过 3500 名员工。艾司隆提供端对端的整合式营销解决方案，其可以利用战略性眼光分析并解决数字和数据库营销技术。

3. 英敏特

英敏特是一家成立于 1972 年的独立市场研究咨询公司，总部位于英国伦敦。在全球多个城市设有办公室，包括芝加哥、上海、贝尔法斯特、吉隆坡、孟买、慕尼黑、纽约、圣保罗、新加坡、悉尼、东京以及多伦多。英敏特专注于消费者研究、产品创新、竞争分析和市场分析等领域，服务的行业广泛，包括美容产品、个人护理、家居用品、食品、饮料等。通过全球新产品数据库（GNPD）追踪和分析消费者对新产品的反应，为产品研发和市场推广提供数据支持。

4. 华通明略

华通明略是北京华通明略信息咨询有限公司的简称，成立于 2006 年。在 44 个国家拥有 76 家分公司，服务于全球 TOP100 企业中的 90%。华通明略专注于提供市场研究、品牌咨询和媒介研究等服务，尤其在广告、媒体、传播以及品牌资产研究领域占据领先地位。

5. 清科研究中心

清科研究中心是清科集团旗下的一家研究机构，专注于为有限合伙人（LP）、政府、园区、风险投资和私募股权投资机构等提供专业的数据系统、研究分析、咨询服务和培训课程。清科研究中心覆盖了超过 2 万家境内外投资机构，拥有 26 年的股权投资行业研究经验，为多个国家级和省市级的政府部门提供市场分析和政策制定。

6. 艾媒咨询

艾媒咨询是一家专注于新经济领域的第三方数据挖掘和分析机构，成立于 2007年。艾媒咨询以"用数据让所有决策都有依据"为使命，通过大数据挖掘和研究分析，为新技术、新消费和新业态提供市场地位、消费洞察和商业趋势研究服务。艾媒咨询还运营着艾媒网，这是一个专注于电信与无线增值领域的行业门户网站，提供市场资讯、决策依据、投资策略等专业服务。

7. 艾瑞咨询

艾瑞咨询是一家专注于网络媒体、电子商务、网络游戏、无线增值等新经济领域的市场调研机构。自 2002 年成立以来，艾瑞咨询为互联网及传统行业客户提供市场调查研究和战略咨询服务。艾瑞咨询以专业、严谨、客观的工作态度，通过深入研究消费者行为，帮助客户提高对中国新经济的认知水平和综合竞争力，可提供网络监测数据产品、网络评估数据工具、专项定制研究服务等。

8. IBM

IBM 是一家全球知名的科技公司，成立于 1911 年，总部位于美国纽约州的阿蒙克。IBM 业务遍及全球，提供包括硬件、软件、咨询服务以及云计算等多种产品和服务。在人工智能、量子计算、区块链等前沿技术领域有深入研究和应用，致力解决复杂的商业和社会问题。

9. 埃维诺

埃维诺是一家全球性的数字化创新公司，由埃森哲和微软共同成立于 2000 年。埃维诺专注于利用微软技术帮助企业实现数字化转型，提供包括云计算、人工智能、智能商务应用等在内的服务。埃维诺在全球拥有 26 个国家和地区的业务覆盖，以及超过 36000 名专业员工，致力于通过创新技术推动企业成长和转型。

10. 威勃庞尔

威勃庞尔是一家成立于 1999 年的荷兰公司，2006 年进入中国市场，隶属于威勃庞尔（上海）信息科技有限公司。作为全渠道智能化会员营销服务商，专注为企业提供多维营销需求的解决方案，包括营销自动化、全域数据互通、数据深度洞察、全触点互动和企业管控等服务。2018 年，推出"智慧营销"体系，帮助企业打造从全渠道数据连接到场景应用的营销闭环。

11. 实力传播

实力传播是全球领先的媒体代理公司，隶属于阳狮集团。实力传播专注于为客户提供创新和数据驱动的媒体解决方案，涵盖媒介策划、购买、数字营销、内容营销等多个领域。凭借其全球网络和专业团队，实力传播致力于帮助客户实现品牌增长和商业运营。

12. 微盟

微盟是中国领先的中小企业云端商业及营销解决方案提供商，主要通过产品为商户提供数字化转型服务。微盟的业务包括微商城、智慧零售、智慧餐厅等解决方案，帮助企业在微信等社交平台上开设线上店铺，实现商品销售和客户管理。微盟还提供精准的营销服务，帮助企业在腾讯等平台进行广告投放和用户引流。

13. 爱点击

爱点击是一家专注于企业数字化运营和营销云平台的公司，成立于 2009 年。爱点击利用 AI 和大数据技术，为企业提供从系统支撑、内容策划到运营服务的一站式全链路服务体系。公司服务的客户包括 2/3 的世界五百强企业，覆盖零售快速消费品（简称快消）、汽车、日化美妆等多个行业。爱点击拥有 100 余项与人群洞察、广告点击预测等相关的知识产权，并已在美国纳斯达克上市。

14. 群邑中国

群邑中国是全球头部的媒介投资集团群邑集团在中国的分支，隶属于 WPP 集团。群邑集团是全球最大的媒介投资管理机构之一，在中国市场的媒介承揽额超过 600 亿人民币，占 6 大国际广告集团 49% 的份额。群邑中国致力于推动数字广告行业的转型，携手品牌主、行业协会、媒体合作伙伴等，利用数据、技术和创意赋能，提供品效销全链路综合解决方案。

15. 安索帕

安索帕是一家全球数字代理商，通过创造性地使用数字技术帮助企业和品牌实现转型。安索帕中国集团在北京、上海和武汉设有办公室，涵盖 Isobar、OMP、VeryStar 及 Isobar Commerce 四个品牌。安索帕中国集团曾获得多项行业奖项，包括 Campaign 大中华区年度整合营销代理商银奖等。

16. 阳狮锐奇

阳狮锐奇是阳狮集团旗下的媒介代理公司，专注于为客户提供跨渠道效果营销、数据与技术解决方案。阳狮锐奇数据解决方案总经理宋星曾表示，PMP（Private Marketplace，私有程序化购买市场）给品牌广告主带来了新生机，许多客户对 PMP 产生了浓厚的兴趣，并有意愿尝试或已经开始实施。

17. 品友互动

品友互动是中国领先的程序化购买 DSP（需求方平台），提供私有程序化购买产品。品友互动的 PDB 产品已成功运营，其为汽车行业某大型品牌集团管理广告投放额度数以亿计，投放效果显示出较好的优势。

18. Criteo

Criteo 是一家全球性的技术公司，专注于为广告主和发布商提供个性化的重要定向广告解决方案。Criteo 利用先进的机器学习技术，分析用户的在线行为，以提供高度相关的广告内容，从而提高广告效果和投资回报率。Criteo 的业务覆盖全球多个国家和地区，服务众多行业的领先品牌。

19. 维拉沃姆

维拉沃姆是中国领先的专注于社会化媒体营销的数字营销机构，成立于 2006 年，总部位于上海。维拉沃姆利用网络社区、博客、社交网站、网络视频分享网站、搜索引擎、微博客等多种媒介，以及视频、Flash、插件、图文等创意形式，为全球 500 强企业与优质中国品牌提供专业的客户服务、项目执行管理、数据监测与分析、互联网营销策略咨询与事件策划服务。服务的行业包括母婴、汽车、数码、快速消费品、化妆品等，合作过的世界 500 强品牌有菲亚特、雅培、拜耳、LVMH、雪佛兰、百事、柯尼卡美能达、诺基亚等，本土品牌包括上海家化之高夫与家安品牌、王品集团、东锦日加满与娇源品牌、永和大王、金士顿、PPG 大师漆、统一、奇瑞等。维拉沃姆以不制造虚假信息、不攻击竞争对手、为网民创造快乐以及社会责任为公司准则，是口碑营销协会中国会员。电通安吉斯（上海）投资有限公司已宣布收购维拉沃姆，使其成为安索帕中国集团的一员。

20. 百分点科技

百分点科技成立于 2009 年，是数据科学基础平台及数据智能应用的领先提供商。公司总部位于北京，并在上海、沈阳、深圳、广州、香港等地设有多家分子公司。百分点科技专注于数据科学理论和技术的创新实践，提供数据科学基础平台和数据智能应用两大产品体系，服务数字城市、应急、公安、统计、生态环境、零售快消、媒体报业等多个领域，助力客户智能化转型。百分点科技拥有数据科学基础平台和数据智能应用两套产品体系，提供全面的数据分析和智能应用解决方案，服务众多国内外知名企业和政府机构。公司以"用数据智能推动社会进步"为使命，凭借在数据科学领域的技术积累，获得了多项国家级和省部级奖项，并入选多个国际知名分析机构的榜单。

21. 易点天下

易点天下是一家专注于全球移动营销的公司，提供包括移动广告、数据分析、市场调研等在内的服务。通过其平台帮助企业在全球范围内推广其移动应用和游戏，实现用户增长和收益提升。公司服务的客户包括多个行业的领先企业，利用其技术优势和市场洞察，为企业提供定制化的移动营销解决方案。

22. 互动派

互动派是一家专注于社交媒体数据分析的公司，提供社交媒体监测、数据分析和营销策略服务。互动派通过分析社交媒体平台上的数据，帮助企业了解消费者行为和市场趋势，优化其社交媒体营销策略。服务客户涵盖多个行业，包括快消、汽车、金融等，互动派致力于通过数据驱动的方式，帮助企业提升社交媒体营销的效果和 ROI。

23. Trustdata

Trustdata 是一家专注于移动互联网大数据监测及统计分析的平台。致力于为企业提供移动应用数据内容的解决方案，通过采集、分析和研究移动互联网大数据，帮助企业主、移动应用开发者以及投资人了解自身应用业务状况和整个移动应用市场的趋势。帮助行业从业者制定产品、营销和投资策略相关的市场决策。

24. 友盟

友盟是一家专注于移动互联网的数据分析公司，提供移动应用统计、运营大数据平台等服务。友盟指数是根据友盟系统覆盖的大量活跃设备数据，经过建模挖掘生成的，数据维度包括应用类别、市场表现、移动设备类型、操作系统版本、分辨率、联网方式、用户地理分布等，按月更新。友盟指数显示大屏、高分辨率设备正成为主流，同时数据显示女性移动设备用户比例略高于男性，打破了"男性更多使用移动设备"的传统观念。

25. 易观智库

易观智库是一家专注于数字经济领域的市场研究和咨询服务提供商。易观智库提供包括行业趋势分析、用户消费特征分析、企业数字化转型路径研究等在内的多种研究报告。例如，易观智库发布了关于信用卡 APP 数字化服务能力的分析报告，探讨了信用卡业务的数字化升级和对普惠金融发展的促进作用。易观智库还发布了关于中国人工智能行业应用发展、中小企业数字化转型、移动支付行业数字化进程等的分析报告，为市场参与者提供了深入的洞察和数据支持。

26. DCCI

DCCI 互联网数据中心是中国互联网的第三方研究机构和数据平台。它以市场调研、Panel 软件、代码嵌入、海量数据挖掘、语义信息处理等多种技术手段为基础，进行网站、APP、网民、广告、品牌、消费的动态测量研究。DCCI 提供包括互联网数据测量、市场调查、产业研究、策略咨询等专业服务。

27. 知微数据

知微数据是一家专注于互联网大数据情报服务的公司，提供舆情与声誉风险管理、竞争情报与市场洞察、宏观环境与政策研究、海外风险与情报监测等服务。知微数据基于全网数据采集，对特定品牌或主题相关信息进行发现与跟踪，提供品牌舆情监测分析、品牌传播效果评估等，服务的客户群体以各行业头部品牌为主。

28. 胖鲸

胖鲸是一个受品牌主关注的营销媒体平台，由上海壹鲸商务咨询有限公司运营。胖鲸提供营销趋势、案例、数据等信息，是品牌主了解营销动态和交流营销经验的平台。

29. 华扬联众

华扬联众是中国领先的数字技术驱动的全媒体公司，提供包括数字营销、品牌咨询、媒介策划与购买、内容营销、公关活动等在内的全方位服务。华扬联众致力于通过创新的数字技术和策略，帮助客户实现品牌增长和商业成功。

30. 秒针系统

秒针系统是一家专注于营销科学和数据技术的公司，成立于 2006 年，总部位于北京。秒针系统致力于通过大数据和人工智能技术，为企业提供全域数字测量服务，打通感知和认知智能，构建商业智能决策闭环。公司提供的服务包括全域计划、全域/全链测量、内容智能和洞察分析等，旨在帮助企业实现营销价值最大化和业务快速增长。秒针系统坚守第三方中立立场，参与行业标准共建，推动中国数字营销透明化和可验证，创建互信共赢的生态环境。公司以数据安全为最高纲领，通过了多项数据安全技术认证。

31. Geo 集奥聚合

Geo 集奥聚合是一家专业的人工智能场景化应用解决方案提供商，依托机器学习、深度学习等技术，提供智能风控、反欺诈、信用评估、策略分析、监控预警、贷后管理等信贷全生命周期解决方案。集奥聚合的人工智能产品和服务有助于降低企业成本，提升运营效率，助力企业实现智能化转型。公司拥有多项资质认证和荣誉，包括信息系统安全等级保护三级认证、北京企业技术中心认定。

32. 明思力中国

明思力中国是明思力集团在中国的分支，专注于提供整合传播和市场营销服务。明思力集团是全球领先的公关和市场营销公司之一，隶属于阳狮集团。明思力中国通过其专业的团队和创新的解决方案，帮助客户在中国市场提升品牌影响力和市场竞争力。

33. 阿里研究院

阿里研究院是阿里巴巴集团旗下的研究机构，致力于研究和分析数字经济、电子商务、科技创新等领域的趋势和问题。阿里研究院通过发布研究报告、组织论坛和研讨会等方式，为政府、企业和学术界提供决策支持和知识分享。研究院还关注新兴技术和商业模式对传统产业的影响，推动产业升级和创新发展。

34. 360 研究报告

360 研究报告是 360 数字安全集团发布的一系列安全分析报告，涵盖了勒索软件的态势分析、特定黑客组织的归因报告等。例如，在 2024 年 4 月勒索软件流行态势分析中，提到了新增的双重勒索软件家族。这些报告为网络安全专业人士提供了重要的情报和分析。

35. 百度营销研究院

百度营销研究院成立于 2011 年 6 月 28 日，致力于挖掘网络营销的价值，并推动该产业的健康良性发展。百度营销研究院通过联合实验、课题研究等形式，与企业、代理服务机构、商学院、第三方调研机构共同促进搜索营销乃至网络营销产业的健康发展。

36. 艺恩网（Endata）

艺恩网（Endata）是一家专注于内容产业和消费行业的数据智能服务商。艺恩通过大数据和人工智能技术，提供行业解决方案和场景解决方案，服务于内容及消费行业的上千家客户。艺恩的数据智库包括营销智库、内容智库、电商智库等，支持品牌商家和内容公司的电商直播、销售策略制定和内容运营。艺恩的解决方案以数据分析产品、平台产品、研究洞察为基础，依托语义分析、存储计算、数据挖掘、机器学习等核心技术构建行业算法模型与标签库。

37. 京北金融

京北金融是一家中国的互联网金融综合解决方案提供方，致力于构建互联网金融领域的"公共服务平台"。公司通过投资、孵化、研究、培训和市场等服务，为银行、证券、保险、互联网金融企业、政府及科技园区等提供全面的互联网金融服务和解决方案。

38. 北京贵士信息科技有限公司

北京贵士信息科技有限公司是中国专业的移动互联网商业智能服务商，提供移动互联网标准数据库、全景生态流量服务、营销及广告数据库、新媒体数据库、数据挖掘分析服务等。其旗下的 Quest Mobile 数据分析研究服务可帮助客户了解市场趋势、优化运营效率，并发现市场机会。其数据与研究成果被中国顶级互联网公司和投资机构广泛使用，并多次被国内外著名媒体引用。

3.6　案例分享

3.6.1　数字化精准招商案例

台州市椒江区通过数字化精准招商，利用互联网+大数据技术绘制产业链图谱，全面摸排企业信息，建立招商资源库。这一策略成功实现了产业数据资源整合分析，精准触达目标企业。同时，椒江区推出"椒惠富"平台，提供动态监测与精准服务，优化营商环境，为小微主体减负增效，推动经济高质量发展。

1. 数字化招商平台

椒江区开发了小微主体智慧平台"椒惠富"116，该平台通过打通数据壁垒，为企业提供动态监测、精准画像和智慧服务，有效解决了小微主体在动态监测、精准施策和信用融资方面的难题。

2. 产业链图谱绘制

利用互联网+大数据技术，椒江区绘制了产业链图谱，精准掌握产业发展现状，全面摸排企业信息，建立了招商资源库。

3. 产业数据资源整合分析

通过整合分析产业数据资源，椒江区挖掘了区域主导产业的招商目标企业，并实现了精准触达。

4. 重大项目招引

数字化招商的加持下，椒江区成功招引了 50 亿级的海洋肽项目，从对接、签约到实现土地挂牌仅用了 11 天时间，创造了台州市此类体量项目落地投产的新纪录。

5. 营商环境优化

椒江区以数字化改革为总抓手，深入推进"三改融合"，实现了一系列突破性进展和标志性成果，为营商环境的优化提供了有力支撑。

6. 产业扶持政策

椒江区出台了一系列扶持政策，例如《椒江区扶持光电产业发展若干政策（试行）》，对符合条件的企业最高补贴可达 2000 万元。

7. 项目落地服务保障

椒江区成立项目落地工作专班，出台《椒江区进一步规范招商引资工作流程管理的实施细则（试行）》，提供全链条、全要素、全流程服务保障，确保项目顺利落地。

8. 人才引进和支持

椒江区每年发布《椒江区重点工业企业引进人才子女申报入学的通知》，帮助企业解决人才子女就学问题，今年已帮助解决 80 余人。

9. 楼宇经济和总部经济

椒江区推进楼宇经济、总部经济，目前累计入驻企业达 3950 家，税收"亿元楼"达 8 幢，吸引了国泰君安、西门子等头部服务业企业。

3.6.2 「基金+招商」模式案例

杭州市通过「基金+招商」模式，成功打造生物医药产业创新发展基金，形成一母多子的立体基金矩阵。该模式结合市场化运作，有效撬动社会资本，吸引行业巨头如阿斯利康、复星医药等，同时培育初创企业如嘉译生物，注入创新活力。政策支持下，产业链企业数量激增，市场规模快速增长，预计 2030 年产业规模将达万亿级，展现了杭州市生物医药产业的强大竞争力和发展潜力。以下是该模式的细化描述和关键数据。

1. 立体基金矩阵

杭州市建立了一母多子、市区联动的生物医药产业立体基金矩阵。

2. 优质初创项目引入

基金矩阵通过参投引入了嘉译生物、致众科技、深至科技等一批具备发展潜力的优质初创项目。

3. 行业龙头企业集聚

目前，杭州市已集聚了阿斯利康、复星医药、石药控股、启明创投等一批行业龙头企业和专业投资机构的合作意向。

4. 产业规模增长

2016—2020 年，中国生物医药行业市场规模从 1836 亿元增长到 3457 亿元，复合年增长率达到 17.14%。

5. 产业发展前景

力争至 2030 年全市生物医药与健康产业规模达到万亿级。

6. 产业政策支持

杭州市 2018—2019 年共颁布了 13 条相关政策，2021 年出台《杭州市人民政府办公厅关于加快生物医药产业高质量发展的若干意见》。

7. 产业链现状

杭州市生物医药产业链企业分布数量显示，上游独立医学实验室和医药外包企业超 400 家，诊断试剂企业数量超过 2600 家，医疗零售企业超 78000 家。

3.6.3 "链主"企业产业链招商案例

余杭经济技术开发区通过"链主"企业产业链招商策略，成功引进约 40 个生物医药项目，包括 5 个十亿元以上重大产业项目。依托贝达药业等龙头企业，促进了 CXO 平台型企业集聚，连续两年举办药物创新合作论坛，加强行业链接。政策扶持和优化服务营造了一流营商环境，推动了创新药、医疗器械、医疗服务等细分领域的突破发展。

1. 链主企业引领

依托区内如贝达药业等"链主"企业，发挥其在创新药物研发和产业化方面的领导作用。近两年共引进生物医药项目 40 个，包括投资额十亿元以上的重大产业项目 5 个。

2. 平台型企业集聚

以百诚医药为先导，加快 CXO 平台型企业集聚，促进生物医药服务外包行业发展。在创新药、医疗器械、医疗服务等细分领域取得了突破性招商成效。

3. 行业活动链接

连续两年成功举办生物医药行业药物创新合作论坛，链接头部企业，对接行业大咖，促进区内区外企业合作。

4. 政策和服务支持

出台相关政策，提供税收优惠、资金扶持等激励措施，同时优化行政服务和技术服务，打造一流营商环境。

5. 产业生态培育

构建以"链主"企业为核心的产业生态，促进企业间的协同创新和资源共享，形成产业内生增长动力。

6. 持续服务和跟踪

对招商引进的企业提供持续的跟踪服务，确保项目顺利实施和长期发展，增强投资者信心。

3.6.4　校友情感招商案例

2020 年，武汉市实施"百万校友资智回汉工程"，发挥校友资源，吸引资本和智力回归。一年内，成功引入 294 个项目，总投资额达 13014 亿元，聚焦互联网、大数据、人工智能等战略新兴产业。知名企业家担任"招才顾问"和"招才大使"，促进项目落地，带动城市经济高质量发展。这一创新招商模式，成为推动武汉城市发展环境提升的关键策略。以下是该模式的细化和具体成果。

1. 百万校友资智回汉工程

武汉推出了"百万校友资智回汉工程"，利用校友网络资源吸引资本和智力回归，增强城市发展动力。

2. 显著的项目投资成果

在短短一年内，该工程促成了 13014 亿元的项目投资，涵盖 294 个项目，占武汉市年度招商引资总额的 50% 以上。

3. 投资项目的特色领域

校友投资的项目主要集中在战略性新兴产业，如互联网、大数据、通讯、光电子、生命健康，以及人工智能、智能制造、智慧城市等。

4. 招商大使和招才顾问的作用

武汉理工大学等高校通过聘请知名企业家作为"招才顾问"和"招才大使"，成功签订招商引资项目 43 个，总投资额达 2607 亿元。

5. 校友经济对创新活力的推动

2020 年，武汉新增高新技术企业 1842 家，专利授权量达到 58923 件，实际到位资金 9328.6 亿元，显示了校友经济对城市创新活力和发展潜力的巨大贡献。

6. 校友招商的长期性和持续性

校友招商被视为一项长期工作，未来将有更多的高校参与，举办校友资智回汉专场活动，招商方式将更加多样化和具有创新性。

7. 校友招商的扩展和深化

活动将从单纯的招商引资向项目落地、产业链发展、创新创业支持等多方面延伸，形成完善的校友经济生态系统。

3.6.5　全员招商模式案例

金华市的招商模式体现了全员招商的核心理念，通过动员全市各级力量参与到招商引资的过程中，形成了一种全面、系统、高效的招商机制。它通过整合政府、企业、社会组织及个人资源，构建起强大的招商网络。以专业化运作和激励机制为支撑，通过信息共享和灵活多样的招商策略，确保了项目从对接到落地的全流程服务，显著提升了招商引资的成功率和对地方经济的贡献力。

1. 整合资源

金华市通过整合驻外办事处、招商引资团队、引才引智团队等资源。整合了超过366 名招商人员，组建了驻外招商引才总部，构建了一个统一高效的招商体系。

2. 全员参与

从政府领导到基层员工，从企业到社会组织，全市各级各方面力量都被动员起来，共同参与到招商工作中。

3. 激励与倾斜

对驻外招商人员在行政关系、行政职级、相关待遇上给予倾斜，以激励其积极性和主动性。

4. 高能级平台利用

依托金义都市区、金义自贸片区、国家级经济开发区等高能级开放平台，吸引优质项目和人才。结合"万亩千亿"、特色小镇等产业发展平台，招引和承接重点项目，推动产业升级和集聚。引进的项目中，亿元以上项目占比超过 50%，其中涉及世界 500强企业的项目 21 个。

5. 百日大会战

发起"招商引才百日大会战"，集中力量进行短期高效的招商活动，快速推动项目落地。共签约项目超过 100 个，其中重大产业项目 17 个，总投资额超过 1000 亿元。

第4章 产业咨询运营服务

4.1 运营管理服务的理念和目标

在当今快速发展的经济环境中，运营管理服务的核心理念与目标是构建高效、协同、可持续的企业发展生态体系。本章节将详细阐述运营管理服务的四大核心理念——以企业为本、构建完善的企业服务体系、营造产业氛围以及促进协同创新，并以此为基石，深入探讨如何通过线下产业创新中心的具体举措，如投融资对接、企业内训、资源对接及业务交流等，来推动企业的全面发展与产业升级。这一服务体系的建立，旨在为企业提供全方位、多层次的支持，助力企业实现从初创到成熟，再到转型升级的全生命周期跨越。

4.1.1 运营服务理念

1. 核心理念

（1）以企业为本

1）深度需求洞察：通过定期调研、一对一访谈、数据分析等手段，深入了解企业实际需求与痛点，确保服务内容的针对性和有效性。

2）定制化服务方案：根据企业的不同发展阶段、行业特性及个性化需求，量身定制服务方案，助力企业实现精准发展。

3）可持续发展支持：关注企业的长远规划与可持续发展，提供环保、社会责任、品牌建设等方面的咨询与指导，助力企业实现经济、社会、环境的和谐共生。

（2）构建完善的企业服务体系

1）全生命周期覆盖：从初创期的孵化加速、到成长期的资金引入、市场拓展，再到成熟期的品牌建设、国际化拓展，以及转型期的战略调整、业务升级，提供全方位、多层次的服务支持。

2）服务流程优化：简化服务流程，提高服务效率，确保企业能够快速获得所需要的支持，降低运营成本。

3）效果评估与反馈：建立服务效果评估机制，定期收集企业反馈，持续优化服务内容与方式，确保服务质量的不断提升。

（3）营造产业氛围

1）多元化活动：除传统的产业论坛、沙龙外，增加主题展览、创意市集、创新挑战赛等多元化活动，激发产业活力。

2）跨界融合：促进不同产业间的跨界交流与合作，引入新思想、新技术、新模式，推动产业升级。

3）社群建设：构建产业社群，加强企业间的联系与互动，形成互帮互助、共同成长的良好氛围。

（4）促进协同创新

1）创新合作平台：建立线上线下相结合的创新合作平台，促进产学研用深度融合，加速科技成果的转化与应用。

2）开放共享机制：推动知识、技术、资源等要素的开放共享，降低创新成本，提高创新效率。

3）激励机制：设立创新奖励基金、优秀项目扶持计划等激励机制，鼓励企业与个人积极参与创新活动。

2. 线下产业创新中心

（1）投融资对接

1）专业顾问团队：组建由投资专家、财务顾问等组成的专业团队，为企业提供一对一的融资咨询服务。

2）多元化融资渠道：拓展银行、风投、私募、股权众筹等多元化融资渠道，为企业提供多样化的融资选择。

3）项目路演平台：定期举办项目路演活动，为优质项目提供展示机会，吸引投资人关注。

（2）企业内训

1）定制化课程：根据企业需求定制内训课程，可以涵盖管理、营销、技术等多个领域。

2）实战演练：结合案例分析、模拟演练等教学方式，提升学员的实战能力。

3）持续跟踪与反馈：建立学员档案，持续跟踪培训效果，提供后续咨询与指导。

（3）资源对接

1）政策导航：及时解读国家及地方政策，为企业提供政策咨询与申报指导。

2）项目申报辅导：为企业提供项目申报辅导服务，提高项目成功率。

3）市场开拓支持：协助企业制定市场开拓策略，提供市场调研、品牌推广等支持。

（4）业务交流

1）主题明确：围绕特定行业、技术或市场趋势举办交流会，促进精准对接。

2）高效对接：通过预约制、一对一洽谈等方式提高对接效率。

3）成果展示：设立成果展示区，展示企业最新产品、技术或服务，增进相互了解。

（5）企业参访

1）精选案例：选取具有代表性的优秀企业进行参访，确保良好的学习效果。

2）深度交流：安排企业间的高层对话、现场观摩等环节，加深学习体验。

3）后续跟进：组织参访组织分享会，总结学习成果，促进知识内化。

（6）人才培育

1）校企合作模式：与高校建立深度合作关系，共同制定人才培养方案。

2）实习实训基地：在园区内设立实习实训基地，为学生提供实践机会，为企业输送优秀人才。

3）人才库建设：建立产业人才库，收集优秀人才信息，为企业招聘提供便利。

3. 线上公共服务平台

（1）智能展示

1）个性化展示：根据企业特点与需求，提供个性化展示模板与功能定制。

2）数据分析与优化：利用数据分析技术，优化展示效果，提高用户关注度与转化率。

3）VR/AR 体验：引入 VR/AR 技术，为用户提供沉浸式产品体验服务。

（2）精准宣传

1）用户画像构建：通过大数据分析构建精准用户画像，为宣传推广提供数据支持。

2）多渠道覆盖：整合社交媒体、搜索引擎、行业网站等多渠道资源，实现精准推送。

3）效果评估与调整：定期评估宣传效果，根据反馈调整宣传策略与渠道。

（3）便捷营销

1）一键开店：为企业提供快速开店服务，降低线上营销门槛。

2）营销工具集成：集成优惠券、秒杀、团购等多种营销工具，助力企业快速拓展客源。

3）数据驱动决策：提供销售数据分析报告，为企业制定营销策略提供数据支持。

（4）高效链接

1）供应链协同：建立供应链协同平台，实现上下游企业间的无缝对接。

2）客户关系管理：提供 CRM 系统支持，帮助企业高效管理客户信息。

3）合作伙伴网络：构建合作伙伴网络，促进企业与供应商、客户、合作伙伴之间的紧密合作。

（5）安全交易

1）数据加密技术：采用先进的数据加密技术保障交易数据的安全。

2）交易监管机制：建立交易监管机制，确保交易的真实性与合法性。

3）纠纷解决机制：提供完善的纠纷解决机制，保障交易双方的合法权益。

4.1.2　策划与目标

产业招商策划旨在通过系统性、前瞻性的规划与执行，推动区域经济的快速发展与产业升级。这一过程不仅涉及政策研究、市场分析、项目筛选，还包括运营策略制定、招商活动组织、服务体系构建等多个方面。通过科学合理的策划，确保招商工作有序进行，实现项目的高效精准落地，从而带动区域经济的持续健康发展。

1. 运营策划

（1）形成产业创新、协同发展的产业链

1）产业生态构建

①资源整合：深入分析区域产业资源，识别关键资源节点与薄弱环节，通过政策引导、资金扶持等手段，推动产业链上下游资源的有效整合。

②产业链优化：围绕主导产业，打造集研发、设计、生产、销售、服务于一体的完整产业链。加强上下游企业间的沟通与协作，促进信息、技术、人才等要素的流动与共享。

③协同发展机制：建立产业链协同发展机制，包括定期交流会议、联合研发项目、市场拓展联盟等，确保产业链各环节能够紧密衔接、相互促进。

2）创新驱动发展

①创新平台建设：建立产学研用紧密结合的创新平台，鼓励企业、高校、科研院所等多元主体参与，共同攻克产业关键共性技术难题。

②技术创新体系：完善技术创新体系，包括技术研发、成果转化、推广应用等环节，推动新技术、新工艺、新材料、新产品的不断涌现。

③知识产权保护：加强知识产权保护，提高知识产权创造、运用、保护和管理能力，为企业创新提供有力保障。

3）绿色发展路径

①绿色生产：推广绿色生产方式，引导企业采用节能环保技术，降低生产过程中的能耗与排放。

②循环经济：构建循环经济体系，促进资源的循环利用与废弃物的资源化利用，减少资源浪费与环境污染。

③环保标准：严格执行环保标准与规范，对不符合环保要求的企业进行整改或淘汰，确保产业链的绿色发展。

（2）完备的梯度企业和人才

1）企业梯队建设

①培育龙头企业：通过政策扶持、资金投入等手段，培育一批具有行业影响力与竞争力的龙头企业，发挥其在产业链中的引领作用。

②扶持中小企业：加大对中小企业的扶持力度，提供融资担保、税收减免、市场开拓等支持，促进其快速成长与发展。

③建立企业交流平台：定期举办企业交流会、合作洽谈会等活动，促进企业间的合作与交流，推动企业间形成良性竞争与合作的发展格局。

2）人才梯队构建

①高端人才引进：通过人才引进计划、设立专项基金等手段，吸引国内外高端人才入驻园区，为产业发展提供智力支持。

②本土人才培养：加强与高校的合作，共同培养符合产业发展需求的专业人才。建立实训基地、创业孵化器等平台，为人才提供实践锻炼与创业支持。

③人才激励机制：完善人才激励机制，包括薪酬激励、股权激励、职业发展机会等，激发人才的创新创造活力。

2. 运行目标

（1）创新创业氛围浓厚

1）活动组织

①创新创业大赛：定期举办创新创业大赛，选拔优秀项目与团队，提供资金、导师、市场等资源支持。

②创业沙龙：定期举办创业沙龙活动，邀请成功创业者、投资人、行业专家等分享经验、交流心得，为创业者提供学习与交流平台。

③创新论坛：组织专题创新论坛，聚焦产业发展前沿与热点问题，促进思想碰撞与观点交流。

2）宣传推广

①媒体合作：与主流媒体、行业媒体建立合作关系，加强创新创业活动的宣传报道，提高园区知名度与影响力。

②线上平台：建立线上宣传平台，包括官网、微信公众号、短视频账号等，定期发布创新创业资讯、活动预告等内容，吸引更多创业者关注与参与。

（2）活动数量与质量并重

1）活动规划

①年度计划：制定年度活动计划，明确活动主题、时间、地点、参与对象等要素，确保活动有序开展。

②分类实施：根据活动性质与目的，将活动分为创新创业类、技能培训类、市场对接类等不同类别，分类实施、精准对接。

2）质量把控

①前期筹备：加强活动前期筹备工作，包括市场调研、嘉宾邀请、场地布置、宣传推广等，确保活动顺利进行。

②过程管理：活动过程中加强管理与服务，确保活动流程顺畅、秩序井然。注重收集参与者的反馈与意见，及时调整与优化活动方案。

③后期总结：活动结束后及时进行总结评估，分析活动成效与不足之处，为后续活动提供借鉴与参考。

（3）园区服务体系标准化

1）优化服务流程

①标准化建设：建立标准化的全品类、优质企业服务流程体系，包括入驻服务、政策咨询、项目申报、融资对接、人才引进等各个环节。

②数字化平台：运用数字化手段打造园区服务平台，实现服务流程的在线化、智能化、便捷化。

2）提升服务质量

通过定期对园区服务人员进行专业培训与考核，提高其专业素养与服务能力。

（4）提升品牌影响力

1）品牌建设：明确"产业园"品牌的定位和发展方向，制定品牌宣传策略和推广计划，通过多种渠道进行品牌宣传和推广。

2）提升知名度：积极参与各类行业展会、论坛等活动，展示园区的发展成果和优势资源，提高园区的知名度和美誉度。

3）扩大影响力：加强与行业协会、科研机构、高校等机构的合作与交流，共同举办高层次、高水平的活动，提升园区在行业内的影响力和号召力。同时，积极争取国家和地方政府的支持和认可，使其成为市级乃至更高级别的重要产业发展基地。

3. 策划实施步骤

（1）政策研究与市场分析　深入研究国家及地方产业政策、市场发展趋势和行业动态，明确招商方向和重点。

（2）项目筛选与评估　结合园区定位和发展规划，筛选符合产业方向的优质项目，进行详细的尽职调查和评估。

（3）招商活动策划与执行　根据项目特点和市场需求，策划和组织各类招商活动，包括推介会、对接会、考察活动等。

（4）服务体系构建与优化　建立并不断优化园区服务体系，确保企业入驻后能够享受到全方位、高质量的服务。

（5）品牌宣传与推广　通过多种渠道进行品牌宣传和推广，提高园区的知名度和影响力。

（6）项目落地与跟踪服务　为入驻企业提供全程跟踪服务，协助解决项目落地过程中遇到的问题和困难，确保项目顺利推进。

4.1.3　工作目标计划表

结合国家发展战略与产业实际情况，制定详细的工作目标计划表，明确各阶段的任务、目标、责任人及完成时间。可分为短期目标（1年内）、中期目标（3~5年）、长期目标（5年以上），具体如下。

1. 短期目标

（1）完善园区基础设施建设

1）任务：加快园区内道路、水电、通信、绿化等基础设施的建设与升级，确保园区硬件设施达到行业先进水平。

2）目标：完成园区基础设施的全面改造与升级，提升园区的整体承载能力与吸引力。

3）责任人：园区建设管理部门负责人。

4）完成时间：第6个月。

（2）初步搭建线上公共服务平台

1）任务：开发并上线园区公共服务平台，提供企业注册、政策查询、项目申报、人才招聘等一站式服务。

2）目标：实现平台基本功能的稳定运行，至少吸引50%的园区企业注册使用。

3）责任人：园区信息化建设负责人。

4）完成时间：第9个月。

（3）举办一定数量的创新创业活动

1）任务：组织举办创业大赛、行业论坛、技术研讨会等创新创业活动，营造浓厚的创新创业氛围。

2）目标：全年至少举办4次大型活动，参与人数超过500人次，吸引至少10个优质项目入驻园区。

3）责任人：园区招商与活动策划部门负责人。

4）完成时间：贯穿全年，每季度至少 1 次。

（4）提升企业入驻率与满意度

1）任务：加大招商力度，吸引更多企业入驻园区；同时，加强园区服务，提升企业对园区的满意度。

2）目标：实现园区入驻率提升至 80%以上，企业满意度达到 90%以上。

3）责任人：园区招商与运营管理部门负责人。

4）完成时间：第 12 个月。

2. 中期目标

（1）形成较为完善的园区服务体系

1）任务：在基础服务之外，拓展金融服务、法律服务、市场推广等增值服务，形成全方位、多层次的园区服务体系。

2）目标：园区服务体系覆盖企业全生命周期，为企业提供高效、便捷、专业的服务支持。

3）责任人：园区服务与运营管理部门负责人。

4）完成时间：第 5 年。

（2）构建多层次的企业与人才梯队

1）任务：通过政策引导与资源支持，吸引并培育一批行业领军企业、高新技术企业及科技型中小企业；同时，加强人才引进与培养，构建结构合理、素质优良的人才梯队。

2）目标：园区内高新技术企业占比达到 50%以上，引进或培育 10 家以上行业领军企业，形成稳定的人才供给体系。

3）责任人：园区招商与人才管理部门负责人。

4）完成时间：第 5 年。

（3）实现产业链上下游的紧密合作与协同发展

1）任务：通过搭建产业链合作平台、举办产业对接会等方式，促进产业链上下游企业间的交流与合作，形成协同效应。

2）目标：健全园区内产业链上下游企业合作机制，实现资源共享、优势互补，共同推动产业升级与发展。

3）责任人：园区产业发展部门负责人。

4）完成时间：第 4 年。

3. 长期目标

（1）将园区打造成为行业内具有较高影响力的产业创新高地

1）任务：持续加强园区创新能力建设，推动科技成果转化与产业化，形成一批具有自主知识产权的核心技术和产品。

2）目标：园区在行业内具有较高知名度和影响力，成为产业创新的重要策源地和示范区。

3）责任人：园区创新与研发管理部门负责人。

4）完成时间：第10年。

（2）为地方经济转型升级与可持续发展做出重要贡献

1）任务：通过园区的快速发展与辐射带动作用，推动地方经济转型升级与可持续发展。

2）目标：园区经济贡献率显著提升，成为地方经济的重要增长点；同时，带动周边地区产业发展，实现区域经济的协同发展。

3）责任人：园区综合管理部门负责人。

4）完成时间：不设终点，持续努力，不断向前推进。

4.2 运营工作模式

从"运营工作模式"这一核心议题出发，首先详细阐述项目策划的各个环节，从客户需求分析到项目立项，再到团队组建，每一步都力求精准到位，确保项目从一开始就打下坚实的基础。随后，通过信息收集与分析、咨询方案设计、方案执行与监控以及交付与反馈等关键步骤的深入剖析，呈现一个完整而高效的产业运营咨询项目是如何从构想变为现实的。

在此基础上，进一步探讨跨部门协作、内外部资源整合以及信息共享平台等协作机制的重要性与实现路径，强调团队协作、资源共享与信息共享在提升运营效率、确保项目成功中的不可或缺作用。同时，通过对关键要素如专业团队、高效流程、客户需求导向以及持续创新的深入解析，更加清晰地认识到，只有不断追求卓越、勇于创新，才能在激烈的市场竞争中立于不败之地。具体操作表格及模板见本书4.8节表4-1。

4.2.1 工作模式概述

1. 项目策划

（1）客户需求分析　在这一阶段，产业招商团队首先需要深入了解客户的行业背景，包括但不限于客户所处行业的市场现状、竞争格局、政策环境等。同时，要对客户的发展现状进行全面评估，识别出客户当前的优势、劣势、机会与威胁（SWOT分析）。进一步，通过与客户高层的深入交流，明确客户在产业发展过程中面临的具体问题、挑战及未来的发展规划，从而精准把握客户的咨询需求。此过程涉及访谈、问卷调查、现场调研等多种方式，应确保信息的全面性和准确性。

（2）项目立项　基于客户需求分析的结果，项目团队将制定详细的项目计划书。项目计划书应明确项目的总体目标、具体任务、时间节点、资源需求及预算安排。项目目标需与客户需求紧密对接，确保项目成果能够满足客户的期望。同时，项目计划书还需包含风险评估及应对措施，以应对项目实施过程中可能出现的各种不确定性因素。

（3）组建项目团队　根据项目需求和规模，项目团队将进行针对性的组建。团队成员应包括行业专家（负责提供行业洞察和趋势分析）、市场分析师（负责市场数据收集和分析）、策划师（负责咨询方案的设计和实施）、法律顾问（确保项目合法合规）以及必要的行政支持人员。团队成员之间需具备良好的协作能力，确保项目的高效推进。

2. 信息收集与分析

（1）资料收集　为了全面了解客户所处行业的市场环境、政策导向、技术动态等，项目团队需广泛收集国内外相关政策文件、市场研究报告、行业分析报告、技术专利等资料。同时，还会关注行业动态、竞争对手信息、潜在投资者需求等，为后续的咨询方案设计提供充分的信息支持。

（2）数据分析　收集到的资料将通过专业的分析工具和方法进行深度挖掘和分析。这一过程包括数据清洗、整理、统计、建模等多个步骤，旨在发现数据背后的规律和趋势，形成有价值的洞察。数据分析结果将为咨询方案的制定提供有力的数据支撑。

3. 咨询方案设计

（1）策略制定　基于数据分析的结果，项目团队将结合行业发展趋势、客户需求以及自身经验，制定切实可行的咨询方案。咨询方案应明确目标客户、招商策略、项目定位、投资估算、风险评估及应对措施等内容。同时，还需考虑项目的可持续性、社会效益及环境影响等因素，确保方案的科学性、合理性和可操作性。

（2）方案评审　咨询方案初稿完成后，项目团队将组织内部专家进行评审。评审过程中，专家将对方案的可行性、创新性、实效性等方面进行严格把关，提出改进意见和建议。项目团队将根据评审结果对方案进行修订和完善，确保方案的最终质量。

4. 方案执行与监控

（1）任务分配　咨询方案确定后，项目团队应根据方案内容将任务细化为具体的执行计划，并分配给团队成员。任务分配应明确各成员的责任、工作量和时间要求，确保任务能够得到有效执行。

（2）执行监控 在项目执行过程中，项目团队将定期跟踪项目进展情况，确保各项任务按时按质完成。同时，建立有效的沟通机制，及时解决项目执行过程中遇到的问题和困难。对于偏离计划的情况，项目团队将及时进行分析和调整，确保项目目标的顺利实现。

5. 交付与反馈

（1）成果整理 项目完成后，项目团队将对咨询成果进行整理和总结。整理内容包括但不限于咨询报告、PPT 演示文稿、数据图表等。成果整理过程中，需注重表达的清晰性、逻辑性和专业性，确保客户能够准确理解项目成果和建议。

（2）成果交付 整理好的咨询成果将以报告、PPT 等形式提交给客户。交付过程中，项目团队需与客户进行充分的沟通和交流，解答客户的疑问和关切。同时，根据客户的反馈和建议，对成果进行必要的修改和完善。

（3）反馈收集与总结 项目结束后，项目团队还需收集客户的反馈意见，对项目执行过程中的得失进行总结和反思。通过总结经验教训，不断提升团队的专业能力和服务水平，为未来的产业招商咨询工作提供更加优质的服务。

4.2.2 协作机制

1. 跨部门协作

（1）跨部门沟通机制建设

1）定期联席会议。会议议程优化：根据项目进展和紧急程度，灵活调整会议频率，必要时可增设月度或紧急会议。会议议程应提前一周发布，确保参会人员充分准备；决策追踪：建立决策追踪系统，对会议中形成的决策进行跟踪管理，确保每项决策都有明确的执行路径和结果反馈；会议纪要与行动：会议纪要需详细记录讨论内容、决策结果及后续行动，并通过邮件或内部系统发送给所有参会人员及相关部门，确保信息无遗漏。

2）专项工作小组。灵活组建：根据项目需求，快速组建或解散专项工作小组，确保资源高效利用；明确目标与责任：为工作小组设定清晰的目标、里程碑和责任人，确保项目按计划推进；定期汇报：工作小组需定期向领导小组汇报工作进展，及时反映问题和需求。

3）信息通报机制。多渠道通报：除了传统的书面报告，还可以利用企业微信、钉钉等即时通讯工具进行日常信息通报，提高信息传达效率；问题跟踪系统：建立问题跟踪系统，对通报中提出的问题进行记录、分配、跟踪和关闭，确保问题得到及时解决。

（2）强化协同作战能力

1）培训与交流。实战模拟：组织跨部门实战模拟演练，模拟真实项目场景，提升团队协作能力和应急处理能力；外部专家讲座：邀请行业内外专家进行专题讲座，拓宽团队视野，引入前沿理念和技术。

2）案例分享。建立案例库：将成功案例和失败教训整理成案例库，供团队成员学习参考；定期复盘：对已完成的项目进行定期复盘，总结经验教训，提炼可复用的方法论。

3）绩效考核与激励。量化指标：设定可量化的跨部门协作指标，如项目完成率、问题解决效率等，作为绩效考核的重要依据；激励机制创新：除了传统的表彰和奖励外，还可以探索股权激励、职业发展机会等多元化激励方式，激发团队活力。

2. 内外部资源整合

（1）内部专家资源利用

1）专家库建设。动态更新：根据项目需求和专家变动情况，定期更新专家库信息，确保专家资源的时效性和准确性；专家评价：建立专家评价机制，对参与咨询工作的专家进行综合评价，为后续项目选聘提供参考。

2）内部协作平台。移动化支持：开发移动应用版本，方便团队成员随时随地访问平台资源，提高工作效率；智能推荐：利用 AI 技术，根据用户行为和项目需求智能推荐相关专家和资料。

3）知识管理。知识地图：构建知识地图，将知识资产按领域、主题进行分类展示，便于用户快速查找；知识分享社区：建立知识分享社区，鼓励团队成员分享工作经验、技术心得等，形成积极向上的学习氛围。

（2）外部合作伙伴资源拓展

1）合作伙伴库。分层管理：根据合作紧密度和贡献度对合作伙伴进行分层管理，制定差异化的合作策略；定期评估：定期对合作伙伴进行评估，确保合作关系的稳定性和有效性。

2）资源共享与互补。联合研发：与合作伙伴共同开展技术研发、产品创新等工作，实现资源共享和优势互补；市场拓展：利用合作伙伴的市场资源和渠道优势，共同开拓新市场、新客户。

3）项目合作。项目筛选：严格筛选合作项目，确保项目符合公司战略方向和业务需求；项目管理：建立项目管理制度和流程，确保合作项目的高效推进和顺利实施。

3. 信息共享平台

（1）平台功能设计

1）项目资料管理。版本控制：支持文件版本控制功能，确保团队成员使用最新版本的资料；标签与分类：提供灵活的标签和分类功能，方便用户快速定位所需资料。

2）研究成果展示。互动展示：利用 VR/AR 技术实现研究成果的互动展示，提升用户体验和感知度；数据可视化：通过图表、图形等可视化方式展示研究成果的关键数据和信息。

3）在线交流与讨论。任务分配与跟踪：在交流平台上集成任务分配和跟踪功能，方便团队成员协同完成任务；知识库集成：将知识库内容集成到交流平台上，方便用户随时查阅和学习。

（2）平台运维与管理

1）数据安全与保密。定期审计：定期对平台的数据安全进行审计和评估，确保安全措施的有效性；应急响应：建立数据安全应急响应机制，对突发事件进行快速响应和处理。

2）用户权限管理。细粒度权限控制：实现细粒度的权限控制功能，确保用户只能访问其权限范围内的资源；权限变更审批：对权限变更进行审批管理，确保权限变更的合理性和合规性。

3）定期维护与升级。用户反馈机制：建立用户反馈机制，及时收集和处理用户反馈意见，不断优化平台功能和用户体验；技术前瞻：关注行业动态和技术发展趋势，定期评估并引入新技术、新功能以提升平台竞争力。

4.2.3 关键要素

1. 专业团队

专业团队是产业招商咨询工作的核心。为确保咨询服务的专业性和权威性，需要组建一支具备深厚行业经验和拥有广泛专业知识背景的团队。具体而言，团队成员应涵盖以下六个方面。

（1）行业专家 拥有多年行业从业经验，对特定行业的市场动态、发展趋势、政策法规有深入了解。他们能够准确分析行业现状，预测未来走向，为项目提供精准的行业定位和市场分析。

（2）政策研究专家 熟悉国家及地方的政策法规，包括产业发展政策、财政税收政策、土地供应政策等。能够准确把握政策导向，为项目争取政策支持和优惠待遇。

（3）财务分析师 具备扎实的财务分析和投资评估能力，能对项目的经济效益进行科学评估，为投资者提供可靠的财务预测和风险评估。

（4）法律顾问 精通公司法、合同法、知识产权法等相关法律法规，能够确保项目在合法合规的前提下推进，有效防范法律风险。

（5）市场营销专家 具备敏锐的市场洞察力和营销策划能力，能够制定有效的市场推广策略，提升项目的知名度和影响力。

（6）项目管理专家 熟悉项目管理流程和方法，能够协调各方资源，确保项目按计划顺利推进。

2. 高效流程

为了提高工作效率和服务质量，应建立标准化的工作流程，涵盖从项目启动到结项的全过程，通过这一流程能够确保项目的高效推进和高质量完成。

（1）项目启动　与客户进行深入沟通，明确项目需求、目标和预算，组建专项工作小组。

（2）前期调研　收集并分析相关数据，包括行业政策、市场趋势、竞争态势等，为项目制定提供决策依据。

（3）方案设计　基于前期调研结果，制定详细的招商策划方案，包括产业定位、目标企业筛选、招商策略等。

（4）实施执行　按照既定方案开展工作，包括宣传推广、企业对接、谈判签约等环节，确保项目顺利推进。

（5）后期跟踪　对项目实施效果进行持续跟踪和评估，及时调整策略，确保项目达到预期目标。

3. 客户需求导向

始终将客户需求放在首位，以客户需求为导向，灵活调整服务模式和工作内容，应确保客户需求得到充分满足，提升客户的满意度和忠诚度。

（1）定制化服务　针对客户的具体需求，提供量身定制的咨询服务方案，确保服务内容的针对性和实效性。

（2）快速响应机制　建立快速响应机制，确保在客户提出需求或遇到问题时，能够迅速给予反馈和提供解决方案。

（3）持续沟通　保持与客户的持续沟通，及时了解项目进展情况和客户需求变化，以便及时调整服务策略。

4. 持续创新

在快速发展的产业招商咨询领域，持续创新是保持竞争力的关键。应鼓励团队成员不断创新，引入新技术、新方法，提升咨询服务的竞争力，不断提升咨询服务的创新能力和竞争力，为客户提供更加优质、高效的咨询服务。

（1）引入新技术　关注并引入大数据、人工智能等新技术，提升数据分析能力和决策支持能力。

（2）探索新方法　积极探索新的咨询方法和工具，如远程咨询、线上会议等，提高服务效率和便捷性。

（3）培养创新文化　营造开放、包容的创新文化氛围，鼓励团队成员提出新想法、新观点，为团队注入持续的创新活力。

4.3 运营管理内容及流程

本节将详细阐述运营管理的内容及流程，涵盖了从项目启动到项目收尾的全过程，为项目管理的各个关键环节提供全面而系统的指导。在项目启动阶段，通过深入的需求分析、明确的目标设定、细致的范围界定以及干系人识别，确保项目从一开始就建立在坚实的基础上。随后，制定详尽的项目计划和时间表，合理分配资源，并充分考虑潜在风险，为项目的顺利实施铺平道路。项目执行阶段，强调市场研究和数据分析的重要性，通过定期的项目会议和进度报告，确保项目按计划推进，并及时应对可能出现的问题和风险。项目监控环节则聚焦于进度、成本预算、质量控制和客户反馈，通过动态调整项目计划，确保项目始终沿着正确的方向前进。此外，还提出了多项服务措施，旨在通过营造产业环境氛围、品牌塑造与推广、运营团队建设以及线上数据平台的智能化升级，进一步提升项目和服务的质量与竞争力。最后，在项目收尾阶段，通过详尽的报告和建议、客户演示与反馈以及项目总结与分享，确保项目成果得到全面总结和有效应用，为后续工作提供宝贵的经验和参考。总而言之，本节将为项目管理人员提供一套完整的操作指南，助力项目成功实施并达成预期目标。具体操作表格及模板见本书 4.8 节表 4-2。

4.3.1 项目启动

1. 确定项目目标和范围

（1）需求分析

1）市场调研：除了传统的问卷调查、访谈外，还可以利用大数据分析工具、社交媒体监听等手段，获取更广泛、更深入的市场信息。

2）内部讨论：组织跨部门会议，邀请不同职能部门的代表参与，确保项目需求全面覆盖业务、技术、财务等多个方面。

3）需求文档化：将收集到的需求整理成详细的需求文档，包括功能需求、性能需求、用户界面需求等，为后续工作提供依据。

（2）目标设定

1）SMART 原则细化：确保每个目标都符合 SMART 原则，特别是"可达成"和"时限性"方面，需要充分考虑内外部环境和资源限制。

2）目标对齐：将项目目标与企业战略、部门目标进行对齐，确保项目成果能够为企业带来实际价值。

（3）范围界定

1）WBS 细化：利用 WBS 将项目分解为更小的工作包，确保每个工作包都具有明确的输入输出和责任人。

2）范围说明书：编制项目范围说明书，明确项目的工作范围、排除项和假设条件，为后续项目变更管理提供依据。

（4）干系人识别

1）干系人分析：对干系人进行权力/利益分析，识别关键干系人，并了解他们的需求和期望。

2）沟通策略：针对不同干系人制定不同的沟通策略，确保项目信息能够准确、及时地传达给所有相关方。

2. 制定项目计划和时间表

（1）时间规划

1）关键路径法：使用时间管理工具（如甘特图）绘制项目网络图，识别关键路径，确保关键任务按时完成。

2）迭代计划：对于大型或复杂项目，可以采用灵活的开发方法，制定迭代计划，分阶段交付成果。

（2）资源分配

1）资源优化：利用资源平衡和资源平滑技术，优化资源配置，确保资源在整个项目周期内得到高效利用。

2）采购计划：对于需要外部采购的资源（如软件许可、硬件设备），制定详细的采购计划，确保按时到货。

（3）风险评估

1）风险识别：采用头脑风暴、SWOT 分析等方法，全面识别项目可能面临的风险。

2）风险量化：对识别出的风险进行概率和影响评估，确定风险优先级。

3）风险应对：针对高优先级风险制定应对策略和预案，包括风险避免、减轻、转移和接受等。

（4）沟通计划

1）沟通矩阵：制定项目沟通矩阵，明确不同阶段的沟通对象、沟通内容和沟通方式。

2）定期会议：安排定期的项目进度会议、问题讨论会议等，确保项目信息在团队内部和干系人之间能有效流通。

3. 组建项目团队

（1）角色定义

1）角色说明书：为每个角色编写详细的角色说明书，包括职责、权限、技能要求和工作环境等。

2）跨职能团队：鼓励组建跨职能团队，以促进不同部门之间的协作和知识共享。

（2）人员选拔

1）技能匹配：确保选拔的团队成员具备完成项目所需的专业技能和经验。

2）团队合作：重视团队成员的团队合作精神和沟通能力，以确保项目顺利推进。

（3）团队建设

1）破冰活动：在项目初期组织破冰活动，帮助团队成员相互了解，建立信任关系。

2）持续培训：根据项目需求和团队成员的发展需求，制定持续的培训计划，提升团队整体工作能力。

（4）明确责任

1）责任分配矩阵：使用责任分配矩阵（RAM）明确每个团队成员的职责和任务分配情况。

2）绩效考核：制定项目绩效考核标准和方法，激励团队成员积极投入工作并追求项目成功。

4.3.2　项目执行

1. 市场研究和数据分析

（1）市场调研

1）多元化数据源：除了传统的问卷调查、深度访谈和焦点小组讨论外，还可以利用社交媒体分析、在线评论挖掘、行业报告等多种数据源，以获取更全面、多维度的市场信息。

2）竞争对手分析：深入分析竞争对手的产品、定价策略、市场份额、优势与劣势，以及市场反应等，为自身市场定位和策略制定提供有力支持。

3）技术趋势预测：关注行业动态和技术发展趋势，预测未来市场走向，为产品创新和战略调整提供依据。

（2）数据分析

1）高级分析工具：运用更高级的数据分析工具（如 Python、R 语言、Tableau 等），进行复杂的数据挖掘、建模和预测分析，提升数据洞察力和决策支持能力。

2）数据可视化：通过图表、仪表板等形式将数据分析结果直观展现，便于团队成员和干系人快速理解市场状况和趋势。

3）客户画像构建：基于数据分析结果，构建详细的客户画像，包括客户特征、需求偏好、购买行为等，为精准营销和产品定制化提供依据。

（3）策略制定

1）创新策略：鼓励创新思维，探索新的市场进入方式、产品形态或服务模式，以应对市场变化和竞争挑战。

2）灵活调整：根据市场反馈和数据分析结果，灵活调整市场策略和产品定位，确保与市场需求保持同步。

3）跨部门协作：加强市场、产品、技术、销售等部门之间的沟通与协作，确保市场策略与整体业务战略的一致性。

2. 定期项目会议和进度报告

（1）会议组织

1）议程优化：根据项目进展情况和需要讨论的问题，灵活调整会议议程，确保会议高效、聚焦。

2）技术辅助：利用视频会议软件、在线协作工具等现代技术手段，提高会议效率和参与度。

（2）进度汇报

1）量化指标：采用量化指标（如完成百分比、里程碑达成情况等）来评估任务进展，确保汇报内容客观、具体。

2）可视化展示：通过甘特图、燃尽图等项目管理工具，直观展示项目进度和剩余工作量，便于团队成员和干系人理解。

（3）问题讨论

1）原因分析：针对问题进行深入分析，找到问题的根本原因，避免类似问题再次发生。

2）头脑风暴：鼓励团队成员积极参与问题讨论，提出多种解决方案，并通过集体决策选择最佳方案。

（4）会议纪要

1）电子化管理：采用电子文档形式记录会议纪要，便于保存、检索和共享。

2）跟踪执行：设立专门的跟踪机制，确保会议决策和行动项得到有效执行和反馈。

3. 风险管理和问题解决

（1）风险监控

1）实时预警：建立风险预警系统，对潜在风险进行实时监控和预警，以便及时采取措施应对。

2）趋势分析：定期分析风险变化趋势，预测未来可能出现的新风险，提前做好准备。

（2）风险应对

1）应急计划：为关键风险制定详细的应急计划，包括应对措施、责任人和时间节点等，确保在风险发生时能够迅速响应。

2）持续改进：根据风险应对效果和经验教训，不断优化风险应对策略和流程，提升风险管理水平。

（3）问题管理

1）优先级排序：根据问题的重要性和紧急性进行优先级排序，确保优先解决关键和紧急问题。

2）闭环管理：建立问题闭环管理机制，从问题发现、记录、分析、解决到验证反馈，形成完整的闭环流程，确保问题得到彻底解决。

4.3.3 项目监控

1. 项目进度和成本预算

在项目运营过程中，准确、及时地跟踪项目进度和预算是确保项目成功实施的关键环节。具体包括以下两方面。

（1）进度跟踪机制

1）里程碑管理：明确项目各阶段的关键里程碑，设定具体的时间节点和可量化的交付成果。通过定期审查里程碑达成情况，评估项目整体进度。

2）任务跟踪系统：采用项目管理软件（如 Jira、Trello、MS Project 等）建立任务清单，为每个任务分配责任人、开始/结束日期和资源需求。实时更新任务状态，确保所有参与者都能了解项目最新进展。

3）进度报告：定期（如每周/每两周）编制项目进度报告，汇总已完成的任务、正在进行的任务、延迟的任务及原因，以及未来工作计划。报告应清晰易懂，便于管理层和利益相关者快速掌握项目动态。

（2）预算管理

1）成本估算与预算分配：在项目初期进行详细的成本估算，将预算分配到各个任务、阶段或资源类别上。确保预算的合理性和可行性。

2）实际成本监控：定期收集实际成本数据（如人力成本、物料成本、外包费用等），与预算进行对比分析。识别成本超支或节约的原因，并采取相应措施。

3）预算调整：当发现预算偏差较大时，及时与项目团队和利益相关者沟通，评估调整预算的必要性和可行性。制定预算调整方案，确保项目在经济上可持续进行。

2. 质量控制和客户反馈

质量控制是确保项目成果符合预定标准和客户期望的重要环节。同时，积极收集和处理客户反馈，对于持续改进和提升客户满意度具有重要意义。

（1）质量控制流程

1）质量标准制定：在项目初期，与客户共同确定项目质量标准和验收标准。明确各项工作的质量要求、检验方法和验收标准。

2）过程监控：在项目实施过程中，采用定期检查、抽样检查、专家评审等多种方式，对关键活动和输出成果进行质量控制。确保各项工作符合预定标准。

3）缺陷管理：建立缺陷跟踪系统，记录发现的问题和缺陷。分析问题产生的原因，制定纠正措施和预防措施。跟踪缺陷的解决过程，确保问题得到有效解决。

（2）客户反馈机制

1）主动收集反馈：通过问卷调查、访谈、客户会议等方式，主动收集客户对项目进度、质量、服务等方面的反馈意见。

2）反馈分析：对收集到的反馈意见进行整理和分析，识别客户关注点和不满点。评估反馈对项目的影响程度，制定改进措施。

3）持续改进：根据客户反馈和内部评估结果，不断优化项目流程、提升工作质量和服务水平。确保项目成果满足并超越客户期望。

3. 动态调整项目计划

在项目执行过程中，由于内外部环境的变化，项目计划往往需要进行相应的调整。有效的变更管理对于确保项目顺利推进至关重要。

（1）变更识别与评估

1）变更来源识别：密切关注项目内外部环境的变化（如技术更新、政策调整、客户需求变更等），及时识别可能对项目产生影响的变更因素。

2）变更影响评估：对识别的变更因素进行初步分析，评估其对项目进度、成本、质量等方面的影响程度。判断变更优先级和紧迫性。

（2）变更决策与审批

1）变更申请：由变更提出者提交正式的变更申请，明确变更内容、原因、影响及建议的解决方案。

2）变更评审：组织相关专家和利益相关者进行变更评审会议，对变更申请进行充分讨论和评估。确定变更是否必要、可行以及是否接受该变更。

3）变更审批：根据评审结果和项目管理规定，由具有相应权限的人员对变更申请进行审批。确保变更决策的合理性和合规性。

（3）变更实施与监控

1）变更计划制定：根据审批通过的变更申请，制定详细的变更实施计划表。明确变更实施的时间表、责任人、资源需求及风险控制措施等。

2）变更实施：按照变更计划执行变更活动。确保变更过程符合项目管理要求和质量标准。

3）变更监控：对变更实施过程进行持续监控，确保变更活动按计划进行。及时发现并解决问题，确保变更目标能够实现。同时，更新项目计划和相关文档，以反映变更后的实际情况。

4.3.4　服务措施

1. 营造产业环境氛围

营造产业环境氛围是吸引企业入驻、促进产业生态健康发展的关键。具体措施包括以下三点。

（1）全媒体平台宣传的精细化

1）定制化内容：针对不同目标受众（如初创企业、大型企业、投资者等）制作定制化宣传内容，提高信息的针对性和吸引力。

2）互动参与：通过直播、问答、投票等互动方式，增强观众参与感，收集反馈以优化宣传策略。

3）效果评估：定期评估宣传效果，包括曝光量、转化率等关键指标，及时调整宣传策略和资源分配，实现更好的全媒体宣传。

（2）产业创新典型企业的深度孵化

1）一对一辅导：为典型企业提供一对一的专业辅导，包括战略规划、技术升级、市场拓展等方面，助力其快速成长。

2）创新基金支持：设立专项创新基金，为具有潜力的创新项目提供资金支持，降低企业创新风险。

3）创新生态构建：构建产学研用协同创新体系，促进企业与高校、科研机构的合作，加速科技成果的转化和应用。

（3）文化氛围营造的持续性与多样性

1）主题活动策划：根据时令、节日或行业热点，策划多样化的主题活动，如主题展览、文化节、健康跑等，增强园区活力。

2）艺术与文化融入：在园区内设置艺术装置、文化墙等，提升园区的艺术氛围和文化品位，吸引更多创意人才。

3）社区建设：建立园区企业社群，促进企业间的交流与合作，形成互帮互助、共同成长的良好氛围。

2. 品牌塑造与推广

品牌塑造与推广是提升产业园区竞争力的重要手段。具体措施包括以下三点。

（1）多渠道开发的创新

1）内容营销：创作高质量的内容（如行业报告、白皮书、案例研究等），通过多渠道发布，增强品牌的专业性和权威性。

2）跨界合作：与其他行业或品牌进行跨界合作，拓宽品牌传播渠道，吸引更多潜在用户。

3）口碑营销：鼓励现有客户分享使用体验，通过口碑传播提升品牌信任度和美誉度。

（2）线上线下全网推广的精准化

1）用户画像构建：通过数据分析构建用户画像，精准定位目标受众，实现个性化推广。

2）数据驱动决策：利用数据分析结果指导推广策略的制定和优化，提高推广效果和投资回报率。

3）线上线下融合：通过线上引流和线下活动相结合的方式，提升用户体验和参与度。

（3）KOL 与合作伙伴的深度联动

1）深度合作：与 KOL 和合作伙伴建立长期稳定的合作关系，共同策划和推广品牌活动。

2）资源共享：共享双方资源（如客户资源、媒体资源等），实现互利共赢。

3）品牌联盟：与其他产业园区或行业组织建立品牌联盟，共同提升品牌形象和影响力，实现效益最大化。

3. 运营团队建设

运营团队是产业园区日常管理和服务的关键力量。完善运营团队建设，需要从人员配置、机构设置和制度建设三方面入手。

（1）人员配置的优化

1）人才引进：积极引进具有行业经验和专业技能的人才，提升团队整体实力。

2）人才梯队建设：建立人才梯队培养机制，确保团队持续发展和壮大。

3）激励机制：建立科学的激励机制，激发团队成员的积极性和创造力。

（2）机构设置的完善

1）灵活调整：根据园区发展需要和业务变化灵活调整机构设置，确保高效运作。

2）跨部门协作：加强跨部门沟通和协作，形成合力推动园区发展。

3）高效决策：建立快速响应和高效决策机制，确保及时应对市场变化和客户需求。

（3）制度建设的规范化

1）标准化管理：建立标准化管理流程和工作规范，提高管理效率和服务质量。

2）持续改进：定期评估和优化管理制度和工作流程，确保与时俱进和持续改进。

3）文化建设：培育积极向上的企业文化和价值观，增强团队凝聚力和向心力。

4. 线上数据平台的智能化升级

搭建园区中小企业公共服务平台，是提升产业园区服务水平和企业竞争力的有效途径。具体措施包括以下三点。

（1）平台功能设计的智能化

1）个性化推荐：利用 AI 技术为用户提供个性化推荐服务（如政策匹配、融资方案等）。

2）智能客服：引入智能客服系统，实现 24 小时在线解答用户疑问和问题。

3）智能分析：为用户提供智能分析报告（如市场趋势、竞争对手分析等），辅助企业决策，实现智能化升级。

（2）产业资源整合的智能化

1）智能匹配：通过算法实现供需双方的智能匹配（如企业与技术、资金、市场的匹配）。

2）资源共享网络：构建智能资源共享网络，实现资源的高效利用和共享。

3）生态协同：促进产业链上下游企业的智能协同和深度合作。

（3）数据分析与应用的深入化

1）数据挖掘：利用大数据技术进行深度数据挖掘和分析，发现潜在的市场机会并预测可能的风险。

2）预测分析：通过预测分析技术为企业提供未来发展趋势的预测和预警服务。

3）决策支持：为政府和企业提供科学的决策支持（如政策制定、战略规划等）。

5. 营造创业氛围

（1）目标定位

营造创业氛围旨在构建一个充满活力、鼓励创新、促进交流、加速成长的产业园区生态环境。通过一系列精心策划与实施的品牌建设、活动组织及文化氛围营造举措，激发创业者的创造力和热情，促进项目孵化与成长，最终形成具有鲜明特色和广泛影响力的产业园区品牌。

（2）策略与措施

1）打造产业园品牌形象。品牌设计与定位：明确产业园的品牌定位，设计富有创意和吸引力的品牌形象（包括 LOGO、VI 系统、宣传语等），体现产业园的创新精神和支持创业的理念。品牌宣传与推广：利用线上线下多渠道进行品牌宣传，包括社交媒体、行业网站、传统媒体、户外广告等，提升产业园知名度和美誉度。同时，积极参与或主办行业峰会、论坛，扩大品牌影响力。

2）开展创新创业活动。多元化活动体系：构建包括创业讲座、工作坊、沙龙、研讨会、创业大赛、项目路演、创业辅导、资源对接会等多元化的创新创业活动体系，满足不同创业者及项目的需求；活动质量与数量保障：确保全年举办不少于 50 场高质量的活动，其中至少包含 10 场大型品牌活动，如年度创业大赛、创新论坛等，以形成持续性的活动热度。嘉宾邀请与资源对接：邀请知名企业家、投资人、行业专家作为嘉宾参与活动，为创业者提供宝贵经验和资源对接机会，促进项目快速成长。

3）创业交流与项目路演平台。建立常态化交流平台：设立专门的创业交流区域或空间，如创业者咖啡厅、共享办公区等，为创业者提供自由交流、思想碰撞的场所。定期项目路演：每月或每季度举办项目路演活动，为优秀项目提供展示机会，吸引投资关注。同时，设置专业评审团，提供反馈和建议，帮助项目完善和优化。在线交流平台：利用微信群、小程序、APP 等在线工具，建立线上创业交流社群，打破地域限制，实现 24 小时不间断的交流与资源共享。

4）文化氛围营造。创意空间打造：在产业园内设置创意墙、艺术装置、休闲区等，营造轻松愉悦的工作环境，激发创意思维。成功案例展示：设立成功案例展示区，展示园区内优秀企业的成长历程和成就，树立榜样力量，激励更多创业者追求卓越。文化节庆活动：结合传统节日、行业纪念日等，举办主题文化活动，如创业文化节、科技嘉年华等，增强园区凝聚力，提升创业者归属感和荣誉感。

（3）效果评估与持续改进

1）建立评估机制：定期对营造创业氛围的效果进行评估，包括活动参与度、创业者满意度、项目孵化成功率、品牌影响力等指标。

2）收集反馈意见：通过问卷调查、访谈等方式收集创业者、嘉宾及合作伙伴的反馈意见，了解需求与不足。

3）持续优化与升级：根据评估结果和反馈意见，不断调整和优化营造创业氛围的策略与措施，确保产业园始终保持活力和竞争力。

4.3.5　项目收尾

1. 报告和建议

最终报告是项目成果的全面总结和展示，对于项目评价、验收及后续应用具有重要意义。完成最终报告和建议的具体步骤包括以下五点内容。

（1）报告内容规划

1）定制化设计：根据项目的性质、目标受众及客户需求，定制化设计报告模板和风格，确保报告既专业又符合接收方的阅读习惯。

2）关键指标展示：除了常规内容外，特别强调关键绩效指标（KPIs）的达成情况，尽量用数据说话，直观展现项目成效。

3）合规性审查：确保报告内容符合行业规范、法律法规及公司政策要求，避免潜在的法律风险。

（2）数据整理与分析

1）深度挖掘：运用数据分析工具和技术，对数据进行深度挖掘，发现隐藏的模式和趋势，为决策提供更加有力的支持。

2）可视化呈现：利用数据可视化工具，将复杂的数据转化为直观的图表和图形，便于非技术背景的读者理解。

（3）成果展示

1）故事化叙述：通过故事化的方式展示项目成果，使成果更加生动、有说服力，增强读者的共鸣和认同感。

2）客户见证：如有可能，收集并展示客户或合作伙伴的见证材料，如推荐信、视频访谈等，增加报告的权威性和可信度。

（4）建议提出

1）前瞻性思考：结合行业发展趋势和公司战略方向，提出具有前瞻性的建议，为公司未来发展提供指导。

2）可操作性评估：确保提出的建议具有可操作性，能够在实际工作中得到有效实施。

（5）报告审核与修订

1）多轮评审：建立多轮评审机制，邀请不同领域的专家参与评审，确保报告质量。

2）保密性处理：对于涉及敏感信息的部分，进行严格的保密性处理，确保信息安全。

2. 演示和反馈

客户演示是向客户展示项目成果、收集客户反馈的重要环节。具体步骤包括以下四点内容。

（1）演示准备

1）技术保障：确保演示现场的技术设备（如投影仪、音响等）运行正常，避免技术故障影响演示效果。

2）应急预案：制定应急预案，以应对可能出现的突发情况，如设备故障、网络中断等。

（2）客户沟通

1）需求确认：在演示前与客户再次确认需求，确保双方对演示内容和期望有共同的理解。

2）个性化定制：根据客户的特点和需求，对演示内容进行个性化定制，提高客户的满意度和参与度。

（3）现场演示

1）互动环节：设置互动环节，鼓励客户提问和发表意见，增强演示的互动性和参与感。

2）时间控制：合理安排演示时间，确保内容紧凑、不拖沓，同时留有足够的时间供客户提问和讨论。

（4）反馈收集与分析

1）即时反馈：演示结束后立即收集客户的即时反馈，以便快速响应和处理客户的问题和建议。

2）持续跟进：对于客户提出的意见和建议，制定详细的跟进计划，确保问题得到妥善解决，并持续改进服务质量。

3. 总结与分享

项目总结是提炼项目经验、总结项目教训、促进知识共享的重要环节。具体步骤包括以下四点内容。

（1）项目总结会议

1）氛围营造：营造开放、坦诚的氛围，鼓励团队成员积极发言，分享自己的经验和教训。

2）表彰优秀：对在项目中表现突出的个人或团队进行表彰，激发团队成员的积极性和创造力。

（2）知识文档整理

1）标准化命名：对文档进行标准化命名和分类，便于后续查找和使用。

2）版本控制：建立文档版本控制机制，确保文档的准确性和可追溯性。

（3）团队培训与交流

1）外部专家邀请：邀请行业专家或外部讲师进行培训和分享，拓宽团队成员的视野和知识面。

2）团队建设活动：组织团队建设活动，增强团队成员之间的沟通和协作能力，提升团队凝聚力和创造力。

（4）知识共享平台

1）激励机制：建立知识共享激励机制，鼓励团队成员积极贡献自己的知识和经验。

2）定期更新：定期更新知识共享平台的内容，确保信息的时效性和准确性。同时，收集用户反馈，不断优化平台功能和用户体验。

4.4 运营服务质量分析

提升运营服务质量，对于增强企业核心竞争力具有关键作用。本节将从全面剖析和优化服务响应速度、服务专业性、服务态度与沟通、服务效果与满意度、服务创新与个性化以及风险管理与应急处理等多个维度，通过系统化的分析与策略制定，为企业的运营服务注入新的活力与竞争力。断探索服务创新与个性化路径，利用新技术和新模式，为客户提供更加定制化、智能化的服务体验。通过建立健全的风险管理与应急处理机制，确保企业运营服务的稳健性和可持续性。本节分析不仅是对当前运营服务现状的深入剖析，更是对未来服务升级与优化的前瞻性布局。具体操作表格及模板见本书4.8节表4-3。

4.4.1 服务响应速度

在产业运营中，高效的服务响应速度是维护客户满意度、保障运营顺畅的基石。故应确保服务响应的即时性、有效性和客户满意度。

1. 服务即时性

（1）快速响应承诺

1）对所有客户咨询、投诉及建议的响应不超过 24 小时。在具体实施过程中，将根据咨询内容的紧急程度和复杂性，设定更为细化的响应时间目标。例如，在工作时间内，对于紧急或重要咨询，将努力实现即时回复；对于一般咨询，则确保在一小时内给出初步响应。

2）为确保这一承诺的兑现，应建立完善的响应流程监督机制，对未按时响应的情况进行追踪、分析并采取相应的改进措施。

（2）多渠道接入

1）满足不同客户的沟通习惯和需求，将提供多元化的沟通渠道，包括电话热线、在线客服系统（支持文字、语音、视频聊天）、电子邮件、社交媒体平台等。这些渠道将全天候开放，确保客户能够随时随地通过最便捷的方式与团队成员取得联系。

2）对于不同渠道接入的咨询，将实现信息的无缝流转和共享，确保客户问题得到全面、统一的解答和处理。

（3）自动化工具应用

1）充分利用智能客服机器人、自动回复系统等自动化智能工具，对常见问题进行初步筛选和处理。这些工具应基于自然语言处理技术，实现对客户问题的智能识别和回复，以提高响应效率并减轻人工客服的工作压力。

2）不断优化这些自动化工具的性能和准确度，确保其能够准确识别和处理复杂问题，并在必要时及时引导客户转至人工客服进行深入沟通。

2. 优先级排序

（1）紧急程度分类　应建立清晰、明确的问题紧急程度分类标准，包括但不限于严重故障、影响生产、重大投诉、一般咨询等类别。这些分类标准应基于问题的性质、影响范围和客户需求等因素进行制定和调整。在接收到客户咨询或投诉后，迅速对其进行评估分类，并根据分类结果确定响应的优先级和处理方式。

（2）快速响应机制　对于紧急和关键事项（如严重故障、影响生产的问题等），将立即启动快速响应机制。这包括但不限于组建专项小组、调配资源、制定紧急处理方案等措施，以确保问题能够在最短时间内得到解决。建立紧急事项的跟踪和反馈机制，对处理过程进行实时监控和评估，确保问题处理的及时性和有效性。

（3）优先级调整　在处理紧急和关键事项时，应加强跨部门之间的沟通与协作。通过建立跨部门协作小组、定期召开协调会议等方式，确保各部门能够紧密配合、共同应对挑战。应建立信息共享平台或系统，实现跨部门之间的信息共享和资源整合，提高整体响应效率和各部门协同作战能力。

3. 反馈机制

（1）明确反馈流程　建立完善的客户反馈收集机制，通过问卷调查、客户访谈、满意度评价等方式收集客户对服务响应速度和质量的反馈意见。反馈意见将作为改进和优化服务响应体系的重要依据。定期对反馈意见进行整理和分析，发现存在的问题和不足，及时制定相应的改进措施。

（2）实时进度更新　加强对客服团队的专业培训和技能提升工作。通过定期举办培训课程、分享会等活动，提高客服人员的业务水平和综合素质；同时鼓励客服人员积极学习新知识、新技能，不断适应市场需求和客户期望的变化。建立客服人员的绩效考核机制，将服务响应速度和质量纳入考核指标体系中，以激励客服人员不断提高服务水平和客户满意度。

（3）闭环管理　密切关注行业动态和技术发展趋势，积极引进和应用先进的客户服务技术和工具。例如利用人工智能、大数据等技术提升客服系统的智能化水平；利用云计算、物联网等技术实现客户服务资源的优化配置和共享等。通过这些技术革新进一步提升服务响应速度和质量水平。

4.4.2 服务专业性

1. 团队专业能力建立

（1）行业经验积累

1）多元化背景：运营团队应包含来自不同背景和专业领域的成员，如市场营销、财务管理、技术开发、客户服务等，以确保团队具备全面的行业视角和各种问题的解决能力。

2）案例研究：定期组织团队成员学习行业内成功和失败的案例，通过案例分析提炼经验教训，提升团队在实际项目中的应对能力。

3）专家顾问团：建立由行业资深专家组成的顾问团，为团队提供专业指导和建议，特别是在复杂或关键决策时提供支持。

（2）专业知识提升

1）持续学习：鼓励团队成员参加专业认证考试、在线课程、行业研讨会等，不断更新和拓展专业知识体系。

2）知识分享：建立内部知识分享机制，如定期举办分享会、工作坊等，促进团队成员间的知识交流和技能互补。

3）专家讲座：邀请行业内的知名专家进行专题讲座，提升团队对最新行业趋势、技术动态的认知和理解。

（3）实战经验积累

1）项目实践：让团队成员参与到各类实际项目中，通过实践积累宝贵的经验和技能，提升解决实际问题的能力。

2）复盘总结：每个项目结束后，组织团队成员进行复盘总结，分析成功经验和失败教训，提炼出可复用的方法和策略。

2. 服务标准化准则

（1）服务流程设计

1）客户接待：制定详细的客户接待流程，包括接待礼仪、沟通话术、需求收集等，确保初次接触就能给客户留下良好的印象。

2）需求分析：通过标准化的需求分析工具和方法，深入挖掘客户的真实需求和潜在需求，为制定服务方案提供依据。

3）服务实施：明确服务实施的具体步骤、责任人、时间节点等，确保服务过程有序进行，并能按时交付成果。

4）售后支持：建立完善的售后支持体系，包括问题反馈、解决方案提供、满意度调查等，确保客户使用过程得到持续的关怀和支持。

（2）操作规范制定

1）文档管理：制定统一的文档管理规范，包括文档命名、格式、存档要求等，确保项目资料的完整性和可追溯性。

2）质量标准：明确各项服务的质量标准和验收标准，确保服务成果符合客户期望和行业规范。

3）沟通规范：制定内部和外部沟通规范，包括沟通方式、沟通频率、沟通内容等，确保信息传递的准确性和及时性。

（3）监督与改进

1）定期检查：对服务过程进行定期检查，确保各项操作规范得到严格执行。

2）客户反馈：主动收集客户反馈意见，对服务过程中存在的问题进行及时改进和优化。

3）持续改进：建立持续改进机制，定期对服务流程、操作规范进行回顾和修订，以适应行业发展和客户需求的变化。

3. 定期培训

（1）制定培训计划

1）需求分析：根据团队成员的专业背景、技能水平及职业发展需求，制定个性化的培训计划。

2）课程选择：结合行业发展趋势和公司战略方向，选择符合实际需求的培训课程和教材。

3）时间安排：合理安排培训时间，确保团队成员能够有足够的时间参与培训并消化所学知识。

（2）创新培训方式

1）线上培训：利用在线学习平台、视频课程等资源进行线上培训，提高培训效率和灵活性。

2）线下实训：组织模拟项目、案例分析等线下实训活动，增强团队成员的实战经验和解决问题的能力。

3）外部交流：鼓励团队成员参加行业会议、研讨会等外部交流活动，拓宽视野并获取最新行业信息。

（3）评估培训效果

1）考核测试：通过考试、实操测试等方式对培训效果进行评估，确保培训成果得到有效转化。

2）反馈收集：收集团队成员对培训内容和形式的反馈意见，为后续的培训工作提供参考和改进方向。

3）持续改进：根据评估结果和反馈意见，对培训计划进行持续改进和优化，确保培训工作的有效性和针对性。

4.4.3　服务态度与沟通

1. 主动服务原则

（1）需求预测与前置服务

1）市场趋势洞察：运营团队需持续关注行业动态和市场趋势，提前预测客户需求变化，为客户提供前瞻性的建议和解决方案。

2）定制化服务方案：基于对市场和客户的深入理解，为客户量身定制服务方案，确保服务内容与客户实际需求高度契合。

3）主动反馈机制：建立主动反馈机制，定期向客户汇报服务进展和成效，收集客户意见和建议，不断优化服务内容和质量。

（2）超值服务体验

1）增值服务提供：在基本服务基础上，主动为客户提供额外的增值服务，如免费咨询、培训、资源对接等，提升客户满意度和忠诚度。

2）情感关怀：关注客户的情感需求，通过节日问候、生日祝福等方式，增强客户对园区的归属感和认同感。

3）灵活应变：面对客户突发需求或问题，运营团队需迅速响应，灵活调整服务策略，确保客户利益最大化。

2. 耐心细致原则

（1）全方位咨询解答

1）专业解答：确保每位团队成员都具备扎实的专业知识和丰富的实践经验，能够准确、全面地解答客户咨询。

2）细致入微：在解答过程中，注重细节和逻辑，确保客户能充分理解并对回答内容感到满意。

3）持续跟进：对于复杂问题或需要后续跟进的情况，建立专门的跟进机制，确保问题得到彻底解决。

（2）投诉处理与反馈

1）快速响应：对于客户投诉，需立即响应，确保问题得到及时关注和处理。

2）耐心倾听：认真倾听客户投诉内容和情绪表达，给予客户充分的关注和尊重。

3）有效解决：根据投诉内容，迅速查明原因并给出解决方案，确保问题得到彻底解决并防止类似问题再次发生。

3. 有效沟通原则

（1）多元化沟通渠道

1）线上沟通平台：建立线上沟通平台（如微信公众号、官方网站、客服热线等），为客户提供便捷的沟通渠道。

2）线下交流活动：定期组织线下交流活动（如客户座谈会、产品体验会等），增强与客户之间的面对面交流和互动。

3）多渠道反馈收集：通过问卷调查、意见箱、社交媒体等多种渠道收集客户反馈，确保信息来源的多样性和全面性。

（2）清晰明确的沟通内容

1）信息准确：确保沟通内容准确无误，避免因信息传达不清或错误而导致客户误解或不满。

2）重点突出：在沟通过程中，注重突出重点内容和关键信息，确保客户能够快速理解和抓住重点。

3）透明公开：对于服务流程、收费标准、合同条款等重要信息，保持透明公开，增强客户信任感。

（3）高效反馈机制

1）即时反馈：对于客户咨询和投诉，建立即时反馈机制，确保问题得到迅速回应和处理。

2）定期反馈：定期向客户汇报服务进展和成效，收集客户意见和建议，持续改进服务质量。

3）闭环管理：建立问题闭环管理机制，从问题发现、记录、分析、解决到验证反馈，形成完整的闭环流程，确保问题得到彻底解决并防止类似问题再次发生。

4.4.4 服务效果与满意度

1. 效果评估

（1）评估周期与指标设定

1）评估周期：为确保服务效果的及时性和准确性，应设定定期评估周期，如每季度或每半年进行一次全面评估，同时针对重大服务调整或项目完成后进行即时评估。

2）指标设定：评估指标应全面覆盖服务质量、客户满意度、服务效率等多个维度。具体指标包括但不限于：客户满意度，通过问卷调查、电话访谈、在线评价等方式收集客户对服务的整体满意度评分；服务效率，评估服务响应时间、问题解决速度、服务流程优化程度等，确保服务高效运行；服务质量，基于服务标准、流程规范、客户反馈等，评估服务过程中的专业性和准确性；业务增长，考察服务对业务增长的贡献度，如新客户获取率、客户留存率、业务增长率等。

（2）数据收集与分析

1）多元化数据源：除了传统的问卷调查和访谈外，还应充分利用社交媒体、在线评价平台、CRM 系统等渠道收集客户反馈数据。

2）数据分析工具：运用数据分析工具（如 Excel、SPSS、Tableau 等）对收集到的数据进行深度挖掘和分析，识别服务中的亮点与不足。

3）可视化呈现：通过图表、仪表板等形式将分析结果直观展现，便于管理层和团队成员快速理解服务效果。

（3）评估报告与反馈

1）评估报告：编制详细的评估报告，总结服务效果、分析存在的问题、提出改进建议。报告应清晰明了，便于理解和执行。

2）反馈机制：建立评估结果反馈机制，确保评估报告及时传达给相关部门和人员。设立跟踪机制，确保改进建议得到有效落实。

2. 持续改进

（1）问题识别与优先级排序

1）问题识别：基于评估结果和客户反馈，识别服务过程中存在的问题和不足之处。

2）优先级排序：根据问题的严重性和影响范围，对问题进行优先级排序，确保优先解决关键和紧急问题。

（2）改进策略制定

1）策略制定：针对识别出的问题，制定具体的改进策略和行动计划。策略应明确改进目标、具体措施、责任人和时间节点。

2）跨部门协作：加强市场、产品、技术、销售等部门之间的沟通与协作，确保改进策略与整体业务战略的一致性。

（3）实施与监控

1）实施计划：根据改进策略制定详细的实施计划表，明确实施步骤、资源需求和风险控制措施。

2）实施执行：按照实施计划执行改进活动，确保改进措施得到有效落实。

3）监控与调整：对改进过程进行持续监控，及时发现并解决问题。同时，根据实施效果和市场反馈，灵活调整改进策略。

3. 客户反馈机制

（1）反馈渠道建设

1）多渠道反馈：建立多元化的客户反馈渠道，包括在线评价、电话热线、社交媒体、客户会议等，确保客户能够便捷地提出建议。

2）反馈便利性：优化反馈流程，简化反馈步骤，提高客户反馈的便利性和积极性。

（2）反馈收集与分析

1）定期收集：设定定期收集客户反馈的时间表，如每月或每季度收集一次。

2）深入分析：对收集到的反馈意见进行整理和分析，识别客户关注点和不满点。评估反馈对项目的影响程度，制定改进措施。

（3）反馈响应与闭环管理

1）即时响应：对于客户提出的意见和建议，应给予即时响应和反馈。对于紧急问题，应迅速启动应急机制进行处理。

2）闭环管理：建立问题闭环管理机制，从问题发现、记录、分析、解决到验证反馈，形成完整的闭环流程。确保问题得到彻底解决并防止类似问题再次发生。

（4）激励机制

1）客户激励：对于积极提供反馈意见的客户给予一定的激励措施（如积分奖励、优惠券等），提高客户参与度和忠诚度。

2）员工激励：对于在客户反馈处理过程中表现突出的员工给予表彰和奖励，激发员工的积极性和创造力。

4.4.5　服务创新与个性化

1. 服务创新

（1）建立创新机制

1）设立创新小组：成立专门的服务创新小组，由跨部门成员组成，负责探索和研究新的服务模式、技术和方法。

2）创意征集与筛选：定期举办创意征集活动，鼓励团队成员提出创新点子，并通过专家评审和投票机制筛选出具有可行性和市场潜力的创新方案。

3）试点与验证：对筛选出的创新方案进行小范围试点，收集用户反馈和数据，验证其实际效果和可行性，为后续推广提供依据。

（2）拓展创新内容

1）创新服务模式：探索多元化服务模式，如一站式服务、按需服务、自助服务等，以满足不同客户的个性化需求。

2）优化服务流程：利用流程再造和精益管理思想，对服务流程进行持续优化，减少冗余环节，提高服务效率。

3）创新服务产品：结合市场需求和技术发展趋势，研发新的服务产品，如智能化与数智化解决方案、定制化咨询服务等，提升服务附加值。

2. 个性化服务

（1）客户需求分析

1）深度访谈与调研：通过一对一访谈、问卷调查、社交媒体监听等方式，深入了解客户的业务特点、需求偏好和痛点问题。

2）客户画像构建：基于收集到的数据，运用数据分析工具构建详细的客户画像，包括客户特征、需求偏好、购买行为等，为个性化服务提供数据支持，对相应的问题进行个性化解决。

（2）定制化服务方案

1）服务方案定制：根据客户画像和需求分析结果，为客户量身定制服务方案，包括服务内容、服务流程、服务标准等，确保服务方案与客户需求高度匹配。

2）灵活调整与优化：在服务实施过程中，密切关注客户反馈和市场变化，灵活调整服务方案，确保服务效果持续满足客户期望。

（3）提供增值服务

1）增值服务开发：基于客户需求和市场趋势，开发增值服务产品，如培训、咨询、技术支持等，为客户提供更全面的服务体验。

2）制定客户关怀计划：制定客户关怀计划，定期与客户沟通，了解客户最新需求和问题，提供及时有效的支持和帮助，增强客户忠诚度和满意度。

3. 新技术应用

（1）智能化服务平台

1）平台建设：搭建智能化服务平台，集成在线预约、进度查询、问题反馈等功能，实现服务流程的自动化和智能化。

2）数据分析与预测：运用大数据分析工具对平台数据进行深度挖掘和分析，预测客户需求和市场趋势，为服务创新提供数据支持。

（2）自动化与智能化工具

1）自动化工具应用：引入自动化工具和智能设备，如机器人客服、智能语音助手等，提高服务效率和准确性。

2）智能化决策支持：利用人工智能技术为管理层提供智能化决策支持服务，如市场趋势预测、风险评估等，提升决策的科学性和准确性。

（3）持续改进与优化

1）技术跟踪与引进：密切关注新技术发展趋势，及时引进和应用新技术、新工具，提升服务水平和竞争力。

2）效果评估与反馈：定期对新技术应用效果进行评估和反馈，收集用户意见和建议，不断优化和改进技术应用方案。

4.4.6　风险管理与应急处理

1. 风险识别与评估

（1）风险识别方法

1）深化多元化识别途径。专家咨询：邀请行业专家、法律顾问等外部专家参与风险识别过程，提供专业视角和见解；供应链审查：对供应链上下游合作伙伴进行风险评估，识别供应链中断、质量问题等潜在风险；政策环境分析：关注国内外政策、法规变动，评估其对产业运营的影响，特别是涉及数据保护、环保、税务等方面的政策。

2）强化技术辅助应用。机器学习模型：运用机器学习算法对历史数据进行学习，预测未来可能出现的风险类型及概率；实时监控系统：建立运营监控平台，实时跟踪关键业务指标和异常数据，及时发现潜在风险。

（2）风险评估流程

1）风险量化精准化。历史数据比对：结合历史数据，对类似风险事件进行比对分析，提高风险评估的准确性；敏感性分析：对不同风险因素进行敏感性测试，了解各因素对项目目标的影响程度。

2）影响分析全面化。多维度考量：除了项目进度、成本、质量、客户满意度外，还应考虑对员工士气、品牌价值、市场竞争力等长期影响；长期视角：评估风险可能带来的长远影响，制定长期应对策略。

3）定期回顾动态化。风险雷达图：定期更新风险雷达图，直观展示项目面临的主要风险及其变化；灵活调整：根据风险评估结果和外部环境变化，灵活调整风险应对策略并进行资源重配置。

2. 应急处理机制

（1）制定完善的应急预案

1）跨部门协作：确保应急预案涉及所有的相关部门，明确各部门在应急响应中的职责和协作机制。

2）多场景覆盖：针对不同类型的突发事件（如自然灾害、技术故障、数据泄露等），制定针对性的应急预案。

（2）优化信息报告与决策指挥

1）紧急通信系统：建立紧急通信系统，确保信息在紧急情况下能够迅速、准确地传递。

2）决策支持系统：开发决策支持系统，为决策者提供实时数据分析和决策建议，提高决策效率和质量。

（3）提升资源调配效率

1）供应商网络：建立稳定的供应商网络，确保在紧急情况下能够快速获取所需资源。

2）优先级排序：根据应急需求，对资源进行优先级排序，确保关键资源能首先得到保障。

3. 危机公关能力

（1）危机预警与监测精细化

1）智能预警系统：利用人工智能技术，建立智能预警系统，自动识别并预警潜在危机信息。

2）情绪分析：对社交媒体上的用户评论进行情绪分析，及时发现负面情绪的苗头。

（2）深化危机应对策略

1）多渠道沟通：利用社交媒体、官网、新闻发布会等多种渠道，及时、全面地向公众传达信息。

2）情感管理：注重情感管理，通过人性化的表达方式，缓解公众情绪，增强信任感。

3）修复措施：针对危机事件，制定具体的修复措施，包括服务改进、客户赔偿、形象修复等，尽快恢复服务的正常运营和维护好品牌形象。

（3）团队培训与演练实效化

1）危机公关培训：定期对团队成员进行危机公关培训，提高团队成员的危机意识和应对能力。

2）案例分享：组织团队成员学习行业内外的危机公关成功案例和失败教训，总结经验，避免重蹈覆辙。

3）角色扮演：在实战演练中引入角色扮演，模拟真实场景，提高团队成员的应变能力和协作水平。

4）实战演练：通过模拟危机事件的方式，进行实战演练，提高团队在危机情况下的协作能力和应对效率。

5）反馈与改进：每次演练后进行反馈收集，总结经验教训，不断优化应急预案和演练流程。

4.4.7　法律与合规性

1. 遵守法律法规

（1）政策法规研究

1）建立监控机制：除了成立专门团队或指定专人外，还需构建自动化信息收集系统，如订阅政府公告、法律数据库及行业资讯平台，实现信息的即时获取与推送。同时，设立内部论坛或通信渠道，促进法规信息的内部共享与讨论。

2）培训与教育：培训内容应涵盖但不限于基础法律知识、行业特定法规、案例分析等，采用线上线下相结合的方式，如网络课程、研讨会、模拟法庭等，提高培训的趣味性和实效性。设立考核机制，确保培训效果。

3）风险评估：引入风险评级体系，对识别出的法律风险进行分级管理，优先处理高风险事项。建立风险预警系统，结合大数据和人工智能技术，预测潜在法律风险，提前制定应对策略。

（2）合规性审查

1）业务流程审查：强化跨部门协作，确保法律合规部门能够深度参与业务流程的设计与优化，形成闭环管理。定期审查还应包括供应商管理、第三方服务采购等环节，确保供应链整体合规。

2）外部审核：除了第三方审核外，考虑与国际知名合规标准（如 ISO 27001、ISO 37001 等）接轨，获取国际认证，提升企业形象与竞争力。

2. 合同管理

（1）合同模板制定

1）标准化合同模板：随着业务发展，定期更新和完善合同模板库，确保条款与时俱进，符合最新法律法规的要求。

2）定制化服务：在定制化服务中，引入法律顾问或外部律师团队，听取其专业意见，确保合同条款的严谨性和专业性。

（2）合同执行与监控

1）合同签署流程：利用电子签名技术，提高合同签署效率，同时确保电子合同的法律效力。

2）合同履行监控：建立合同履行监控系统，结合财务、销售、物流等多部门数据，实时跟踪合同执行进度，及时预警潜在违约风险。

（3）合同档案管理

1）电子化管理系统：确保系统的安全性，采用加密存储、访问控制等技术手段，防止数据泄露。

2）定期审计：审计结果应向管理层汇报，作为优化合同管理流程的重要依据。同时，将审计中发现的问题纳入绩效考核体系，推动持续改进。

3. 知识产权保护

（1）内部管理

1）知识产权培训：定期对员工进行知识产权知识培训，增强员工对知识产权的尊重和保护意识。

2）知识产权审查：引入专业知识产权管理软件，辅助进行专利、商标、版权等知识产权的检索与分析，减少侵权风险。

（2）外部合作

1）合作方审查：在与外部合作方合作前，进行知识产权审查，确保合作方拥有合法的知识产权或使用权；对于关键合作方，可考虑进行尽职调查，深入了解其知识产权状况及合规历史。

2）协议约定：在合作协议中明确知识产权归属、使用权限、保密义务等条款，保护双方知识产权的利益。

（3）维权与应对

1）建立维权机制：一旦发现知识产权被侵犯，立即启动维权程序，采取法律手段维护企业合法权益；与专业律师事务所建立长期合作关系，形成快速响应机制，降低维权成本，提高维权效率。

2）应对策略：加强与政府、行业协会及同行的沟通合作，共同构建知识产权保护网络，共享情报资源，提升行业整体抗风险能力。同时，定期复盘维权案例，总结经验教训，不断优化应对策略。

4.5 双创空间运营规划管理

在创新驱动发展战略的引领下，双创空间作为促进产业升级、激发创新活力的重要平台，其运营规划与管理显得尤为重要。本节旨在全面阐述双创空间从项目定位到具体运营策略的全过程，旨在为双创空间的科学规划与高效运营提供系统性指导。通过深入分析区域产业发展趋势、政策导向及市场需求，明确项目在特定产业垂直领域的精准定位，并致力于构建集研发、孵化、加速于一体的综合性创新服务平台。同时，还应详细规划运营目标、主要任务、空间功能布局、市场定位以及收益成本模型等多个维度，旨在通过科学规划与高效执行，推动双创空间实现可持续发展，为区域经济发展注入强劲动力。具体操作表格及模板见本书 4.8 节表 4-4。

4.5.1 项目定位

在产业运营工作中，项目定位是奠定项目成功基石的关键步骤，它不仅关乎项目的发展方向，还直接影响到后续的资源整合、市场布局及运营策略。

1. 深入调研与分析

（1）区域产业发展趋势　首先，需全面调研项目所在区域的产业结构、历史发展轨迹及未来趋势预测。通过收集政府规划文件、行业报告、市场调研数据等多维度信息，识别区域内具有发展潜力的新兴产业和转型升级的传统产业，为项目定位提供宏观指导。

（2）政策导向研究　深入分析国家和地方政府的政策导向，特别是针对高新技术产业、创新创业、绿色发展等方面的扶持政策、税收优惠、资金补贴等具体措施。这有助于项目定位时准确把握政策红利，优化资源配置，提升项目竞争力。

（3）市场需求分析　通过问卷调查、访谈、数据分析等手段，深入了解目标市场的客户需求、消费习惯、竞争格局等。特别是针对特定产业垂直领域（如人工智能、生物医药、新能源、信息技术等），需深入分析其技术发展趋势、市场需求变化及潜在增长点，为项目精准定位提供依据。

2. 明确项目定位

（1）产业垂直领域聚焦　基于上述调研分析，明确项目在产业垂直领域的具体定位。选择具有前瞻性、成长性及市场需求旺盛的领域作为主攻方向，如聚焦于人工智能的算法研发与应用、生物医药的创新药物研发与临床试验、新能源的储能技术与应用、信息技术的云计算与大数据服务等。

（2）综合性创新服务平台构建　项目定位应致力于打造一个集研发、孵化、加速于一体的综合性创新服务平台。这包括建设先进的研发设施、提供创业导师辅导、搭建投融资对接平台、组织行业交流活动、优化营商环境等多方面内容，以全方位支持入驻企业和团队的发展。

（3）差异化竞争优势　在明确项目定位的同时，需注重差异化竞争优势的打造。通过对比分析区域内同类项目，识别自身在资源、技术、服务等方面的独特优势，并在此基础上制定差异化的发展战略和运营策略，以吸引更多优质企业和人才入驻。

3. 构建产业生态闭环

（1）与现有产业资源的互补与协同　项目定位应充分考虑与园区内现有产业资源的互补与协同。通过深入了解园区内产业链上下游关系，寻找合作契机，促进资源共享、技术交流和业务合作，共同推动产业生态的繁荣发展。

（2）构建产业生态圈　在明确项目定位的基础上，积极引进和培育上下游产业链相关企业，形成产业集聚效应。同时，加强与高校、科研院所、行业协会等机构的合作，推动产学研深度融合，为项目持续注入创新活力。

（3）持续优化运营策略　项目定位并非一成不变，需根据市场变化、政策调整及项目发展情况持续优化运营策略。通过定期评估项目进展、调整资源配置、优化服务模式等方式，确保项目始终保持在正确的轨道上前进，为区域经济发展贡献力量。

4.5.2　运营目标

1. 高效融合与市场调研

（1）团队快速融入　建立跨部门沟通机制，确保团队成员间信息畅通无阻，通过团队建设活动增进相互了解与信任。制定详细的工作职责与流程，明确每位成员的角色与期望成果，促进团队高效协作。

（2）市场调研精细化　运用SWOT分析、PESTEL模型等工具，全面分析目标市场的竞争格局、客户需求、行业趋势及潜在机会。通过问卷调查、访谈、数据分析等手段，收集一手市场信息，为制定发展规划提供坚实依据。

（3）发展规划与实施方案　基于市场调研结果，制定包含短期、中期、长期目标的发展规划，明确各阶段的任务、里程碑及预期成果。同时，细化实施方案，包括时间表、预算分配、资源配置等，确保规划的可执行性与灵活性。

（4）品牌形象与文化定位　明确空间的核心价值主张，设计独特的品牌形象，包括LOGO、VI系统、宣传语等，以体现空间的专业性、创新性和差异化。构建积极向上的文化氛围，通过内部活动、培训、激励机制等，增强团队凝聚力和归属感。

（5）初步运营管理体系的建立　建立包括财务管理、项目管理、客户管理、人力资源管理等在内的综合运营管理体系。制定标准化流程与制度，确保日常运营的有序进行，并不断优化提升管理效率。

2. 精准招商与资本对接

（1）精准招商策略　制定详细的入驻企业筛选标准，结合空间定位与市场需求，重点吸引高质量、高成长性的企业入驻。利用大数据、人工智能等技术手段，精准定位目标客户群体，提高招商效率。

（2）出租率与入驻质量并重　确保空间出租率达到或超过80%的同时，严格把控入驻企业的质量，注重行业匹配度与互补性，促进产业链上下游企业间的交流与合作。

（3）投融资路演活动　定期举办投融资对接会、项目路演等活动，邀请投资机构、银行、券商等金融机构参与，为入驻企业提供融资咨询、项目评估、资本对接等一站式服务，促进资本与项目的有效对接。

3. 影响力提升与资质认证

（1）大型活动举办　定期举办行业高峰论坛、技术交流会、创新创业大赛等大型活动，邀请行业专家、学者、企业家等参与，分享前沿资讯、交流创新经验，提升空间在行业内的影响力和知名度。

（2）市级专业化众创空间认定　深入研究市级认定标准与要求，积极筹备认定材料，包括运营报告、成果展示、政策落实情况等。加强与政府部门的沟通与合作，确保顺利通过市级认定。

4. 国际交流与国家认定

（1）国际化交流合作　加强与国内外知名创新机构、高校、企业等的交流合作，引入国际先进的管理理念、技术资源与市场渠道，提升空间的国际化水平。组织国际交流活动、海外研修等，拓宽团队成员的国际视野。

（2）国家级众创空间申报准备　在市级认定的基础上，对照国家级认定标准，逐项梳理并完善申报条件。加强空间硬件设施建设、优化服务体系、展示孵化成效等方面的工作，确保申报材料的真实性与说服力。

5. 国家级众创空间

（1）运营成果总结提炼　全面总结空间在产业创新、企业孵化、生态构建等方面的成果与经验，提炼亮点与特色，形成系统的运营报告与案例集。

（2）展示突出成就　通过宣传片、展览、报告会等多种形式，向评审机构展示空间在推动产业升级、促进创新创业、构建良好生态等方面的突出成就与贡献。

（3）争取国家级荣誉　加强与国家相关部门的沟通汇报，积极争取支持与政策指导。制定详细的冲刺计划，确保各项准备工作充分到位，争取早日获得国家级专业化众创空间的认定。

4.5.3　主要任务

1. 深度构建服务体系

（1）全方位企业服务体系　深化并拓展企业服务内容，确保覆盖法律咨询（包括合同审查、法律风险评估、争议解决等）、财务顾问（财务规划、税务筹划、审计服务等）、知识产权（专利申请、商标注册、版权保护及维权等）、市场营销（品牌定位、营销策划、数字营销、市场调研等）等多个关键领域。

（2）定制化服务方案　根据入驻企业的不同发展阶段和具体需求，提供定制化的服务方案。通过一对一咨询服务、工作坊、培训课程等形式，帮助企业解决实际问题，加速其发展进程。

（3）一站式服务平台　建立线上线下的企业服务平台，整合内外部资源，实现服务流程的高效协同。通过数字化手段，如在线预约、进度跟踪、效果评估等，提升服务体验和效率。

2. 建立高效投融资对接机制

（1）专业投融资服务平台　搭建集项目展示、投资人库、融资信息匹配等功能于一体的专业投融资服务平台。利用大数据、人工智能等技术，实现项目与资本的精准对接。

（2）多元化融资渠道拓展　积极引入风险投资、天使投资、私募股权、银行贷款、政府基金等多种融资渠道，满足不同企业的融资需求。探索股权众筹、债券融资等新型融资方式，拓宽融资途径。

（3）定期举办投融资活动　定期举办项目路演、投资人对接会、资本论坛等活动，为企业提供展示项目、对接资本的机会。邀请知名投资机构、投资人参与，增加融资成功率。

（4）融资后服务与支持　为企业提供融资后管理咨询、战略规划、财务优化等后续服务，帮助企业合理使用资金，实现稳健发展。

3. 产业服务生态的构建与优化

（1）产学研用合作平台　与高校、科研机构、行业协会等建立紧密合作关系，共同搭建产学研用合作平台。通过联合研发、技术转移、人才培养等方式，促进技术创新与成果转化。

（2）产业上下游协作网络　深入分析产业链结构，识别关键节点和薄弱环节。通过引入上下游企业、建立产业联盟、推动供应链协同等方式，构建完善的产业上下游协作网络。促进资源共享、优势互补和互利共赢。

（3）产业创新生态系统　营造开放包容、协同创新的产业生态环境。鼓励企业间开展技术合作、市场合作和资本合作，形成良性互动和创新循环。同时，加强与政府、金融机构、中介服务机构等的合作，为产业发展提供全方位支持。

（4）持续生态优化　定期评估产业生态的健康状况和发展趋势，及时调整优化策略。通过政策引导、资源倾斜、服务创新等方式，不断激发产业活力，推动产业持续健康发展。

4.5.4　空间功能规划

空间功能规划应充分考虑入驻企业的多样化需求与产业发展趋势，通过科学合理的布局与高效的资源配置，为入驻企业提供全面、便捷、高效的服务支持，推动产业健康快速发展。

1. 企业发展区

（1）独立办公空间　为成熟企业量身定制独立的办公室，确保空间的私密性与专属感。根据企业规模与需求，灵活调整办公室面积与布局，支持团队扩展与业务升级。

（2）高性能办公环境　配置最新款的办公设备，如高速通信网络、智能办公系统、高清视频会议设备等，提升企业工作效率。同时，引入环保节能的办公家具与照明系统，营造健康舒适的办公环境。

（3）企业展示区　设立专门的展示区域，用于展示企业产品、技术成果及企业文化。通过精心设计的展示空间与互动体验，增强客户对企业品牌与实力的认知。

（4）商务洽谈区　配备高规格的接待室与洽谈区，满足企业商务接待、客户洽谈等需求。提供完善的商务服务支持，如会议安排、翻译服务、礼品定制等，助力企业商务活动顺利进行。

2. 初创企业加速区

（1）灵活工位与联合办公　提供多样化的工位选择与灵活的租赁方案，满足不同创业团队与小微企业的需求。设立开放式联合办公区域，促进创业者之间的交流与合作。

（2）孵化服务支持　提供专业的孵化服务，包括创业指导、法律咨询、财务顾问、市场推广等。通过一对一导师辅导、定期项目评审等方式，加速项目的孵化与成长。

（3）创业导师辅导区　设立专门的创业导师辅导区，邀请行业专家、成功企业家作为导师，为创业者提供实战经验分享、项目诊断与改进建议等。

（4）创新实验室与测试区　根据产业特点，可设立创新实验室或测试区，为初创企业提供产品研发、测试验证等支持。降低研发成本，缩短产品上市周期。

3. 公共服务区

（1）多功能会议室　配备先进的会议设施与音响系统，满足不同规模与类型的会议需求。提供会议室预订、会议支持等一站式服务，确保会议顺利进行。

（2）培训教室　设立专业的培训教室，用于举办行业沙龙、技能培训、工作坊等活动。根据企业需求与行业动态，定期邀请专家授课，提升企业员工的专业技能与综合素质。

（3）休息区与咖啡厅　打造舒适宜人的休息区与咖啡厅，为入驻企业员工提供休闲放松的场所。定期或不定期举办小型聚会、社交活动等，增进员工之间的交流与互动。

（4）展示与交流空间　设置公共展示墙或展示区域，用于展示入驻企业的产品、项目或创意。鼓励企业之间进行展示与交流，促进知识共享与思想碰撞。同时，可作为举办小型展览、发布会等活动的场所。

4.5.5　市场定位

1. 目标市场细分及其特点

（1）初创企业　聚焦于具有创新技术、独特商业模式或解决行业痛点的初创企业。这些企业通常处于产品或服务的研发初期，对资金、资源、指导及市场进入策略有迫切需求。

（2）小微企业　针对已初步形成市场规模，但亟需扩大业务、提升品牌知名度或进行产业升级的小微企业。它们可能面临资金瓶颈、市场拓展难题或管理升级的挑战。

（3）科研机构　关注从事前沿技术研究、应用开发或科技成果转化的科研机构。

这些机构拥有丰富的科研资源和技术储备，但可能缺乏商业化的经验和渠道。

2. 定制化与差异化服务策略

（1）初创企业服务　提供低成本的办公空间、灵活的租赁方案、创业导师一对一辅导、投资对接会、创业培训课程等，助力初创企业快速成长。同时，建立创业社群，促进创业者之间的交流与合作。

（2）小微企业服务　针对小微企业的不同发展阶段，提供市场拓展策略、品牌塑造方案、财务管理咨询、法律合规指导等增值服务。帮助企业优化资源配置，实现可持续发展。

（3）科研机构服务　构建产学研用合作平台，促进科研机构与企业之间的技术转移与成果转化。提供实验设备共享、试车间、知识产权保护等支持，加速科技成果的商业化进程。

3. 国际化视野与全球化布局

（1）海外高层次人才引进　通过设立专项基金、提供优厚待遇、搭建国际交流平台等方式，积极引进海外高层次人才和创新团队。为人才提供全方位的支持与服务，助力其在国内落地生根、开花结果。

（2）国际创新项目合作　与国际知名孵化器、加速器、科研机构等建立战略合作关系，共同举办国际创新大赛、项目对接会等活动。筛选并引进具有潜力的国际创新项目，推动其本地市场的落地与发展。

（3）提升国际化水平　加强与国际市场的沟通与联系，了解国际创新趋势与市场需求。通过参加国际展会、设立海外分支机构等方式，拓展国际业务渠道和合作伙伴网络。同时，提升服务团队的国际化素养和语言能力，以更好地服务国际客户。

4. 市场监测与策略调整

（1）建立市场监测机制　定期收集并分析国内外创新趋势、行业动态、客户需求变化等信息。通过问卷调查、访谈交流、数据分析等手段，深入了解目标市场的变化与需求。

（2）灵活调整市场定位　根据市场监测结果和实际情况变化，灵活调整市场定位与服务策略。确保服务内容与市场需求保持高度契合，持续提升客户满意度和忠诚度。

（3）持续优化服务流程　不断总结经验教训，优化服务流程与管理机制。提高服务效率与质量水平，降低运营成本与风险。同时，加强团队培训与建设，提升服务团队的专业素养和服务能力。

4.5.6　收益/成本模型

1. 租金收入精细化管理

（1）动态调整机制　建立基于市场变化和企业成长阶段的租金动态调整机制。初期可给予初创企业优惠或免租期，随着企业规模扩大和盈利能力提升，逐步调整租金水平，确保租金收入与入驻企业价值增长相匹配。

（2）空间布局优化　合理规划空间布局，提高空间利用率。通过灵活设计办公区域、共享空间、会议室等，满足不同企业的需求，同时最大化租金收益。

（3）增值服务捆绑　将部分增值服务与租金捆绑，提升租金附加值，吸引更多优质企业入驻。

2. 服务收费创新与增值

（1）定制化服务方案　深入了解企业需求，提供定制化、个性化的服务方案。根据服务内容、难度和效果，合理定价，确保服务收费既符合企业预算，又能体现服务价值。

（2）服务质量监控　建立服务质量监控体系，定期收集企业反馈，不断优化服务流程和内容。通过提升服务质量，增强企业黏性，促进服务收费的持续增长。

（3）增值服务拓展　不断拓展增值服务领域，如人才招聘、培训、政策咨询等，为企业提供更全面的支持，同时增加收入来源。

3. 政府补贴与政策利用

（1）政策研究与分析　密切关注各级政府部门的政策动态，深入研究相关政策文件，了解补贴政策的具体要求和申请流程。

（2）积极申报与沟通　主动与政府部门建立联系，积极申报符合条件的补贴项目。加强与政府部门的沟通与交流，争取更多的政策支持和资金补贴。

（3）合规运营与反馈　确保产业运营项目合规运营，符合政府补贴政策的要求。定期向政府部门反馈项目进展和成效，争取更多的后续支持和合作机会。

4. 投资收益与风险控制

（1）项目筛选与评估　建立科学的项目筛选和评估机制，对入驻企业进行全面的尽职调查和风险评估。优先投资具有高成长潜力、良好商业模式和团队素质的企业。

（2）多元化投资策略　采用股权投资、债权投资等多种投资方式，分散投资风险。同时，关注不同行业、不同发展阶段的投资机会，实现投资组合的多元化。

（3）投后管理与服务　为被投资企业提供全方位的投后管理和服务支持，包括战略规划、市场拓展、财务管理等方面的指导和帮助。通过提升被投资企业的价值，实现投资收益的最大化。

5. 品牌合作与广告收入开发

（1）品牌建设与推广　加强产业运营项目的品牌建设，提升品牌知名度和影响力。通过举办行业活动、参与展会、媒体宣传等方式，扩大品牌曝光度。

（2）合作伙伴拓展　积极寻求与知名品牌、行业协会、研究机构等建立合作关系。

通过品牌合作和资源共享，实现互利共赢。

（3）广告资源开发　充分利用产业运营项目的广告资源，如空间内的广告位、线上平台等。通过精准投放广告，吸引品牌合作与广告投放，拓宽收入来源渠道。同时，注重广告内容的审核和监管，确保广告的真实性和合法性。

4.6　产业服务运营绩效考核管理

在深入探索产业园区发展的宏伟蓝图时，不得不聚焦于其核心驱动力——产业服务运营绩效考核管理。这不仅是对园区管理水平的一次全面审视，更是推动园区可持续发展的重要基石。下面将系统阐述产业服务运营绩效考核管理的整体框架与关键环节，从园区的整体规划与定位、创业载体的精心建设，到产业服务体系的全方位构建，直至营造浓厚的产业氛围与塑造独特的园区品牌，每一环节都紧密相连，共同构成了一套高效、科学的产业园区管理体系。通过这套体系，旨在引领园区向更加专业化、智能化、绿色化的方向迈进，为企业搭建更加优质的发展平台，共同书写产业发展的新篇章。具体操作表格及模板见本书4.8节表4-5。

4.6.1　整体规划与定位

1. 明确园区发展定位

（1）市场调研

1）数据收集：采用问卷调查、深度访谈、数据分析等多种方法，全面收集区域经济发展数据、产业结构现状、市场需求趋势及潜在竞争对手的详细信息。

2）趋势分析：运用经济学、统计学工具，对收集到的数据进行深入分析，预测未来经济发展趋势、产业结构变化及市场需求动态。

3）竞争分析：分析区域内同类园区的运营模式、服务内容、竞争优势及不足，为园区差异化发展提供借鉴。

4）数据支持：将调研结果整理成报告，为园区发展定位提供详实的数据支撑和决策依据。

（2）SWOT分析

1）优势识别：评估园区在地理位置、基础设施、政策支持、产业基础等方面的优势。

2）劣势分析：识别园区在人才储备、创新能力、资金规模等方面的不足。

3）机会把握：分析国家政策导向、市场需求变化、技术进步等因素为园区带来的发展机遇。

4）威胁应对：评估外部环境变化（如政策调整、市场竞争加剧）对园区发展的潜在威胁，并提出应对策略。

5）综合分析：基于 SWOT 分析，明确园区发展的核心竞争力和差异化优势，为制定发展策略提供依据。

（3）明确定位

1）定位选择：结合区域特色、产业趋势及市场需求，选择适合园区的发展定位，如科技创新园区、文化创意园区、智能制造园区等。

2）目标设定：根据发展定位，设定园区发展的短期、中期和长期目标，包括经济指标、产业规模、创新能力等方面。

3）规划制定：围绕发展定位和目标，制定详细的中长期发展规划，包括产业布局、空间规划、基础设施建设、服务体系构建等内容。

4）实施路径：明确规划实施的步骤、时间表和责任主体，确保规划能得到有效执行。

2. 形成产业特色

（1）产业集聚

1）产业链招商：针对园区发展定位，制定精准的产业链招商计划，积极引进产业链上下游企业，形成完整的产业链生态。

2）企业孵化：建立企业孵化器和加速器，为初创企业提供资金、技术、市场等全方位支持，促进其快速成长。

3）合作共建：与高校、科研机构、行业协会等建立合作关系，共同推动产学研深度融合，促进科技成果转化。

4）政策扶持：出台一系列优惠政策，如税收减免、资金补贴、用地优惠等，吸引更多企业入驻园区。

（2）特色打造

1）特色产业挖掘：深入调研园区内企业资源，挖掘具有潜力的特色产业或细分领域，如新能源、新材料、生物医药等。

2）资源倾斜：对选定的特色产业或细分领域给予重点支持，包括资金投入、技术研发、市场开拓等方面。

3）品牌建设：通过举办特色活动、加强宣传推广等方式，提升园区内特色产业或细分领域的知名度和影响力。

4）生态构建：围绕特色产业或细分领域，构建完善的产业生态体系，包括供应链、服务链、创新链等，形成园区独特的竞争优势。

4.6.2 创业载体建设

1. 硬件支持

（1）基础设施建设

1）道路系统：规划并建设高效、便捷的道路网络，确保园区内外交通顺畅，包括设置清晰的交通标识、停车位规划及电动车充电站等，以满足不同交通工具的停泊与充电需求。

2）水电供应：采用高效节能的供水供电系统，确保其稳定的供应，并设置备用电源以防突发停电情况，保障企业运营的连续性。

3）通信网络：部署高速光纤网络，实现园区内无线网络全覆盖，支持 5G 通信，为企业提供高速、低延迟的通信环境，便于远程办公与数据传输。

4）环保设施：建设垃圾分类处理站、雨水收集与利用系统、绿色植被覆盖等环保设施，推动园区向绿色生态方向发展。

（2）办公空间优化

1）灵活的租赁方案：提供多种租赁期限和面积选择，包括短期租赁、长期合作及定制化办公空间，满足不同成长阶段企业的需求。

2）智能化的办公环境：引入智能门禁、环境监测、远程会议系统等智能设备，提升办公效率与舒适度。

3）共享资源区：设立多功能共享区域，如打印复印区、休息区、图书角等，促进企业间的交流与合作。

（3）配套设施完善

1）员工生活服务：除了员工餐厅、咖啡厅外，增设便利店、干洗店、母婴室等，全方位关怀员工生活。

2）休闲娱乐设施：建立户外休息区、篮球场、足球场等运动场所，以及设立定期举办团建的活动区域，增强团队凝聚力。

3）商务会议中心：配备专业会议设备，支持线上线下结合的会议模式，满足企业大型会议、产品发布、培训讲座等需求。

2. 软件支持

（1）信息化平台

1）一站式服务平台：开发集成企业注册、税务申报、社保缴纳、法律咨询、政策推送等功能的在线服务平台，简化企业运营流程。

2）数据分析与决策支持：利用大数据、云计算技术，为企业提供市场分析、竞争对手监测、用户画像等数据分析服务，辅助企业科学决策。

3）知识共享平台：建立行业资讯、技术文档、案例分享等资源库，促进知识交流与创新。

（2）创业导师团队

1）个性化指导：根据企业实际情况，匹配专业导师进行一对一或小组辅导，可以涵盖商业模式设计、市场营销、财务管理等多个方面。

2）定期交流活动：组织创业沙龙、行业论坛、项目路演等活动，为创业者提供展示项目、交流经验的平台。

3）创业加速器计划：为潜力项目提供快速孵化通道，包括资金、资源、市场对接等全方位支持，加速项目成长。

（3）投资融资服务

1）投资融资对接机制：建立线上线下相结合的投资融资对接平台，定期举办项目路演、投资人见面会活动，促进资本与项目的有效对接。

2）金融产品创新：联合金融机构开发适合初创企业的信贷产品、股权融资方案等，降低融资门槛与成本。

3）资本退出路径规划：为即将进入成长期或成熟期的企业提供 IPO 辅导、并购重组咨询等服务，助力企业实现资本增值与退出。

4.6.3　产业服务体系建设

1. 全方位服务

（1）政策服务

1）政策研究与解读：组建专业政策研究团队，定期收集并分析国家及地方政府的最新政策动态，包括但不限于税收优惠、科技创新、产业扶持、资金补贴等方面，形成政策解读报告，及时向企业推送。

2）政策申报辅导：为企业提供一对一的政策申报咨询服务，协助企业精准匹配政策，准备申报材料，提高政策扶持和资金补贴的申请成功率。

3）政策执行跟踪：建立政策执行跟踪机制，确保企业获得政策支持后，能够顺利享受政策红利，并持续跟踪政策实施效果，为企业提供反馈和建议。

（2）市场服务

1）市场拓展平台：搭建线上线下相结合的市场拓展平台，定期举办行业交流会、产品展示会、对接洽谈会等活动，促进产业链上下游企业间的交流与合作。

2）品牌塑造与推广：利用园区资源，协助企业进行品牌策划、宣传推广，提升企业在行业内的知名度和影响力。

3）国际市场开拓：组织企业参加国际展会、海外考察等活动，拓展国际市场渠道，支持企业"走出去"。

（3）技术服务

1）技术创新支持：建立技术创新平台，提供技术研发、测试验证、技术转移一站式服务，助力企业攻克技术难题，实现技术突破。

2）知识产权保护：为企业提供知识产权咨询、申请、维护等全方位服务，加强企业的知识产权保护意识，降低知识产权风险。

3）数字化转型服务：推动企业数字化转型，提供云计算、大数据、人工智能等前沿技术的培训和解决方案，提升企业运营效率和市场竞争力。

2. 多层次服务

（1）基础服务

1）物业管理：实施精细化物业管理，确保园区基础设施完善、设备维护及时、环境整洁美观，为企业提供良好的办公和生产环境。

2）安保服务：建立全方位安保体系，包括视频监控、门禁管理、巡逻检查等，确保园区安全、运营稳定，为企业提供安心的经营环境。

3）环境卫生：加强园区环境卫生管理，定期进行清洁消毒，垃圾分类处理，营造绿色、健康的园区环境。

（2）增值服务

1）法律咨询：提供专业的法律咨询服务，帮助企业解决合同审查、纠纷调解、法律诉讼等问题，降低法律风险。

2）财务顾问：为企业提供财务规划、税务筹划、融资方案设计等财务顾问服务，助力企业优化财务管理，实现财务健康。

3）人力资源外包：提供招聘、培训、薪酬福利、劳动关系管理等人力资源外包服务，帮助企业减轻人力资源管理负担，提升人力资源效能。

（3）高端服务

1）战略规划：为企业量身定制发展战略规划，分析行业趋势，明确发展目标，制定实施路径，助力企业长远发展。

2）并购重组：为企业提供并购重组咨询服务，包括目标筛选、尽职调查、交易结构设计、谈判协商等，助力企业实现规模扩张或业务整合。

3）上市辅导：针对有上市需求的企业，提供上市前辅导服务，包括财务规范、法务合规、资本运作等方面，助力企业顺利登陆资本市场。同时，建立与证券监管机构、投资机构的沟通桥梁，为企业上市融资提供全方位支持。

4.6.4　营造产业氛围，塑造园区品牌

在产业运营中，营造积极向上的产业氛围与塑造独特的园区品牌是吸引企业入驻、

促进园区可持续发展的关键。

1. 活动策划与执行

（1）定期活动

1）主题多元化：确保活动主题涵盖创业辅导、行业趋势、技术创新、市场拓展等多个维度，满足不同企业的需求。

2）嘉宾邀请：邀请行业专家、成功企业家、投资机构代表等作为活动嘉宾，分享经验、见解与资源，提升活动价值。

3）互动环节设计：增加圆桌讨论、项目路演、一对一交流等互动环节，促进参会者之间的深度交流并创造合作机会。

（2）特色活动

1）创新挑战赛：设立创新大赛，鼓励园区内企业展示创新成果，提供奖金、资源对接等奖励，激发企业创新活力。

2）产品体验日：组织产品发布会或体验日，让消费者、投资者直接体验园区企业的产品与服务，增强市场认知度。

3）文化融合活动：结合地方特色或国际元素，举办文化节、艺术展览等活动，丰富园区文化内涵，增强园区吸引力。

（3）活动评估与反馈

1）量化评估：通过参与人数、互动频次、媒体报道量等数据量化评估活动效果。

2）质性分析：收集参与者问卷、访谈记录等质性资料，深入了解活动满意度、改进建议等。

3）持续优化：根据评估结果，及时调整活动策略，优化活动内容与形式，确保活动持续高效运行。

2. 品牌宣传与推广

（1）媒体合作

1）深度合作：与主流媒体、行业媒体建立长期合作关系，共同策划专题报道、系列访谈等深度内容。

2）内容共创：邀请媒体参与园区活动，共同创作高质量的内容，提升园区品牌曝光度和权威性。

（2）线上宣传

1）内容营销：发布高质量的行业洞察、企业案例、园区资讯等内容，吸引潜在企业关注。

2）社群运营：建立微信群、QQ 群等社群，定期分享园区动态、行业资讯，增强用户黏性。

3）KOL 合作：与行业意见领袖、网红等合作，通过直播、短视频等形式宣传园区品牌。

（3）线下推广

1）精准投放：根据目标受众的出行习惯，选择高曝光度的广告位进行精准投放。

2）创意展示：设计创意广告，如互动式广告牌、移动宣传车等，吸引路人注意。

3）联合推广：与周边商圈、企业合作，开展联合促销活动，扩大品牌影响力。

3. 品牌形象塑造

（1）VI 系统设计

1）统一规范：确保 VI 系统在所有宣传材料、办公环境、公共设施等场景中的一致性和规范性。

2）创意表达：在保持统一性的基础上，融入创新元素，使 VI 系统更具辨识度和吸引力。

（2）品牌故事传播

1）深入挖掘：通过访谈、调研等方式，深入挖掘园区的历史、文化、未来愿景等故事元素。

2）情感共鸣：以情感为纽带，讲述园区与企业的共同成长故事，激发受众的情感共鸣。

3）多渠道传播：利用视频、图文、音频等多种形式，在多种渠道上传播品牌故事，扩大影响力。

（3）品牌忠诚度培养

1）定制化服务：针对不同企业的需求，提供定制化的服务方案，增强企业的满意度和归属感。

2）会员制度：建立会员制度，为会员企业提供更多优惠、资源和服务，增强企业的忠诚度。

3）社群建设：加强园区内企业之间的社群建设，促进信息共享、资源互补和合作发展，形成紧密的园区共同体。

4.7 智慧化平台建设与管理

在当今数字化转型的大潮中，智慧化平台建设与管理已成为推动现代园区向智慧化、绿色化、服务化转型的关键驱动力。智慧化管理平台，作为这一转型的核心引擎，深度融合了云计算、大数据、物联网、人工智能、区块链等前沿信息技术，构建起一个高度集成、灵活扩展、智能决策的综合管理体系。这一平台不仅是对传统园区管理模式的颠覆性创新，更是实现园区高效管理、资源优化配置、决策智能化与用户体验显著提升的重要基础设施。通过构建这样的智慧化平台，旨在引领园区迈向更加智能化、绿色化、可持续的未来，为入驻企业创造更加优质的运营环境，促进园区的全面发展和繁荣。下面将详细阐述智慧化平台的建设与管理策略，为实现这一愿景提供全面指导。具体操作表格及模板见本书 4.8 节表 4-6。

4.7.1　智慧化管理平台综述

智慧化管理平台，作为现代园区管理的核心引擎，深度融合了云计算、大数据、物联网、人工智能、区块链等前沿信息技术，构建起一个高度集成、灵活扩展、智能决策的综合管理体系。该平台不仅是对传统园区管理模式的颠覆性创新，更是推动园区向智慧化、绿色化、服务化转型的关键基础设施。

1. 平台架构与核心功能

（1）平台架构　智慧化管理平台采用微服务架构，以确保系统的高可用性、可扩展性和安全性。平台自下而上分为基础设施层、数据资源层、平台服务层、应用服务层及用户交互层，各层之间通过标准接口互联互通，实现数据的无障碍流动与共享。

1）基础设施层：包括云计算资源、存储资源、网络资源及物联网基础设施，为上层应用提供强大的计算与数据处理能力。

2）数据资源层：通过数据采集、清洗、整合，构建统一的数据仓库与数据中心，为平台提供全面、准确的数据支持。

3）平台服务层：提供包括身份认证、权限管理、消息推送、API 网关等在内的通用服务，支撑上层应用的快速开发与部署。

4）应用服务层：涵盖智慧安防、智慧能源、智慧物业、智慧运营等多个业务模块，实现园区管理的全面智能化。

5）用户交互层：通过 PC 端、移动端、大屏展示等多种渠道，为用户提供直观、便捷的操作界面与个性化服务。

（2）核心功能

1）智慧安防：集成视频监控、人脸识别、行为分析等技术，实现园区的全方位、全天候安全监控与预警。

2）智慧能源管理：通过物联网技术监测能源使用情况，运用大数据分析优化能源分配，实现节能减排与成本降低。

3）智慧物业管理：提供报修、缴费、通知公告等一站式服务，提升物业服务效率与业主满意度。

4）智慧运营分析：利用大数据挖掘与 AI 算法，对园区运营数据进行深度分析，为决策提供科学依据，助力园区精准招商、实现产业升级。

5）智慧服务体验：构建园区智慧服务体系，包括智慧停车、智慧餐饮、智慧办公等，提升园区整体服务水平与用户体验。

2. 平台优势与价值

（1）资源整合与优化配置　智慧化管理平台通过数字化手段，深度整合园区内各类资源，包括人力资源、物力资源、信息资源等，实现资源的优化配置与高效利用。

（2）管理流程优化与效率提升　平台能自动化处理大量重复性工作，减少人工干预，简化管理流程，显著提高管理效率。同时，通过实时监控与数据分析，及时发现并解决问题，降低运营风险。

（3）决策智能化与精准化　基于大数据与 AI 技术，平台能够为管理者提供精准的数据支持与科学的决策建议，助力管理者做出更加明智、高效的决策。

（4）用户体验增强与满意度提升　通过提供个性化、便捷化的服务，智慧化管理平台可显著提升园区内企业、员工及居民的满意度与幸福感，增强园区的吸引力与竞争力。

随着技术的不断进步与应用的持续深化，智慧化管理平台将在更多领域发挥重要作用，推动园区向更加智能化、绿色化、服务化的方向发展。未来，平台将更加注重数据的安全与隐私保护，加强跨平台、跨系统的数据共享与协同，促进园区生态的良性循环与可持续发展。

4.7.2　平台作用与目标

1. 智能化管理

（1）平台作用

1）远程监控与实时响应：实现对园区内所有关键设施设备的远程监控，包括安防系统、消防系统、环境监控系统等，确保任何异常情况都能被及时发现与处理，提高应急响应速度。

2）自动调度与优化：根据园区实际运营情况，自动调整资源分配，如智能照明系统可根据光线强度自动调节亮度，智能温控系统根据室内外温差自动调节空调温度，从而有效减少了能源浪费。

3）智能维护预测：运用大数据分析技术，对设施设备的运行数据进行深度挖掘，预测潜在故障，提前安排维护计划，避免了设备突发故障对园区运营造成影响，同时也可延长设备使用寿命。

（2）平台目标

1）显著降低人力成本，提高管理效率。

2）实现管理流程的自动化、智能化，减少人为错误。

3）提升园区整体安全性与稳定性，为入驻企业提供更加安心的运营环境。

2. 信息化服务

（1）平台作用

1）一站式信息门户：为入驻企业打造专属的信息服务平台，集成政策解读、行业动态、技术分享、市场分析等多维度信息，助力企业精准把握市场脉搏，科学制定发展战略。

2）定制化信息服务：根据企业的具体需求与行业特点，提供个性化的信息服务方案，如行业趋势预测、竞争对手分析、政策扶持申请指导等，以增强企业的市场竞争力。

3）促进信息交流与共享：搭建企业间的交流平台，促进产业链上下游企业的信息交流与资源共享，推动园区内产业的协同发展。

（2）平台目标

1）提升入驻企业的信息获取效率与决策能力。

2）增强企业间的合作与联动，构建良好的产业生态。

3）加速园区内企业的成长与壮大，提升园区整体竞争力。

3. 高效化运营

（1）平台作用

1）精准的数据分析：通过收集并分析园区运营过程中的各类数据，如人流、物流、资金流等，为管理者提供详尽的运营分析报告，揭示运营规律与潜在问题。

2）资源配置的优化：基于数据分析结果，对园区内的资源（如空间、资金、人力等）进行合理配置与动态调整，确保资源的高效利用与产出的最大化。

3）运营策略的调整：根据市场变化与园区实际情况，及时调整运营策略，如调整租金结构、优化招商政策、推出创新服务等，保持园区的活力与竞争力。

（2）平台目标

1）实现园区运营的高效化、精细化。

2）提升园区的经济效益与社会效益。

3）确保园区长期稳定发展，为入驻企业创造优质的运营环境。

4. 绿色化发展

（1）平台作用

1）集成能源管理系统：构建全面的能源管理平台，对园区内的水、电、气等能源进行监测与智能调控，实现能源的高效利用与节约。

2）推广绿色技术：鼓励支持入驻企业采用绿色生产技术与节能减排措施，使用清洁能源、实施循环经济等，降低园区整体碳排放量。

3）提升环保意识：通过举办环保宣传活动、开展绿色教育等方式，提升园区内企业与员工的环保意识与责任感，共同推动园区的绿色化发展。

（2）平台目标

1）实现园区的节能减排目标，促进可持续发展。

2）打造绿色、低碳、环保的园区形象，增强社会影响力。

3）为入驻企业提供更加健康、生态良好的办公环境，提升员工的满意度与工作效率。

4.7.3 平台设计框架

1. 数据采集层

（1）物联网设备部署 根据园区的实际需求，在关键区域如生产车间、仓库、办公区、公共设施等部署各类传感器（如温湿度传感器、压力传感器、红外人体感应器等）和智能终端（如智能电表、水表、门禁系统等）。设备具备低功耗、高稳定性及远程配置能力。

（2）多源数据融合 除了直接的物理传感器数据外，还可集成来自 ERP、CRM、SCM 等企业内部管理系统以及社交媒体、天气预报等外部数据源的信息，形成多维度、多层次的数据集。

（3）实时数据捕获 采用流式处理技术，确保数据在产生的同时即被捕获并传输至数据中心，减少数据延迟，提升响应速度。

（4）数据安全与隐私保护 在数据采集过程中，严格遵守相关法律法规，对数据进行加密处理，确保数据传输过程中的安全性和用户隐私保护。具体操作表格及模板见本书 4.8 节表 4-7。

2. 数据处理层

（1）数据清洗 去除重复、错误、不完整的数据，修正异常值，保证数据的准确性和一致性。

（2）数据整合 将来自不同源、不同格式的数据进行标准化处理，统一存储格式和单位，构建统一的数据视图。

（3）数据存储 采用分布式数据库和云存储技术，构建可扩展、高可用性的数据存储方案，支持海量数据的快速读写和长期保存。

（4）数据质量监控 建立数据质量监控体系，定期评估数据质量，及时发现并处理数据问题，确保数据的持续可用性。

3. 智能分析层

（1）机器学习模型的构建 基于历史数据和业务需求，构建预测模型、分类模型、聚类模型等多种机器学习模型，用于设备故障预警、需求预测、资源优化等领域。

（2）数据挖掘 运用关联规则挖掘、序列模式挖掘等技术，发现数据之间的潜在关联和规律，为制定营销策略、优化生产流程等提供洞见。

（3）可视化分析 结合数据可视化技术，将分析结果以图表、仪表盘等形式直观展示，帮助决策者快速理解数据背后的故事。

（4）实时分析与决策支持 支持对实时数据流进行在线分析，实现快速响应和即时决策，提升园区运营效率和灵活性。

4. 展示交互层

（1）多终端适配 支持 PC、平板、手机等多种终端设备访问，确保用户在任何场景下都能方便地获取所需信息。

（2）个性化定制 提供个性化配置选项，允许用户根据自己的需求定制展示内容、布局和样式，提升用户体验的个性化程度。

（3）交互式设计 采用交互式界面设计，支持用户通过点击、滑动、缩放等操作与数据进行互动，增强用户参与感和沉浸感。

（4）报告生成与分享 提供灵活的报告生成工具，支持用户根据需要生成各种形式的报告（如 PDF、Excel、PPT 等），并支持一键分享至团队内部或外部合作伙伴，促进信息的共享与协作。

4.7.4 平台内容

1. 企业信息管理

企业信息管理模块是平台的核心组成部分，旨在全面、系统地记录和管理园区内企业的各项信息，为园区运营提供数据支持。具体操作表格及模板见本书 4.8 节表 4-8。

（1）基本信息管理 包括企业名称、注册地址、法定代表人、联系方式、经营范围等基本信息，支持手动录入和批量导入，确保信息的准确性和完整性。

（2）经营状况跟踪 定期收集并更新企业的财务数据（如营收、利润、成本等）、市场表现（如市场份额、客户满意度）和人力资源状况（如员工数量、结构、流动率），形成企业经营状况的全面画像。

（3）信用评价体系 建立企业信用评价机制，综合考量企业的履约记录、社会责任、法律合规等多个维度，为园区内企业提供信用评分和信用等级评定，促进其诚信经营。

（4）动态更新与查询 支持企业信息的实时更新和快速查询，管理者和合作伙伴可通过平台随时了解企业的最新动态和详细信息。

2. 服务预约系统

服务预约系统旨在提升园区服务的便捷性和效率，通过在线化、自动化的方式简化服务流程。

（1）多样化服务类型　涵盖会议室预订、设备维修、保洁服务、车辆租赁、快递收发等多种服务类型，满足日常运营中的多样化需求。

（2）灵活预约机制　支持时间段选择、服务内容定制、服务人员指定等灵活预约方式，确保服务需求得到精准满足。

（3）服务进度跟踪　提供预约状态查询、服务进度跟踪、服务评价等功能，让用户随时掌握服务进展情况，并对服务质量进行反馈。

（4）智能调度与优化　通过算法分析服务需求和服务资源，实现服务人员的智能调度和任务优化，提高服务响应速度和满意度。

3. 在线交流平台

在线交流平台是园区内部信息流通与协作的重要工具，旨在打破沟通壁垒，促进资源共享和团队协作。

（1）即时通信功能　支持文本、语音、视频等多种通信方式，满足园区内不同场景下的即时通信需求。

（2）文件共享与协作　提供云端存储空间，支持文件上传、下载、编辑和共享，方便团队成员之间的文件协作和版本统一。

（3）公告发布与通知　支持园区管理者向所有用户或特定群组发布公告和通知，确保信息的及时传达和有效沟通。

（4）社区论坛与问答　搭建园区内部社区论坛，鼓励用户分享经验、提问解答、交流观点，促进知识共享和文化融合。

4. 数据分析报告

数据分析报告模块通过定期生成园区运营报告，为管理者提供全面、深入的运营洞察和决策支持。

（1）多维度数据分析　包括入驻企业分析（如行业分布、企业规模、增长趋势等）、服务使用情况（如服务种类、使用量、满意度等）、能耗统计（如用电量、用水量、能耗趋势等）等多个维度，全方位展现园区运营状况。

（2）可视化呈现　采用图表、图形、仪表盘等多种可视化方式，直观展示数据分析结果，帮助管理者快速捕捉关键信息和趋势。

（3）定制化报告　支持根据管理者需求定制报告内容、格式和频率，确保报告信息的针对性和实用性。

（4）决策建议与预测　基于数据分析结果，提供决策建议和未来趋势预测，为园区战略规划和发展方向提供科学依据。

5. 政策与资讯服务

政策与资讯服务模块旨在为企业提供及时、准确、全面的政策解读、行业动态和技术前沿等信息服务，助力企业把握市场机遇和政策红利。

（1）政策解读　收集并整理国家及地方政府出台的相关政策文件，结合园区实际情况进行深度解读和分析，帮助企业理解政策意图和享受政策优惠。

（2）行业动态　关注并跟踪行业发展趋势、市场热点和竞争格局等信息，为企业提供有价值的行业洞察和参考。

（3）技术前沿　介绍最新的科技进展、技术创新和应用案例等信息，帮助企业了解技术趋势并选择适合的技术解决方案。

（4）定制化推送　根据企业关注的领域和偏好设置定制化信息推送服务，确保企业能够及时获取最感兴趣的信息内容。

4.7.5　核心场景

1. 办公场地租赁

（1）线上看房体验优化　利用 VR（虚拟现实）和 3D 建模技术，为租户提供沉浸式看房体验。租户可在线上自由浏览办公空间布局、装修风格、周边环境等，甚至进行虚拟漫游，感受实际入驻后的办公环境。同时，结合 AI 客服系统，实时解答租户疑问，提升互动性和满意度。

（2）智能合同管理系统　开发集成化的合同管理系统，支持在线合同生成、审批、签署及存档。系统内置标准合同模板，根据租户需求自动调整条款，减少人工错误，加速合同流转速度。采用电子签名技术，确保合同签署的安全性和法律效力。

（3）租金支付与财务管理　建立多渠道的租金支付平台，支持银行卡、第三方支付、自动扣款等多种支付方式，提高支付便利性。同时，提供详细的财务报表和支付记录查询功能，帮助租户和园区管理者清晰掌握财务状况，实现资金流的透明化管理。

（4）租赁后续服务　包括装修协调、家具配置、网络接入等一站式服务，确保租户入驻后迅速进入工作状态。设立专门的客户服务团队，定期回访租户，收集反馈，持续优化租赁体验。

2. 技术服务对接

（1）技术资源云平台　构建云端技术资源池，整合云计算、大数据、人工智能等前沿技术资源，为园区企业提供按需分配的技术服务。企业可通过平台快速获取技术资源，降低技术门槛和成本。

（2）创新孵化与加速　设立创新孵化器和加速器，为初创企业和项目提供技术支持、导师辅导、融资对接等全方位服务。定期举办技术交流会、创业大赛等活动，促进技术交流和项目合作。

（3）定制化解决方案　根据企业具体需求，提供定制化的技术解决方案。通过深入了解企业业务模式、技术瓶颈等，组建专家团队进行专项方案的设计、实施与优化，助力企业转型升级。

3. 商事服务支持

（1）一站式在线服务平台　集成工商注册、税务申报、社保缴纳、知识产权申请等商事服务，打造一站式在线服务平台。企业可通过平台提交申请，享受全程电子化办理，提高办事效率。

（2）法律咨询与援助　设立法律顾问团队，为企业提供日常法律咨询、合同审查、法律风险评估等服务。针对企业遇到的法律纠纷，提供法律援助和解决方案，维护企业合法权益。

（3）政策解读与申报　密切关注政府政策动态，及时解读并传达给园区企业。协助企业申请各类政府补贴、税收优惠、资质认证等，降低企业运营成本，提升竞争力。

4. 智慧安防管理

（1）智能监控网络　部署高清视频监控摄像头，覆盖园区主要出入口、公共区域及关键设施，实现 24 小时不间断监控。结合 AI 算法，自动识别异常行为、人员入侵等安全隐患，及时发出预警。

（2）应急响应系统　建立应急响应指挥中心，集成火灾报警、气体泄漏检测、紧急疏散指示等系统。一旦发生紧急情况，系统自动触发报警，并联动园区广播、短信通知渠道，迅速组织人员疏散救援。

（3）访客管理与门禁系统　采用人脸识别、二维码扫描等技术，实现访客预约、身份验证、权限分配等流程的电子化管理。提高园区安全性，同时方便访客进出，提升管理效率。

5. 绿色能源管理

（1）能耗监测系统　安装智能电表、水表等计量设备，实时监测园区各区域的能耗情况。通过数据分析，识别能耗高峰和浪费点，为节能改造提供依据。

（2）智能节能措施　根据能耗监测结果，实施智能节能措施。如智能照明系统可以根据光线强度和人员活动情况自动调节亮度；智能温控系统可以根据室内外温差和人员舒适度需求自动调节空调温度；通过对太阳能光伏板等可再生能源设施的应用，可以减少对传统能源的依赖。

（3）环保教育与宣传　定期举办环保知识讲座、绿色办公倡议等活动，提升园区企业和员工的环保意识。鼓励采用环保材料、推广无纸化办公等绿色行为，共同推动绿色园区的建设。

4.7.6　建设建议

1. 加强顶层设计

（1）明确战略愿景与使命　首先，确立产业运营平台建设的长远战略愿景，明确其对于推动产业升级、促进经济发展的核心使命。通过深入的市场调研与趋势分析，确保平台建设的方向与国家战略、地方政策相契合。

（2）细化功能规划　在总体目标框架下，详细规划平台应具备的各项功能，包括但不限于企业服务、资源对接、数据分析、政策推送、创新孵化等，确保功能全面覆盖产业运营的关键环节。

（3）发展路径与阶段目标　制定清晰的发展路线图，设定短期、中期、长期阶段性目标，并配套相应的实施计划与评估机制，确保平台建设有序推进，及时调整策略以应对市场变化。

2. 深化技术合作

（1）合作伙伴筛选　建立严格的合作伙伴筛选机制，优先考虑在云计算、大数据、人工智能、物联网等领域具有深厚技术积累和成功案例的国内外领先企业。

（2）技术引进与吸收　通过技术合作，引进先进的技术架构、算法模型、开发工具等，同时加强技术消化吸收和再创新的能力，形成具有自主知识产权的技术体系。

（3）共建创新实验室　与高校、科研机构合作，共建产业技术创新实验室或研发中心，聚焦前沿技术探索与应用，加速科技成果向现实生产力转化。

3. 注重数据安全

（1）完善安全管理体系　依据国家相关法律法规，建立健全数据安全管理制度，明确数据收集、存储、处理、传输、共享等各环节的安全责任与操作规范。

（2）强化技术防护　采用先进的数据加密技术，确保数据传输与存储过程中的安全性；实施严格的访问控制策略，防止未授权访问与数据泄露；建立数据备份与恢复机制，确保数据在意外情况下的可恢复性。

（3）隐私保护培训　定期对平台运营人员进行涉及隐私保护的法律法规与操作规范的培训，提升全员隐私保护意识与能力。

4. 持续迭代优化

（1）用户反馈机制　建立多渠道的用户反馈收集机制，包括在线调查、用户访谈、社交媒体监测等，及时了解用户需求与痛点。

（2）功能迭代计划　基于用户反馈与市场变化，制定功能迭代计划，优先解决用户痛点问题，同时探索新增功能与服务，保持平台的创新活力。

（3）性能优化与稳定性提升 定期对平台进行性能评估与压力测试，优化系统架构与代码，提升平台响应速度与稳定性，确保在高并发访问下的良好运行。

5. 培养专业人才

（1）内部培训体系 构建系统化的内部培训体系，涵盖技术、业务、管理等多个维度，通过线上课程、工作坊、项目实践等方式，提升员工综合能力。

（2）外部人才引进 制定具有竞争力的薪酬福利政策与职业发展路径，吸引行业内的优秀人才加入。同时，加强与高校、猎头公司的合作，拓宽人才引进渠道。

（3）团队建设与激励机制 注重团队文化建设，营造开放、协作、创新的工作氛围。建立科学的绩效考核与激励机制，激发员工工作热情与创造力，为平台建设与运营提供源源不断的动力。

4.8 运营标准模式流程及管理操作

1. 运营工作模式及流程

具体运营工作模式及流程可参见表4-1。

表4-1 运营工作模式及流程

序号	运营工作模式	特点描述	适用场景	关键流程	优势分析	注意事项
1	集中式管理	所有决策和控制权集中在总部	大型企业、多地区运营	1. 总部制定策略；2. 分支执行	高效的资源调配；统一的标准和流程	需要强大的沟通和协调能力
2	分散式管理	决策权下放到地方或个人	小型企业、项目	自主决策、定期汇报	快速响应市场变化	有效的监督和评估
3	矩阵式管理	结合职能和项目管理	多项目、跨部门合作	1. 项目和职能双重领导；2. 资源共享	灵活性高；资源利用最大化	可能存在职责不清的问题
4	流程式管理	以流程为中心，强调流程优化	制造行业、服务行业	1. 流程标准化；2. 持续改进	提高效率；降低成本	需要持续的流程监控和优化
5	敏捷式管理	快速适应变化，强调团队合作	软件开发、市场变化快的行业	1. 短周期迭代；2. 客户反馈快速响应	灵活性和适应性强；客户满意度高	需要高度自律和自我管理的团队
6	虚拟式管理	用技术手段实现远程协作	远程工作、团队	虚拟会议、协作工具	降低办公成本	技术支持和网络环境

（续）

序号	运营工作模式	特点描述	适用场景	关键流程	优势分析	注意事项
7	精益式管理	消除浪费，优化资源使用	所有行业，特别是成本敏感型	1. 价值流分析；2. 持续改进	提高效率；减少浪费	需要全员参与和持续地改进企业文化
8	客户导向式管理	以客户需求为中心，提供个性化服务	服务行业、高端市场	1. 客户关系管理；2. 定制化服务	提高客户满意度和忠诚度	需要深入的客户洞察和灵活的服务流程
9	数据驱动式管理	依赖数据分析来指导决策	数据密集型行业	1. 数据收集和分析；2. 基于数据的决策	提高决策的准确性和效率	需要高质量的数据和分析能力
10	环境友好式管理	强调可持续发展和环境保护	所有行业，特别是资源密集型	1. 环境影响评估；2. 绿色流程设计	提高企业社会责任；减少环境影响	需要长期的规划和投资

2. 运营管理内容及流程

具体运营管理内容及流程可参见表4-2。

表 4-2　运营管理内容及流程

序号	管理活动	流程步骤	负责人	执行频率	KPIs	注意事项
1	客户关系管理	1. 客户信息收集；2. 客户需求分析；3. 客户满意度调查	客户经理	每月	客户满意度90%以上	保密客户信息
2	服务质量管理	1. 服务质量标准制定；2. 服务质量监控；3. 改进措施实施	质量经理	每季度	服务合格率95%以上	持续改进
3	供应链管理	1. 供应商选择；2. 库存管理；3. 物流协调	供应链主管	每季度	库存周转率提升5%	降低库存成本
4	财务管理	1. 预算编制；2. 成本控制；3. 财务报告	财务主管	每季度	成本节约5%	遵守财务法规
5	人力资源管理	1. 招聘与培训；2. 绩效评估；3. 员工关系	人力资源主管	每季度	员工满意度85%以上	合法合规
6	风险管理	1. 风险识别；2. 风险评估；3. 风险应对策略	风险管理师	每半年	风险事件发生率降低	及时应对

（续）

序号	管理活动	流程步骤	负责人	执行频率	KPIs	注意事项
7	项目管理	1. 项目规划；2. 执行监控；3. 项目收尾	项目经理	按项目	项目按时交付率90%以上	项目质量
8	市场营销	1. 市场调研；2. 营销策略制定；3. 营销活动执行	市场主管	每季度	市场占有率提升	市场反馈
9	信息技术管理	1. 系统维护；2. 数据管理；3. 技术支持	IT主管	每月	系统正常运行时间99%以上	数据安全
10	战略规划	1. 市场分析；2. 战略目标制定；3. 战略实施	战略规划师	每年	战略目标达成率90%以上	持续监控

3. 运营服务质量分析

具体运营服务质量分析可参见表4-3。

表4-3　运营服务质量分析

序号	评估维度	指标说明	评估方法	目标值	实际值	差距分析	改进措施
1	客户满意度	客户对服务的满意程度	问卷调查、客户反馈收集	90%	85%	5%	提升服务质量，增加客户回访
2	服务响应时间	从客户请求到响应的时间	服务记录分析	1小时内	1小时15分	15分钟	优化响应流程
3	问题解决效率	解决客户问题所需的时间	问题解决时间跟踪	24小时内	36小时	12小时	提高技术支持效率
4	服务覆盖范围	服务能够覆盖的区域或客户群体	服务区域统计	100%	95%	5%	扩大服务覆盖范围
5	服务可用性	服务的可用时间比例	系统监控和日志分析	99.9%	99.5%	0.4%	提高系统稳定性
6	服务个性化程度	服务是否满足客户个性化需求	客户满意度调查	85%	80%	5%	增加个性化服务选项
7	员工专业能力	服务人员的专业技能和服务水平	员工培训和考核	95%	90%	5%	加强员工培训
8	服务创新能力	服务内容和方式的创新性	创新案例分析	10%	5%	5%	鼓励服务创新
9	客户忠诚度	客户对品牌的忠诚程度	重复购买率和推荐率分析	70%	65%	5%	提升客户忠诚度

（续）

序号	评估维度	指标说明	评估方法	目标值	实际值	差距分析	改进措施
10	服务成本效益比	服务成本与服务质量的比值	成本效益分析	1：5	1：4	降低	优化成本结构

4. 双创空间运营规划管理操作

具体的双创空间运营规划管理操作可参见表4-4。

表4-4 双创空间运营规划管理操作

序号	运营活动	目标	负责人	执行步骤	时间线	关键绩效指标	资源需求	注意事项
1	空间布局规划	提供灵活的工作空间	空间规划师	1. 市场调研；2. 设计规划；3. 施工监督	1个季度内完成	空间利用率90%以上	资金、材料、施工团队	确保安全合规
2	创业孵化服务	支持初创企业发展	孵化经理	1. 筛选入驻项目；2. 提供培训和指导；3. 资源对接	持续进行	孵化成功率60%以上	导师资源、培训资料、对接渠道	质量控制
3	创新活动组织	促进知识交流和技术合作	活动策划	1. 活动规划；2. 宣传推广；3. 活动执行	每季度至少一次	参与率80%以上	场地、设备、宣传渠道	活动效果评估
4	技术支持服务	提供技术方案	技术团队	1. 需求收集；2. 技术对接	按需提供	满意度90%	技术支持人员	技术支持
5	融资对接服务	帮助企业获取资金支持	融资顾问	1. 融资需求分析；2. 投资方对接；3. 融资方案设计	按需提供	成功率50%以上	投资机构资源、市场数据	风险管理
6	法律和政策咨询	提供法律和政策指导	法律顾问	1. 政策解读；2. 法律咨询；3. 风险评估	按需提供	咨询满意度95%以上	法律知识、政策信息	保密性
7	市场营销支持	提高企业市场竞争力	市场顾问	1. 市场分析；2. 营销策略制定；3. 品牌推广	持续进行	市场占有率提升	市场分析工具、推广渠道	市场趋势跟踪
8	人才招聘和培训	构建人才梯队	HR经理	1. 人才需求分析；2. 招聘计划；3. 培训和发展	定期进行	员工满意度85%以上	招聘渠道、培训资源	人才留存

（续）

序号	运营活动	目标	负责人	执行步骤	时间线	关键绩效指标	资源需求	注意事项
9	财务管理服务	提供财务管理和规划	财务顾问	1. 财务规划；2. 成本控制；3. 财务报告	定期进行	财务准确率100%	财务管理软件、专业人员	遵守财务法规
10	社区建设	构建积极的创业社区	社区经理	1. 社区活动规划；2. 社区成员管理；3. 社区文化建设	持续进行	社区活跃度80%以上	活动资源、社交平台	社区氛围营造

5. 产业服务运营绩效考核管理操作

具体的产业服务运营绩效考核管理操作可参见表4-5。

表4-5 产业服务运营绩效考核管理操作

序号	考核指标	指标定义	考核方法	考核周期	目标值	负责人	关键绩效指标（KPIs）	考核结果应用	注意事项
1	客户满意度	客户对服务的满意程度	问卷调查、访谈	季度	90%	客服经理	满意度得分	奖金、晋升	确保客观性
2	服务响应时间	从客户请求到响应的时间	服务记录分析	月度	1小时内	运营经理	平均响应时间	绩效奖金	提高响应速度
3	项目完成率	按时完成项目的比例	项目管理工具	月度	100%	项目经理	项目按时完成数量	绩效评估	项目管理
4	创新提案数量	提出的创新提案数量	提案记录	季度	5个/季度	创新主管	提案总数	奖励机制	鼓励创新
5	培训参与率	员工参与培训的比例	培训记录	季度	100%	培训经理	参与培训的员工数	个人发展	提高参与度
6	客户投诉率	客户投诉的比率	客户反馈记录	月度	低于1%	客服经理	投诉总数	服务改进	客户反馈
7	销售额	销售产品或服务的总收入	销售记录	月度	100万/月	销售经理	总销售额	销售提成	销售目标
8	成本控制	成本与预算的对比	财务报告	季度	预算内	财务经理	成本节约率	成本节约奖励	预算管理
9	员工留存率	员工留在公司的比率	人力资源记录	季度	90%	HR经理	留存员工数	员工福利	员工满意度
10	市场占有率	公司产品或服务在市场中的份额	市场分析报告	季度	提升5%	市场经理	市场份额	市场策略调整	市场竞争

6. 智慧化平台建设与管理操作

具体的智慧化平台建设与管理操作可参见表 4-6。

表 4-6　智慧化平台建设与管理操作

序号	管理活动	目标	负责人	执行步骤	时间线	KPIs	资源需求	注意事项
1	平台规划	明确平台功能和架构	项目经理	1. 需求分析；2. 技术选型；3. 架构设计	1个月内	完成平台规划文档	技术团队、市场调研数据	符合市场需求
2	技术开发	完成平台开发和测试	开发团队	1. 功能开发；2. 系统测试；3. 部署上线	3~6个月	代码提交次数、缺陷率	开发工具、测试环境	代码质量和系统稳定性
3	数据管理	确保数据的准确性和安全性	数据经理	1. 数据收集；2. 数据清洗；3. 数据安全	持续进行	数据准确率、数据备份频率	数据库、存储设备	数据隐私保护
4	用户体验优化	提升用户满意度	用户体验设计师	1. 用户反馈收集；2. 界面优化；3. 功能改进	每季度	用户满意度调查得分	用户反馈渠道、设计软件	用户界面友好性
5	系统维护	保障平台定稳运行	运维团队	1. 监控系统状态；2. 定期维护；3. 故障响应	持续进行	系统正常运行时间	监控工具、备份系统	快速响应故障
6	安全管理	防范网络攻击和数据泄露	安全专家	1. 安全策略制定；2. 安全培训；3. 安全审计	每半年	安全事件次数	安全软件、培训资料	遵守安全法规
7	法规合规	确保平台符合法律法规	合规经理	1. 法规审查；2. 合规测试；3. 合规报告	每年	合规性检查通过率	法规数据库、测试工具	法律风险管理
8	培训与支持	提升用户和员工的使用能力	培训团队	1. 培训计划；2. 用户培训；3. 技术支持	定期	培训满意度	培训材料、在线教程	提高用户自主性
9	性能监控	监控和优化平台性能	性能工程师	1. 性能测试；2. 性能调优；3. 性能报告	持续进行	平台响应时间	性能监控工具	性能瓶颈识别
10	扩展管理	确保平台适应未来需求	架构师	1. 需求预测；2. 架构调整	每半年	平台扩展评分	技术评估	长期规划

7. 平台设计框架流程

具体的平台设计框架流程可参见表 4-7。

表 4-7 平台设计框架流程

序号	设计阶段	目标	负责人	执行步骤	时间线	KPIs	资源需求	注意事项
1	需求分析	确定平台功能和用户需求	产品经理	1. 用户调研；2. 需求收集；3. 需求文档编制	1~2周	需求满足率	用户调研工具、原型设计软件	需求的全面性和准确性
2	架构设计	技术架构	架构师	1. 技术选型；2. 架构规划	2~4周	架构合理性	软件、技术文档	技术可行性
3	界面设计	设计用户界面和用户体验	UI/UX设计师	1. 用户界面设计；2. 用户体验设计；3. 原型制作	3~6周	用户界面满意度	设计软件、原型工具	用户体验的直观性和易用性
4	功能开发	平台的功能	开发团队	1. 功能分解；2. 编码实现	5~12周	功能完成率	开发工具	代码质量
5	系统集成	整合各个模块和第三方服务	集成工程师	1. 模块整合；2. 第三方服务集成；3. 集成测试	4~8周	系统集成功率	集成工具、测试环境	接口兼容性和数据一致性
6	性能优化	优化平台性能和响应速度	性能工程师	1. 性能测试；2. 瓶颈分析；3. 性能调优	2~4周	平均响应时间	性能测试工具、监控系统	系统稳定性和响应速度
7	安全加固	增强平台的安全性	安全团队	1. 安全审计；2. 漏洞修复；3. 安全策略实施	持续进行	安全事件次数	安全工具、加密技术	遵守安全标准和法规
8	数据管理	设计数据存储和处理方案	数据工程师	1. 数据库设计；2. 数据迁移；3. 数据备份	4~8周	数据完整性和可用性	数据库系统、备份工具	数据安全和隐私保护
9	用户测试	收集用户反馈和进行测试	测试团队	1. 测试计划；2. 用户测试；3. 反馈收集	2~4周	用户接受度	测试环境、用户反馈渠道	测试覆盖率和反馈的准确性
10	上线准备	准备平台上线	运维团队	1. 环境准备；2. 数据中心配置	1~2周	上线成功率	服务器、部署工具	流程的顺畅性
11	运营维护	确保平台稳定运行	运营团队	1. 监控系统运行；2. 用户支持；3. 定期维护	持续进行	平台正常运行时间	监控工具、支持渠道	快速响应应用户问题

8. 企业信息管理操作

具体的企业信息管理操作可参见表4-8。

表 4-8　企业信息管理操作

序号	管理活动	目标	负责人	执行步骤	时间线	KPIs	资源需求	注意事项
1	信息收集	收集企业运营相关数据	信息管理员	1. 确定信息需求；2. 设计收集工具；3. 实施收集	持续进行	信息收集完整性	数据收集工具、人员培训	数据质量控制
2	数据存储	安全存储企业数据	IT经理	1. 选择合适的存储解决方案；2. 实施数据备份；3. 定期检查	持续进行	数据备份频率、存储系统所用时间	存储设备、备份软件	定期数据备份
3	信息处理	有效处理和分析数据	数据分析师	1. 数据清洗；2. 数据分析；3. 报告编制	按需进行	数据分析准确性、报告生成时间	分析软件、数据库	遵守数据分析标准
4	知识管理	管理和共享企业业知识	知识管理专员	1. 知识库建立；2. 知识内容更新；3. 知识共享机制	持续进行	知识更新频率、知识利用率	知识管理系统、培训	知识更新及时性
5	文档管理	管理企业文档和记录	文档管理员	1. 文档分类；2. 文档存储；3. 文档检索	每半年	文档检索效率、文档丢失率	文档管理系统、存储设备	文档安全和保密
6	信息安全	保护企业信息不受威胁	安全专员	1. 安全策略制定；2. 安全培训；3. 安全审计	持续进行	安全事件次数、员工安全意识	安全软件、培训材料	遵守法规安全法规
7	系统维护	维护信息系统的正常运行	系统管理员	1. 系统监控；2. 定期维护；3. 故障响应	按需进行	系统正常运行时间、故障响应时间	监控工具、维护人员	快速响应故障
8	业务流程管理	优化企业业务流程	业务流程分析师	1. 流程分析；2. 流程优化；3. 流程实施	按需进行	流程效率提升、错误率降低	流程管理软件、分析工具	持续流程改进
9	客户关系管理	维护和提升客户关系	CRM经理	1. 客户信息收集；2. 客户满意度调查；3. 客户反馈处理	持续进行	客户满意度、客户留存率	CRM系统培训	客户信息保密
10	人力管理	信息和绩效	HR经理	1. 员工信息记录；2. 绩效评估	持续进行	员工满意度	培训资源	劳动法规

第5章 行业标杆与案例剖析

5.1 行业代表性企业

产业咨询类企业作为金融市场的重要参与者，为全球投资者提供全方位的投资策略、市场分析和风险管理服务。本章将详细介绍产业咨询类行业的十家国内外知名代表性企业，旨在为读者提供清晰、全面的行业洞察。

5.1.1 行业代表性企业的筛选标准

在当今全球化和竞争激烈的商业环境中，识别和分析行业代表性企业对于理解行业趋势、制定投资策略和推动创新发展具有至关重要的作用。本章旨在介绍筛选行业代表性企业的标准和方法，以确保所关注和分析的企业真正代表了各自行业的领先水平和发展动向。

确立一套明确的筛选标准对于确保咨询服务和投资建议具有高度的相关性和准确性至关重要；识别行业内真正的领导者和创新者。评估企业在市场中的地位和影响力；理解企业成功的关键因素和面临的挑战。筛选标准的核心要素主要如下。

（1）市场领导力 在相关行业中占据主导地位。

（2）财务稳健性 具备健康的财务状况和良好的盈利模式。

（3）创新与研发投入 在产品、服务或技术方面具有持续创新的能力。

（4）品牌认知度 拥有高度的品牌知名度和客户忠诚度。

（5）社会责任与可持续性 履行社会责任，注重可持续发展。

5.1.2 国内外产业咨询类行业代表性企业

在全球化的经济格局中，产业咨询行业扮演着至关重要的角色，它不仅为企业提供了战略决策的依据，也为投资者指明了资本配置的方向。本章聚焦于国内外产业咨询领域的代表性企业，通过深入分析这些企业的发展历程、核心优势和市场影响力，旨在为产业咨询从业者和利益相关者提供宝贵的参考和启示。产业咨询行业是连接资本与机会的桥梁。随着全球经济一体化的不断深入，了解和学习国际先进产业咨询企业的成功经验，对于提升国内产业咨询行业的服务水平和国际竞争力具有重要意义。

　　在产业咨询行业中，代表性企业往往以其卓越的专业能力、创新的服务模式和深远的市场影响力成为行业的标杆。它们的发展路径和成功要素，为同行业的其他企业提供了学习和借鉴的机会。展示国内外产业咨询行业代表性企业的概况和特色，分析这些企业如何在激烈的市场竞争中保持领先地位，从而可以更好地为同行提供对行业趋势的深入洞察，帮助相应从业人员把握产业咨询行业的发展方向。

1. 麦肯锡公司

　　(1) 公司背景　麦肯锡公司 (McKinsey & Company) 是一家全球性的管理咨询公司，由芝加哥大学商学院教授詹姆斯·麦肯锡 (James O'Mckinsey) 于 1926 年在美国创建。公司自创立以来，始终致力于帮助领先的企业机构实现显著、持久的经营业绩改善，并打造能够吸引、培育和激励杰出人才的优秀组织机构。

　　(2) 公司规模与分布　麦肯锡在全球 44 个国家拥有 80 多个分公司，共有 7000 多名咨询顾问。其中，大中华区包括北京、香港、上海与台北四家分公司，共有 40 多位董事和 250 多位咨询顾问。公司采取"公司一体"的合作伙伴关系制度，确保为客户提供统一、高质量的服务。

　　(3) 业务领域与定位　麦肯锡的业务范围广泛，涉及公司整体与业务单元战略、企业金融、营销/销售与渠道、组织架构、制造/采购/供应链、技术、产品研发等多个领域。在过去十年中，麦肯锡在大中华区完成了 800 多个项目，帮助客户解决了各类复杂的管理问题。麦肯锡是全球知名的管理咨询公司，致力于为世界顶级企业、政府和非营利组织提供深刻的商业洞察和高效的问题解决方案。

　　(4) 公司文化　麦肯锡注重培养员工的专业素养和团队合作精神，强调以客户为中心的服务理念。公司鼓励员工不断学习和创新，以应对日益复杂多变的市场环境。麦肯锡积极参与社会公益活动，履行企业的社会责任。

　　(5) 创新与社会责任　麦肯锡不断追求创新，通过建立创新中心、开展前沿研究和与技术合作伙伴的紧密合作，引领管理咨询行业的发展。公司积极履行社会责任，通过参与社会项目、提供公益咨询和分享管理知识，为社会的可持续发展做出贡献。

　　(6) 全球网络与人才战略　麦肯锡在全球拥有超过 130 个办事处，分布在 60 多个国家，形成了强大的全球服务网络。麦肯锡汇聚了来自不同背景、拥有多元视角的顶尖人才，注重人才的培养和职业发展，努力为员工提供持续的职业成长机会。

　　(7) 成就与未来愿景　麦肯锡凭借其卓越的服务质量和专业实力，赢得了众多客户的信赖和赞誉。公司多次获得行业内外颁发的各类奖项和荣誉，包括胡润世界 500强、linkedin 顶级企业等。这些荣誉不仅体现了麦肯锡在行业内的领先地位，也展示了其作为全球领先管理咨询公司的实力和价值。麦肯锡致力于成为全球商业领袖的首选咨询伙伴，通过提供卓越的咨询服务，帮助客户实现可持续发展和长期成功。

2. 高盛集团

（1）公司背景　高盛集团由德国移民马库斯·戈德曼于1869年创立，最初从事商业票据交易。随着公司的发展，高盛逐渐扩展其业务范围，包括股票发行、债券发行、并购、重组等投资银行业务。在20世纪初，高盛通过帮助企业进行首次公开募股等业务，进一步巩固了其作为投资银行的地位。高盛集团是一家国际知名的投资银行、证券公司和投资管理公司。高盛集团在全球范围内拥有广泛的业务网络，在多领域处于领先地位。

（2）公司规模与分布　高盛集团在全球拥有众多分支机构，并在多个国家和地区设有办事处。根据最新数据，高盛在23个国家拥有41个办事处，并在东京、伦敦和香港等国际金融中心设有分部。这些分支机构使得高盛能够为客户提供全球范围内的金融服务。

（3）业务领域与定位　高盛集团的主营业务包括投资银行业务、证券经纪业务、投资管理业务等。在投资银行业务方面，高盛协助企业进行股票发行、债券发行和其他融资活动，并提供相关的金融咨询服务。在证券经纪业务方面，高盛为客户提供买卖证券的代理服务。在投资管理业务方面，高盛通过其资产管理部门管理客户的投资组合，提供各种投资产品和服务。高盛集团是一家国际性的金融服务公司，可提供广泛的金融服务，包括投资银行、证券、投资管理以及消费者银行等。

（4）公司文化　高盛集团注重培养员工的团队合作精神和对公司声誉的珍视。高盛的企业文化强调以客户为中心的服务理念，致力于为客户提供卓越的服务和专业的金融解决方案。同时，高盛也积极参与社会公益活动，履行企业的社会责任。

（5）创新与社会责任　高盛不断投资于技术创新，利用先进的技术平台优化服务，提高运营效率。高盛通过其基金会支持教育、经济发展和社区建设等公益项目，致力于在全球范围内产生积极影响。

（6）全球网络与人才战略　高盛在全球主要金融中心设有办事处，业务遍及世界各地，服务全球范围内的客户。公司重视人才的招聘和培养，汇聚了金融行业的精英，并为其提供了多元化的职业发展路径。

（7）成就与未来愿景　高盛在金融服务领域的创新和领导地位，使其成为全球金融市场的重要参与者。高盛致力于成为全球最受尊敬的金融机构，通过提供卓越的金融服务，帮助客户、股东和社会发展。

3. 红杉资本

（1）公司背景　红杉资本（Sequoia Capital）是一家全球领先的风险投资公司，成立于1972年，总部位于美国硅谷。红杉资本以投资创新型企业而知名，其投资范围涵盖了科技、医疗健康、消费品与服务等多个领域。公司在全球范围内设有本地化基金，包括在美国、中国、印度等国家设有分支机构。

（2）公司规模与分布　红杉资本在全球范围内设有本地化基金，以更好地服务于不同地区的创新型企业。在中国，红杉资本于2005年设立了红杉资本中国基金（Sequoia Capital China），专注于投资中国市场的创新型企业。此外，红杉资本还在印度等其他国家设有分支机构，形成了全球化的投资网络。

（3）业务领域与定位　红杉资本的业务及投资领域在科技行业：包括人工智能、云计算、大数据、网络安全等；在医疗健康行业：涵盖生物技术、医疗设备、健康科技等；在消费品行业：投资于消费品和服务领域的创新型企业。红杉资本是一家专注于帮助创业者构建伟大公司的全球风险投资公司。

红杉资本的投资策略主要关注于具有高增长潜力和创新型的企业。其投资阶段涵盖了种子期、成长期和成熟期等多个阶段，为企业提供从初创到上市的全方位支持。在投资方向上，红杉资本重点关注科技、医疗健康、消费品与服务等领域，致力于发掘和培育具有创新性和具有市场潜力的企业。

（4）公司文化　倡导开放、合作、创新的企业文化，鼓励团队成员追求卓越。

（5）创新与社会责任　红杉资本不仅提供资金支持，还可以为被投企业提供战略指导、市场拓展和人才招聘等多方面的资源和服务。红杉资本关注可持续发展，支持环保和社会责任项目，致力于推动社会进步。

（6）全球网络与人才战略　红杉资本在全球拥有多个办事处，包括美国、中国、印度等，形成了强大的全球投资网络。红杉资本重视团队的专业能力和创新精神，汇聚了一批经验丰富的投资专家。

（7）成就与未来愿景　自1972年成立以来，红杉资本已经投资了众多知名的创新型企业，包括Apple、Google、Cisco、Oracle、Yahoo、LinkedIn等。这些投资案例不仅证明了红杉资本在投资领域的卓越眼光和实力，也奠定了其在全球风险投资领域的领先地位。红杉资本致力于成为全球创业者的首选合作伙伴，通过投资和支持，推动创新，引领行业发展。

4. 黑石集团

（1）公司背景　黑石集团全称为黑石集团有限公司（The Blackstone Group Inc.），是一家总部位于美国纽约的全球领先的另类资产管理公司。公司由彼得·彼得森（Peter G. Peterson）和史蒂夫·施瓦茨曼（Steve Schwarzman）于1985年共同创建，并于2007年6月22日在纽约证券交易所挂牌上市（股票代码：BX）。

（2）公司规模与分布　黑石集团在全球17个国家及地区设有分支机构和办事处，

包括亚特兰大、波士顿、芝加哥、达拉斯、洛杉矶、旧金山、伦敦、巴黎、孟买、香港和东京等地。这一全球布局使得黑石集团能够更好地把握全球投资机会，为客户提供更加全面和专业的服务。

（3）业务领域与定位　黑石集团是一家全球性的投资和资产管理公司，以其规模、多样性和适应性在投资领域享有盛誉。致力于为全球范围内的养老基金、保险公司、主权财富基金以及个人投资者提供专业的全球化资产管理服务。其业务主要涵盖四大领域：

1）私募股权：黑石集团通过收购和重组企业，为其提供资金和管理支持，以实现企业的增值和退出。在私募股权领域，黑石集团拥有丰富的经验和专业知识，能够为企业提供全方位的战略指导和运营支持。

2）房地产：黑石集团在全球范围内进行房地产投资，包括商业地产、住宅地产和工业地产等。通过收购、开发和管理房地产项目，为客户提供稳定的收益和资本增值。

3）信贷：黑石集团的信贷业务主要包括债券投资和贷款发放。通过对企业和政府的债券投资，为客户提供稳定的收益和风险管理服务。同时，黑石集团还通过贷款发放，为企业提供资金支持和财务解决方案。

4）对冲基金：黑石集团的对冲基金部门致力于为客户提供多样化的投资机会和风险管理策略。通过对股票、债券、商品和其他金融工具的投资，为客户实现长期稳定的回报。

（4）公司文化　黑石集团倡导团队合作、诚信和卓越的企业文化。

（5）创新与社会责任　黑石集团不断投资于技术创新，以提高投资决策的效率和精确度。公司致力于可持续发展和企业社会责任，通过其投资促进经济增长和社会福祉。

（6）全球网络与人才战略　黑石集团在全球主要金融中心都设有办事处，为全球客户提供服务。黑石集团以其卓越的投资业绩和专业的管理团队而闻名于世。黑石集团秉持多元化的投资策略和全球化的投资布局，通过深入研究和分析，寻找那些被低估的资产或企业，并投入长期资金来实现价值增长。公司强调长期投资的重要性，相信经过充分研究和分析的投资能够在市场变化中保持稳定，并获得长期的回报。

（7）成就与未来愿景　黑石集团以其卓越的投资业绩和专业的管理团队而闻名。截至2024年6月，黑石集团的市值达到约891亿美元，其管理的总资产规模庞大，为全球投资者提供了丰富的投资机会。黑石集团致力于成为全球投资者首选的资产管理伙伴，通过提供创新的投资解决方案，实现持续的增长和价值创造。

5. 贝莱德集团

（1）公司背景　贝莱德集团（BlackRock，Inc.）成立于1988年，总部位于美国纽约，上市日期为 1999 年 10 月 01 日，交易市场在美国纽约证券交易所，股票代码：BLK。贝莱德集团是全球最大的资产管理公司之一，以其广泛的投资管理、风险管理和咨询服务而闻名。

（2）公司规模与分布　贝莱德集团是全球规模最大的资产管理集团之一，2022 年末整体管理资产规模约 8.59 万亿美元。作为一家全球性企业，贝莱德结合全球规模优势和扎根本土的投资服务能力，推动业务在全球主要市场稳步发展。贝莱德拥有 18000 至 19800 名员工，分布于 36 个国家及地区的办事机构，为超过 100 个国家及地区的客户提供服务。

（3）业务领域与定位　贝莱德业务领域分布于政府与企业，广泛服务于养老基金、主权财富基金、保险、银行、非营利组织等机构投资者以及个人投资者。从客户需求出发，提供全面深入的投资解决方案，覆盖主动投资、另类投资、ESG（环境、社会和公司治理）、因子和指数投资等领域。贝莱德多样化的平台，在不同的资产类别中积极寻求指数和现金管理的投资策略，为客户提供选择和量身定制的投资结果与资产配置解决方案。

（4）公司文化　恪守受托人的责任，专注业绩，深怀责任与热诚，追求更美好的明天。以客户为先，业务布局广泛，拥有全球领先的风险管理专长与经验。

（5）创新与社会责任　贝莱德集团在金融科技领域不断创新，开发了包括 Aladdin 风险管理平台在内的多项技术解决方案。积极履行企业社会责任，通过投资可持续资产和参与社区发展项目，推动社会和环境的可持续发展。

（6）全球网络与人才战略　贝莱德在全球超过 30 个国家设有办事处，服务全球各地的投资者。贝莱德集团致力于通过创新的科技平台和深入的市场洞察，为客户提供卓越的投资解决方案。

（7）成就与未来愿景　贝莱德集团自成立以来，通过一系列战略性收购和创新，迅速成长为全球资产管理行业的领导者。贝莱德集团致力于成为全球投资者的首选资产管理伙伴，通过提供高质量的投资管理服务，帮助客户实现长期的财务目标。

6. 普华永道

（1）公司背景　普华永道的前身可以追溯到 19 世纪中期的伦敦，由普华会计师事务所（Price Waterhouse）和永道会计师事务所（Coopers & Lybrand）合并而成。普华会计师事务所成立于 1849 年，而永道会计师事务所则成立于 1854 年。两家公司在各自的领域内积累了丰富的经验和专业知识，最终于 1998 年合并，形成了如今的普华永道。公司类型为跨国会计专业服务机构，员工数量超过 36.4 万名（截至 2024 年最新数据），在全球范围提供会计、审计与咨询等专业服务。

（2）公司规模与分布　普华永道在全球 151 个国家和地区设有分支机构，形成了庞大的服务网络。截至 2023 年 6 月 30 日，普华永道的客户群包含 435 家（占 87%）来自《财富》"世界 500 强"的企业。全球收入达 531 亿美元（截至 2023 年 6 月 30 日）。提供包括审计、税务、咨询、风险管理、人力资源等在内的全方位专业服务。

（3）业务领域与定位　其业务领域包括：

1）审计与保证：提供独立的审计服务，确保企业财务报告的准确性和透明度。

2）税务与法律：提供税务规划、咨询和合规服务，以及法律咨询服务。

3）咨询服务：涵盖企业风险管理、财务咨询、交易服务等。

4）业务流程外包：提供业务流程优化和外包服务。

普华永道是全球最大的专业服务公司之一，为客户提供专业一流的审计、税务和咨询服务。

（4）公司文化　普华永道倡导以价值观为基础的企业文化，强调诚信、尊重、团队合作和创新。

（5）创新与社会责任　普华永道不断投资于技术创新，包括数据分析、人工智能、网络安全等，以提高服务质量和效率。公司致力于可持续发展和企业社会责任，通过各种计划和倡议在全球范围内产生积极影响。

（6）全球网络与人才战略　普华永道在多个行业领域拥有深厚的专业知识，包括金融、医疗保健、技术、能源等。

（7）成就与未来愿景　普华永道在专业服务领域拥有悠久的历史和卓越的业绩，是全球多个重大交易和项目的关键参与者。致力于成为全球客户最信赖的专业服务提供商，通过提供高质量的服务帮助客户解决复杂问题。

7. 摩根士丹利

（1）公司背景　摩根士丹利原是 JP 摩根大通公司中的投资部门，1933 年美国经历大萧条后，根据《格拉斯-斯蒂格尔法》（Glass-Steagall Act），摩根士丹利作为一家独立的投资银行于 1935 年在纽约成立。自成立起，摩根士丹利不断扩展其业务范围，逐步成为全球领先的金融服务提供商之一。

（2）公司规模与分布　摩根士丹利在全球 37 个国家设有超过 1200 家办事处，拥有庞大的全球服务网络。公司致力于为客户提供全球范围内的金融服务，帮助客户实现其财务目标。

（3）业务领域与定位　摩根士丹利提供广泛的金融服务，包括但不限于：

1）投资银行业务：股票和债券的承销与保荐、兼并收购与财务顾问等。

2）资产管理：为个人和机构投资者提供多元化的投资组合管理。

3）财富管理：为高净值客户提供个性化的财富增长和保值策略。

4）股票交易与经纪业务：为全球投资者提供股票买卖、研究和市场策略等服务。

总而言之，摩根士丹利是一家提供多元化金融服务的全球性公司，专注于投资银行、证券、投资管理和财富管理服务。

（4）公司文化　摩根士丹利倡导以客户为中心、团队合作、讲究诚信和追求卓越的企业文化。

（5）创新与社会责任　摩根士丹利不断投资于技术创新，以提高服务效率和满足客户体验为目标。公司通过其基金会支持教育、健康、文化和社区发展等公益项目。

（6）全球网络与人才战略　摩根士丹利在全球范围内拥有办事处，服务遍及各个主要金融市场。公司以其深入的市场洞察、创新的金融产品和服务、以及强大的风险管理能力而著称。

（7）成就与未来愿景　摩根士丹利在金融服务领域拥有悠久的历史，参与了许多里程碑意义的金融交易。2023 年 3 月，成为 OpenAI 发布的 GPT-4 的首批客户，积极探索人工智能在金融领域的应用。2023 年 5 月，中国证监会核准设立摩根士丹利期货（中国）有限公司，为国内外客户提供期货交易服务。其总市值约为 1551.38 亿美元（数据截至 2024 年 6 月 14 日）。

8. 埃森哲

（1）公司背景　埃森哲（Accenture）是一家注册于爱尔兰的全球性上市咨询公司，同时也是《财富》世界 500 强企业之一（2020 年排名 279 位）。公司以"Accenture"为名，寓意"强调未来"（Accentuate on the Future），致力于帮助客户实现具有深远意义的变革。埃森哲的前身是安达信会计师事务所（Arthur Andersen）的管理咨询部门。1953 年，安达信为通用电气公司（GE）安装了美国第一台商用电脑，标志着数据处理时代的开始，同时也为管理咨询开创了使用电脑和高科技解决问题的先河。1989 年，安达信分拆为主营审计业务的安达信和主营咨询业务的安盛咨询公司（Andersen Consulting）。随着咨询业务的不断发展，安盛咨询在 2000 年与安达信从经济上彻底分开，并于 2001 年更名为埃森哲。

（2）公司规模与分布　埃森哲在全球超过 120 个国家 200 个城市设有分公司，拥有超过 742000 名员工。公司在全球范围内提供服务，其收入和客户群体遍布北美、欧洲、中东、非洲以及包括中国在内的成长型市场。据财报显示，埃森哲在 2024 财年第一季度的全球营业收入达到 162 亿美元，同比增长 3%。此外，公司在咨询业务、托管服务以及不同区域市场均取得了显著的业绩。

（3）业务领域与定位　埃森哲为客户提供战略、咨询、数字、技术和运营服务及其解决方案，覆盖 40 多个行业，其客户包括超过四分之三的世界 500 强企业、各国政府机构以及军队。公司凭借独特的业内经验与专业技能，以及全球领先的交付网络，帮助客户提高绩效水平。主要业务领域为：

1）战略咨询：为客户提供市场洞察、增长战略和业务模式创新。

2）技术咨询：提供技术解决方案，包括云计算、人工智能、大数据和物联网。

3）运营服务：帮助客户优化业务流程、成本结构和运营效率。

4）互动体验：通过数字营销和用户体验设计，增强客户品牌与市场的互动。

5）智能平台：提供人工智能的自动化分析平台。

埃森哲服务于多个行业，包括金融服务、健康产业、消费品、工业、能源和公共部门。

（4）公司文化　埃森哲倡导创新、协作、包容和尊重多样性的企业文化。

（5）创新与社会责任　埃森哲投资于创新实验室和研发中心，推动技术创新和应用。致力于可持续发展，通过技能培训、环境保护和社会影响项目来回馈社会。

（6）全球网络与人才战略　埃森哲在全球 50 多个国家设有办事处，拥有超过 500000 名员工。埃森哲是一家提供广泛服务的全球性专业服务公司，专注于帮助客户实现战略目标，通过创新技术提升业务绩效。

（7）成就与未来愿景　埃森哲在其历史上有许多重要的发展里程碑，包括技术创新、重要收购和全球扩张。埃森哲致力于成为全球最杰出的技术服务和咨询公司，通过创新和卓越服务为客户创造更大的价值。

9. 尼尔森

（1）公司背景　尼尔森（Nielsen）是全球知名的市场监测和数据分析公司，成立于 1923 年，由现代市场研究行业的奠基人之一阿瑟·查尔斯·尼尔森先生创立。公司总部位于荷兰，并在全球范围内拥有超过 100 个国家和地区的业务网络。

（2）公司规模与分布　尼尔森的主要客户是快速消费品的零售商和制造商，同时也服务于汽车业、金融业、电信业和其他消费品集中行业。全球有超过 9000 个的客户依靠尼尔森认真负责的专业人士来洞察竞争激烈的市场动态，理解消费者的态度和行为，以及形成能促进销售和增加利润的高级分析性建议。

（3）业务领域与定位　尼尔森的主要业务领域包括：

1）市场研究：尼尔森通过专业的市场研究方法和工具，收集有关消费者、行业、竞争对手和市场的数据。这些数据可以帮助客户了解消费者需求、市场趋势和竞争格局，从而制定更为精准的市场策略。

2）媒体测量：尼尔森关注于电视、广播、杂志、报纸等传统媒体以及网络和社交媒体等新媒体的监控和分析。通过专业的测量方法和工具，帮助客户了解媒体使用情况和受众特征，为广告投放和内容创作提供数据支持。

3）数据分析：尼尔森拥有专业的数据分析团队，可以为客户提供包括数据清洗、数据处理、数据分析和数据可视化等一站式数据作业服务。通过数据分析，帮助客户更好地理解数据背后的市场规律和趋势，以制定更为科学合理的决策。

尼尔森是一家全球性的数据分析和市场研究公司，专注于提供消费者行为和市场趋势的深入洞察。

（4）公司文化 尼尔森倡导创新、诚信、合作和客户至上的企业文化。

（5）创新与社会责任 尼尔森不断投资于新技术，如人工智能和机器学习，以提高数据分析的准确性和效率。公司致力于可持续发展，通过研究和报告促进社会进步和环境保护。

（6）全球网络与人才战略 尼尔森是全球领先的市场研究、资讯和分析服务的提供者，服务对象包括消费产品和服务行业，以及政府和社会机构。尼尔森发布的市场报告和分析在业界具有广泛的影响力，如尼尔森发布的全球 POS 机具市场报告，就引起了业界的广泛关注。尼尔森在全球 100 多个国家设有办事处，拥有广泛的全球客户基础。公司拥有先进的数据收集技术、分析方法和专业研究团队。

（7）成就与未来愿景 尼尔森在市场研究领域拥有悠久的历史，是许多行业标准和测量方法的创立者。尼尔森致力于成为全球市场研究和数据分析领域的领导者，通过提供深入的消费者洞察和市场数据，以帮助客户做出更明智的决策。

10. 德勤

（1）公司背景 德勤（Deloitte）成立于 1845 年，全球总部位于英国伦敦，美国总部在美国纽约，是全球领先的专业服务机构之一，也是世界四大会计师事务所之一。

（2）公司规模与分布 德勤自 1845 年成立以来，凭借其卓越的专业能力和服务品质，逐渐发展为全球领先的专业服务机构。其成员机构网络遍布全球，为客户提供全方位的专业服务。德勤于 1917 年在上海设立办事处，标志着德勤品牌正式进入中国。此后，德勤在中国的发展迅速，不断扩大其业务范围和服务网络。目前，德勤中国为中国本地和在华的跨国及高增长企业客户提供全面的审计及鉴证、管理咨询、财务咨询、风险咨询和税务服务。其成员机构网络已遍及全球超过 150 个国家和地区，拥有约 457000 名专业人士。

（3）业务领域与定位 德勤可为客户提供包括审计及鉴证、管理咨询、风险咨询、财务咨询、税务与商务咨询等在内的全方位的专业服务。其服务领域广泛，涉及金融、科技、医疗、制造、消费品等多个行业。具体包括：

1）审计与保证：提供独立的审计服务，确保企业财务报告的准确性和透明度。

2）税务与法律：提供税务咨询、规划和合规服务，以及法律咨询服务。

3）管理咨询：帮助企业制定战略、优化运营、提升技术能力。

4）风险咨询：提供风险管理、网络安全和监管合规解决方案。

5）财务咨询服务：涵盖企业财务咨询、企业重组、企业并购等服务。

（4）公司文化　德勤的宗旨是"因我不同"（Make an impact that matters），强调为客户提供具有影响力的服务。德勤全球共同价值观包括"勇于领先、诚信为本、关怀互助、促进包容和协作共赢"。在中国，德勤秉承"4+1"企业文化，即"勇气、创新、包容、美好生活+诚信为本"。

（5）创新与社会责任　德勤投资于技术创新，包括人工智能、数据分析、区块链等，以提高服务效率和质量。公司致力于可持续发展，通过各种计划和倡议在全球范围内产生积极影响。

（6）全球网络与人才战略　德勤在全球超过 150 个国家和地区设有成员所，服务全球客户。公司汇集了来自不同背景和领域的专家为客户提供高质量的专业服务。

（7）成就与未来愿景　德勤品牌连续多年位列"全球最具影响力的商业服务品牌""全球最具价值的商业服务品牌"等榜单。在 2023 财年，德勤全球成员机构收入合计达到 649 亿美元，较上一财年按本币计增长 14.9%，按美元计增长 9.3%。此外，德勤在咨询服务领域也取得了显著成绩，如德勤在 2022 年度全球咨询服务机构收入榜中排名第一，并连续第六年蝉联榜首。德勤致力于成为全球最值得信赖和最具前瞻性的专业服务机构。

11. 华夏基石

（1）公司背景　华夏基石管理咨询集团（以下简称"华夏基石"）是由中国管理咨询开拓者彭剑锋教授于 2003 年领衔创办，总部设在中国北京。现已成为中国本土最大的管理咨询集团之一，是中国企业联合会管理咨询委员会副主任委员单位。

（2）公司规模与分布　华夏基石也在着力发展国际化业务，目前已落户意大利罗马、英国伦敦等地，为全球客户提供专业的管理咨询与培训服务。

（3）业务领域与定位　华夏基石致力于整合、传播国内外先进的管理智力成果，并推进其在中国管理实践中的运用。集团业务主要涉及管理咨询、教育与培训、信息与传媒等领域，特别是在企业文化与人力资源咨询服务领域处于领先地位。华夏基石的管理咨询业务涵盖了农业、机械与装备制造、消费电子、IT、食品、饮料、烟草、能源、化工、电信、交通运输与物流、金融、房地产、旅游、贸易、印刷等多个行业。华夏基石是中国领先的综合性管理咨询公司，专注于为企业提供战略规划、组织变革、人力资源管理、企业文化建设等咨询服务。

（4）公司文化　华夏基石秉承"为客户创造价值，与客户共同成长"的理念，致力于成为产业新生态格局的推动者和贡献者。通过产融结合、管投结合、产研结合持续帮助企业、资本、政府实现合作共赢，提高产业经营的效率与质量，加速产业进化。同时，华夏基石还注重企业文化的建设，以"活力、创新、共赢、责任和传承"为核心价值观，推动企业持续健康发展。

（5）创新与社会责任　华夏基石注重管理理念的创新和科技工具的应用，以适应不断变化的商业环境，公司积极参与社会公益活动，致力于通过知识分享和专业服务促进社会和谐发展。

（6）全球网络与人才战略　虽然主要业务集中在中国，但华夏基石也与国际咨询机构合作，服务于部分海外市场。服务领域涵盖国有企业、民营企业、外资企业，涉及金融、制造、科技、服务等多个行业。

（7）成就与未来愿景　华夏基石凭借其卓越的专业能力和服务品质，获得了业界的高度认可。华夏基石曾多次获得国际、国内多项荣誉，包括亚太人力资源研究协会评选的"杰出咨询机构奖"等。此外，华夏基石还成功为 20 多个行业的 100 多家中国（跨国）著名的大、中型企业提供过管理咨询与培训，典型客户包括埃森哲、三星（中国）、联想控股、深圳华为等知名企业。华夏基石自成立以来，已为众多知名企业提供了成功的咨询服务，赢得了业界的广泛认可。

12. 正略钧策

（1）公司背景　北京正略钧策咨询集团股份有限公司（简称：正略集团），始创于 1992 年 11 月 11 日，前身为新华信管理咨询公司，总部在北京。

（2）公司规模与分布　正略集团总部设在北京，并在上海、广州、深圳、重庆、天津、武汉、成都、杭州、南京、苏州、海口等地设有子公司。公司全职员工超过 750 人，拥有由首席专家、业务合伙人和专业咨询师组成的专业管理咨询团队。

（3）业务领域与定位　正略集团是以管理咨询为核心主业，涵盖文化、培训、猎头、风控等业务的高端智力服务机构。其业务范围广泛，包括但不限于：

1）战略规划：为企业制定长期和短期的战略方向，确保企业持续、稳定、健康发展。

2）组织管控：优化企业的组织结构，明确各部门的职责和权力，提高管理效率。

3）人力资源：提供招聘、培训、绩效考核、薪酬福利等全方位的人力资源管理服务。

4）品牌营销：通过市场分析、品牌定位、营销策略等手段，提升企业品牌形象和市场竞争力。

5）制度流程：建立和优化企业的各项管理制度和流程，确保企业运营的高效和有序。

6）财务管理：为企业提供全面的财务咨询服务，包括预算制定、成本控制、资金管理、风险管理等。

（4）公司文化　正略钧策倡导以客户为中心、团队合作、持续创新和专业精神的企业文化。

（5）创新与社会责任　正略钧策注重咨询方法的创新和科技工具的应用，以提高服务的效率和质量。公司积极参与社会公益活动，致力于通过专业服务促进社会和经济的可持续发展。

（6）全球网络与人才战略　正略集团是中国成立时间最久、业务种类最全、员工人数最多、专业化程度最高、影响力最大的管理咨询公司之一。旗下核心业务板块正略咨询在咨询行业内广受尊敬，被誉为中国咨询业的"黄埔军校"。正略集团已为一些世界500强、中国500强、央企、国企、上市公司及创业公司等提供过管理咨询服务。

（7）成就与未来愿景　致力于成为企业管理咨询服务领域的领军企业，通过提供高质量的咨询服务，为客户创造更大价值。正在成长为中国管理咨询的实践派，多业务专业化的综合性大型咨询服务公司。

13. 罗兰贝格国际管理咨询公司

（1）公司背景　罗兰贝格国际管理咨询公司（Roland Berger），成立于1967年，总部地点在德国慕尼黑，创始人为罗兰·贝格（Roland Berger），最初名为"罗兰·贝格国际营销咨询公司"。1970年，公司咨询业务收入达到560万德国马克。1973年，罗兰贝格已发展成德国第三大咨询公司。二十世纪七十年代中期，公司在米兰、巴黎、伦敦、纽约和圣保罗等地建立了办事处，开始国际化进程。自二十世纪八十年代至今，罗兰贝格公司已成为业务国际化的领先战略咨询公司，相继在全球多地建立了分支机构。

（2）公司规模与分布　罗兰贝格在全球设有50余家分支机构，拥有3000余名员工，在国际各大主要市场成功运作。作为全球最大的源于欧洲的战略管理咨询公司，罗兰贝格在行业内具有强大的国际影响力。罗兰·贝格作为公司创始人及监事会主席，曾获得美国管理咨询联盟（AMCF）颁发的卡尔·斯隆管理咨询卓越奖（Carl S. Sloane Excellence）。

（3）业务领域与定位　罗兰贝格的主要业务涵盖了战略咨询、企业转型与重组、财务咨询、品牌与营销咨询、组织与人力资源咨询等领域。公司的客户遍布各个行业，包括汽车、航空航天、能源、金融、医疗、零售、科技等，具体业务领域为：

1）企业战略：为企业提供市场进入、增长战略、竞争力分析等咨询服务。

2）组织变革：帮助企业进行组织结构优化、文化变革和领导力发展。

3）运营改善：提供流程优化、供应链管理、成本控制等运营咨询服务。

4）数字化转型：支持企业在数字化时代的转型，包括智能制造、大数据应用等。

5）并购与重组：提供并购策略、尽职调查、重组整合等专业服务。

（4）公司文化　罗兰贝格倡导以客户为中心、团队合作、持续学习和创新的企业文化。罗兰贝格以独特的分析方法和战略思维为客户提供精准的战略定位，帮助客户制定长期发展计划。公司在欧洲、亚洲、南北美洲等地25个国家设有分支机构，咨询顾问来自近 40 个国家，形成了行业中心与功能中心互为支持的跨国服务力量。

（5）创新与社会责任　公司注重创新方法和科技工具的开发与应用，以提高咨询项目的效率和效果。罗兰贝格积极参与社会责任项目，致力于通过专业服务推动社会和经济的可持续发展。

（6）全球网络与人才战略　罗兰贝格在全球拥有 50 多个办事处，服务网络覆盖欧洲、亚洲、美洲和中东地区。

（7）成就与未来愿景　罗兰贝格自成立以来，已经为众多国际知名企业提供了咨询服务，并在多个行业领域取得了显著成就。致力于成为全球企业管理咨询服务的领导者，通过提供高质量的咨询服务，为客户创造持久的价值。

14. 贝恩咨询公司

（1）公司背景　贝恩咨询公司（Bain & Company），成立于 1973 年，总部地点设在美国马萨诸塞州波士顿，主要创始人为威廉·贝恩。自成立以来，贝恩公司迅速发展，尤其在 1973 年到 20 世纪 80 年代中期，公司的年增长速度达到了约 50%。在 1998 年，贝恩公司即拥有近 1500 名咨询顾问，年营业收入达到 4.5 亿美元，客户遍布 60 多个国家。

（2）公司规模与分布　贝恩公司目前在全球 27 个国家设有 41 个办事处，为全球各行各业的客户提供专业的咨询服务。

（3）业务领域与定位　贝恩咨询公司的业务范围很广，涵盖战略决策、电子商务战略、客户关系、企业成长、企业运作管理优化、供应链管理、组织与变革管理以及兼并重组等多个领域。主要包括：

1）战略咨询：帮助企业制定和实施长期战略，以实现可持续增长。

2）运营优化：提供运营流程改进、成本控制和效率提升的咨询服务。

3）技术与数字化：支持企业进行技术驱动的创新和数字化转型。

4）组织发展：协助企业构建高效组织结构，提升领导力和人才管理。

5）兼并和收购：提供并购策略、尽职调查和交易后整合服务。

致力于为客户提供基于经验的咨询服务，帮助客户击败竞争对手并争取更高的回报率。贝恩咨询公司是一家提供战略、运营、技术、组织以及兼并和收购等方面咨询服务的国际性企业。

（4）公司文化　倡导以客户为中心、团队合作、具有创新和卓越执行力的企业文化。

（5）创新与社会责任　贝恩公司不断投资于新技术和创新方法，以提高服务的质量和效率。贝恩咨询公司通过参与社会有影响的项目和公益活动，致力于推动社会和经济的可持续发展。

（6）全球网络与人才战略　贝恩公司在全球设有办事处，服务网络覆盖美洲、欧洲、中东、非洲和亚太地区。贝恩咨询公司以其深入的行业研究、创新的咨询工具和方法论，为客户提供定制化解决方案。

（7）成就与未来愿景　贝恩公司在全球拥有超过 2200 名专业咨询顾问团队，为全球超过 2700 家客户提供了专业的咨询服务。贝恩公司已完成超过 5000 个成功的战略咨询项目，并帮助企业实现了显著的业绩提升。目前，贝恩资本管理资金超过 650 亿美元，涉及私人股权、风险投资资金、上市股权对冲基金和杠杆债务资产管理。贝恩咨询公司致力于成为全球最具影响力和最受尊敬的管理咨询公司之一。

15. 君联资本

（1）公司背景　君联资本（原名联想投资），成立于 2001 年 4 月，总部地点为北京，目前管理规模超过 300 亿元人民币（在管美元及人民币基金总规模）。

（2）公司规模与分布　2001 年 4 月，由联想控股总裁柳传志决定组建，朱立南率领进入投资领域，初期名称为"联想投资"，使用联想控股的 3500 万美元作为第一期基金。2012 年 2 月 16 日，正式更名为君联资本，并推出第一代 Logo。2021 年 5 月 10 日，君联资本正式启用新 Logo，标识图形由两个不同色阶的绿色矩形叠加、中间加入白色叶子形状形成挺拔的竹子造型。

（3）业务领域与定位　君联资本是中国最早的风险投资机构之一，专注于初创期和成长期企业的投资，尤其在科技、医疗健康、消费品等领域。主要业务领域包括：

1）私募股权投资：为企业提供成长所需的资本，支持企业快速成长和扩张。

2）战略投资：与企业合作，提供市场洞察、管理经验和资源网络，帮助企业实现战略目标。

3）并购整合：参与企业并购活动，通过整合优化企业结构，提升企业价值。

4）科技行业：包括互联网、人工智能、大数据、云计算等。

5）医疗健康：涵盖生物技术、医疗器械、医疗服务等。

6）消费品：关注消费升级、品牌建设和零售创新。

（4）公司文化　君联资本倡导创新、合作、诚信和专业的企业文化。

（5）创新与社会责任　君联资本积极践行社会责任，于 2019 年签署加入联合国支持的负责任投资原则组织（PRI），并将 ESG 责任投资作为长期发展战略，致力于实现可持续发展和绿色金融理念。

（6）全球网络与人才战略　虽然主要在中国地区投资，但君联资本也关注全球市场，寻找跨境投资机会。公司拥有一支由经验丰富的投资管理专家组成的团队，他们在投资领域具有深厚的专业知识和实践经验。

（7）成就与未来愿景　截至目前，君联资本注资企业超过 300 家，其中 40 余家企业已成功在国内或海外上市/挂牌，近 40 家企业通过并购退出。君联资本荣登「2022—2023 年度影响力创业投资与私募股权投资机构 TOP30」，其总裁李家庆荣登「2022—2023 年度精英投资家 TOP30」，执行董事温彦斌荣登「2022—2023 年度影响力青年投资人 TOP30」。致力于成为全球领先的私募股权投资机构，通过资本和管理经验助力企业成长和创新。

16. IDG 资本

（1）公司背景 IDG 资本（IDG Capital），成立于 1993 年，总部地点设在美国马萨诸塞州波士顿，同时在中国设有多个办公室/办事处，创始人为熊晓鸽（现任 IDG 资本创始董事长）。1993 年，IDG 资本开始在中国开展风险投资业务，是最早扎根于中国的私募股权投资机构之一。2017 年，IDG 资本完成收购 International Data Group（IDG 集团）旗下的投资业务，自此与 IDG 集团旗下的其他业务公司各自独立。

（2）公司规模与分布 IDG 资本已在全球范围内投资超过 1000 家优秀企业，其中包括超过 150 家在中国及海外市场上市或实现并购退出的企业。

（3）业务领域与定位 IDG 资本是一家多元化的私募股权投资机构，致力于发现并投资具有高成长潜力的企业。主要业务领域包括：

1）风险投资：为初创企业提供资金支持，帮助它们快速成长。

2）成长性投资：投资于已经有一定市场地位和收入模式的企业。

3）并购投资：参与企业的并购活动，通过资本运作提升企业价值。

4）产业投资：专注于特定产业的长期投资，推动产业升级和整合。

5）科技与互联网：包括人工智能、大数据、云计算、企业服务等。

6）医疗健康：涵盖生物技术、医疗器械、医疗服务等。

7）消费品：关注消费升级、品牌建设和零售创新。

8）文化娱乐：投资于媒体、娱乐、体育等相关产业。

IDG 资本采用积极主动的投资策略，结合深入市场研究和精准的项目选择投资方向。

（4）公司文化 IDG 资本倡导创新、合作、诚信和专业精神的企业文化。

（5）创新与社会责任 IDG 资本注重技术创新和商业模式创新，支持企业通过创新实现突破。公司积极履行社会责任，通过投资推动社会进步和可持续发展。IDG 资本积极履行社会责任，将 ESG（环境、社会、治理）投资理念融入投资每一步，致力于投资新能源等前沿领域，推动社会和谐进步。

（6）全球网络与人才战略 IDG 资本在全球拥有多个办事处，构建了广泛的投资网络和合作伙伴关系。

（7）成就与未来愿景 IDG 资本已完成大量成功的投资项目，投资案例包括腾讯、百度、搜狐、搜房、小米等知名企业。其致力于成为全球领先的私募股权投资机构，通过资本和管理经验助力企业成长和创新。

IDG 资本已完成大量成功的投资项目，投资案例包括腾讯、百度、搜狐、搜房、小米等知名企业。自 2001 年清科研究中心进行风险投资机构评选以来，IDG 资本是唯一一家连续位居榜单的投资机构。

17. 投资咨询企业一览表

知名投资咨询企业一览表参见表 5-1。

表 5-1　知名投资咨询企业一览表

序号	行业领域	企业名称	国家/地区	特点与成就
1	管理咨询	麦肯锡公司（McKinsey & Company）	美国	全球领先的管理咨询公司，以其战略咨询服务而闻名
2	投资银行	高盛集团（The Goldman Sachs Group, Inc.）	美国	国际领先的投资银行，提供广泛的金融服务
3	风险投资	红杉资本（Sequoia Capital）	美国	知名的风险投资公司，专注于科技和生物医疗领域的投资
4	私募股权	黑石集团（The Blackstone Group Inc.）	美国	全球最大的私募股权和房地产投资公司之一
5	资产管理	贝莱德集团（BlackRock，Inc.）	美国	世界最大的资产管理公司之一，提供多元化的投资管理服务
6	投资咨询	普华永道（PwC）	多个国家	提供审计、税务和咨询服务，包括投资咨询
7	财务顾问	摩根士丹利（Morgan Stanley）	美国	提供全球性的金融咨询服务，包括企业并购、资产管理等
8	科技咨询	埃森哲（Accenture）	爱尔兰	提供广泛的管理咨询、技术服务和外包服务
9	市场研究	尼尔森（Nielsen）	美国	全球领先的市场研究公司，提供市场数据分析和洞察
10	企业评估	德勤（Deloitte Touche Tohmatsu Limited）	多个国家	提供审计、税务、管理咨询、风险咨询和财务咨询服务
11	管理咨询	华夏基石（Huaxia Jishi Consulting Group）	中国	专注于为企业提供战略规划、组织变革、人力资源管理、企业文化建设等咨询服务
12	管理咨询	正略钧策（Zhenglue Consulting Group）	中国	以管理咨询为核心主业，涵盖文化、培训、猎头、风控等业务的高端智力服务机构

（续）

序号	行业领域	企业名称	国家/地区	特点与成就
13	管理咨询	罗兰贝格咨询公司（Roland Berger）	德国	主要业务涵盖了战略咨询、企业转型与重组、财务咨询、品牌与营销咨询、组织与人力资源咨询等领域
14	管理咨询	贝恩咨询公司（Bain & Company）	美国	涵盖战略决策、电子商务战略、客户关系、企业成长、企业运作管理优化、供应链管理、组织与变革管理以及兼并重组等
15	投资咨询	君联资本（Junlian Capital）	美国	专注于初创期和成长期企业的投资，尤其在科技、医疗健康、消费品等领域
16	投资咨询	IDG 资本（IDG Capital）	美国	提供风险投资、成长性投资、并购投资、产业投资、科技与互联网、医疗健康、消费品等领域的投资服务

5.2　行业经典案例

在咨询领域，经典案例不仅为从业者提供了宝贵的经验借鉴，更为整个行业的发展提供了重要的启示。本节将详细介绍几个具有代表性的投资咨询类行业经典案例，并通过文字和表格的形式，全面展示案例的背景、过程、结果及启示。

5.2.1　案例选择标准

选择合适的案例对于理解投资咨询行业的最佳实践、挑战和机遇至关重要。案例分析能够提供实际操作的深入见解，帮助学习如何在现实世界中应用理论知识。

1. 市场影响力与创新性

选择在市场中产生显著影响的案例，无论是通过创新、规模还是战略举措。考察案例对行业趋势、市场结构或消费者行为的改变。

优先选择展示了创新思维、方法或技术的案例。分析案例中应用的新颖解决方案和创新过程。

2. 风险管理与成功度

选择在风险识别、评估和缓解方面表现出色的案例。研究案例中的风险管理策略和实际效果。

选择在财务表现、市场扩张或品牌建设等方面取得显著成功的案例。通过量化指标和市场反馈来衡量案例的成功度。

3. 教育价值与多样性

案例应具有教育意义，能够提供教训和启示，促进学习和讨论。评估案例是否包含关键的学习点和深刻的洞察。

选择涵盖不同行业、地域和规模的案例，以展现产业咨询的广泛适用性。确保案例库包含多元化的样本。

4. 可访问性

案例的信息应易于获取，包括数据、报道和相关文献。确认案例的相关资料和数据可以被公开访问和分析。

5.2.2　案例分析结构

案例分析是理解和掌握产业咨询行业实践的关键工具。通过深入研究行业经典案例，能够洞察成功企业的策略、决策过程以及市场动态。本节旨在介绍案例分析的结构化方法，帮助系统地分析和评估产业咨询项目。每个案例分析将包括以下部分：

1）项目背景和意义：描述案例的背景和意义。

2）项目实施过程：详细项目投资的实施全过程。

3）项目成效与影响：分析项目所产生的成效与影响。

4）项目总结：总结案例的最终成果及其对行业的长远影响。

5.2.3　经典案例列表

表5-2为国内各行业比较有代表性的产业咨询领域经典案例简要汇编。

表5-2　产业咨询领域经典案例简要汇编

序号	案例名称	地区	行业领域	简要描述
1	海岱光伏发电项目一期	云南省宣威市	光伏储能	项目安装容量为124.875MW，额定容量为100MW，旨在利用当地丰富的太阳能资源，发展清洁能源，推动地方能源结构的优化和可持续发展
2	杭州市公共机构屋顶分布式光伏项目	浙江省杭州市	光伏储能	杭州市作为中国的经济强市和生态宜居城市，积极响应国家"双碳"战略，通过实施公共机构屋顶分布式光伏项目，不仅展现了其作为省会城市的责任感与前瞻性，也为全国乃至全球的光伏应用树立了标杆
3	原阳县预制菜产业发展	河南省新乡市	预制菜	以河南省新乡市原阳县为例，依托其优越的区位优势和发达的冷链物流体系，投资建设河南中央厨房产业园，旨在推动预制菜产业的高质量发展

（续）

序号	案例名称	地区	行业领域	简要描述
4	安徽蚌埠天河湖生态环境治理与乡村振兴融合发展项目	安徽省蚌埠市	EOD（生态环境导向的开发模式）项目	实施天河湖生态环境治理与乡村振兴融合发展项目，旨在通过生态环境治理促进区域生态修复，同时结合乡村振兴战略，推动区域经济转型升级
5	吉林省白山市江源区松湾废弃老工业基地再利用 EOD 项目	吉林省白山市	EOD（生态环境导向的开发模式）项目	启动松湾废弃老工业基地再利用 EOD（生态环境导向的开发模式）项目，旨在通过生态环境治理与产业转型升级的有机结合，实现废弃资源的再利用和区域经济的绿色发展
6	好特卖（HotMaxx）的临期食品市场探索与投资咨询	全国范围	食品产业	随着消费者对性价比追求的增加以及"反食品浪费"理念的普及，临期食品市场在中国逐渐兴起。好特卖 HotMaxx 作为这一领域的佼佼者，通过精准的市场定位和创新的商业模式，迅速成为行业内的标杆企业
7	中集冷链"最初一公里"解决方案	全国范围	冷链物流	中集冷链发展有限公司凭借其在冷链物流领域的深厚积累和技术创新优势，积极响应市场需求，精心研发并推出了"最初一公里"解决方案。该方案旨在通过引入先进的移动冷库技术和智能化管理系统，从根本上解决农产品在产地端的保鲜难题，为整个冷链物流链条的优化升级奠定坚实基础
8	苏宁冷链全产业链融合	全国范围	冷链物流	苏宁集团依托其庞大的零售网络、先进的物流技术和丰富的行业资源，启动了冷链全产业链融合项目。该项目旨在通过深度整合供应链上下游资源，构建一个覆盖采购、仓储、运输、配送及售后服务等全环节的冷链物流生态系统，实现食品从产地到餐桌的全程温控与品质保障
9	山东昌邑海洋牧场与三峡 300MW 海上风电融合试验示范项目	山东省昌邑市	海上牧场	项目规划装机容量为 300MW，预计年发电量可达 9 亿千瓦时，相当于减少标准煤消耗约 28 万吨，减少二氧化碳排放约 75 万吨，直接贡献于国家能源结构的绿色转型
10	智光储能战略融资项目	广东省广州市	储能行业	智光储能作为工商业储能领域的领航者，凭借其自主研发的先进储能技术、高效的系统集成能力以及丰富的项目运营经验，在行业内树立了标杆
11	安徽三瓜公社乡村振兴产业投资案例	安徽省合肥市	乡村振兴	三瓜公社成功构建了一个集高效农业生产、农产品深加工、电商平台运营、乡村旅游体验于一体的综合性"美丽乡村"发展系统

（续）

序号	案例名称	地区	行业领域	简要描述
12	云南水务集团固废资源化利用项目	全国范围	循环经济	云南水务集团凭借其在水处理领域的深厚积累和技术创新能力，探索固废资源化利用的新路径。依托自身强大的研发能力和市场网络，联合国内外顶尖科研机构，共同研发适用于云南地区特点的固废资源化利用技术，旨在从根本上解决固废处理难题，促进经济、社会与环境的和谐共生
13	兰州新区绿色转型与生态融资创新案例	甘肃省兰州新区	绿色经济	能源消耗量和污染物排放量近些年呈现上升趋势。为了实现经济、社会与环境的和谐共生，兰州新区迫切需要转变发展方式，走绿色、低碳、循环的发展道路。通过一系列创新举措，破解发展难题，实现绿色崛起

5.2.4 经典案例分析

在快速变化的商业环境中，每一个成功的案例都是一座宝贵的灯塔，为广大投资者们指明了方向，提供了借鉴和学习的机会。经典案例分析不仅是对过去辉煌成就的回顾，更是对未来发展趋势的洞察和预测。通过对这些案例的深入研究，可以更好地理解市场动态、行业规律以及企业成功的关键因素。

1. 海岱光伏发电项目一期

（1）项目背景和意义

1）项目背景：国电电力曲靖宣威国电新能源开发有限公司 124.875MWp 海岱光伏发电项目一期，招标编号为 CEZB230011100，招标人为国电电力发展股份有限公司宣威分公司，项目单位为曲靖国电电力新能源开发有限公司，资金来源为业主单位自筹，招标代理机构为国家能源集团国际工程咨询有限公司。该项目位于云南省宣威市东南部、海岱镇以南、龙家村西部及西北部山脊地带，海拔在 1900~2300m。项目安装容量为 124.875MWp，额定容量为 100MW，旨在利用当地丰富的太阳能资源，发展清洁能源，推动地方能源结构的优化和可持续发展。

2）项目意义

①促进清洁能源发展：项目利用太阳能这一清洁、可再生的能源进行发电，有助于减少对化石燃料的依赖，降低碳排放，推动国家能源结构的转型。

②带动地方经济：项目建设和运营过程中将创造大量就业机会，同时带动相关产业链的发展，如光伏组件制造、安装施工、运营维护等，对地方经济有显著的促进作用。

③增强能源安全：光伏发电作为分布式能源的重要组成部分，有助于提高能源供应的多样性和安全性，减少对传统能源的依赖。

（2）项目实施过程

1）勘察设计。项目通过公开招标的方式确定了勘察设计服务提供商，要求投标单位具备相应的工程设计综合甲级资质或相关行业的乙级及以上资质。勘察设计内容包括光伏电场范围内的初步设计、招标设计及招标文件技术部分编制、施工图设计、竣工图编制等全过程。

①勘察设计服务提供商的选择。在公开招标过程中，国电电力曲靖宣威国电新能源开发有限公司遵循公平、公正、公开的原则，制定了详细的招标文件和评标标准。评标委员会由多位在光伏领域具有丰富经验和专业知识的专家组成，他们根据投标单位的资质、业绩、技术方案、报价等多方面因素进行综合评审，最终确定了具备高资质、强实力的勘察设计服务提供商。

②地形图测量和地质勘察的深化。

地形图测量：招标人提供的 1∶500 地形图作为基础数据，但为了确保设计的精确性，勘察设计单位还采用了无人机航拍、GPS 定位等现代测绘技术，对光伏场区进行了高精度测量，形成了详细的三维地形模型，为后续设计提供了准确依据。地质勘察：除了常规的岩土工程勘测外，勘察设计单位还针对光伏场区的特殊地质条件，如岩溶、滑坡等潜在地质灾害进行了专项勘察，并提出了相应的防治措施，从而确保光伏电站的安全稳定运行。

③初步设计的优化与创新。

光伏组件布置：通过先进的光照模拟软件，对光伏组件的布置进行了多方案比选，最终确定了最优的布置方案，既提高了发电效率，又减少了土地占用。桩基优化：针对当地的地质条件，设计团队对桩基类型、深度、间距等进行了详细计算和优化，确保了桩基的稳定性和经济性。集电线路设计：为了降低线路损耗和提高系统效率，设计团队采用了先进的电缆和接线技术，并对集电线路的路径进行了合理规划，减少了线路长度和转弯次数。

④施工图设计的精细化：施工图设计是确保工程质量和进度的关键环节。设计单位在初步设计的基础上，进一步细化了各项设计内容，包括光伏组件的安装方式、箱式变压器的选型与布置、集电线路的铺设路径和防雷接地系统的设计等。同时，还充分考虑了施工过程中可能出现的各种情况，制定了详细的施工说明和应急预案。

2）建设施工

①施工单位的选择与管理：为了确保工程质量和进度，建设单位通过严格的招标程序选择了具有丰富光伏电站建设经验的施工单位。在施工过程中，建设单位还派出

了专业的现场管理人员，对施工单位进行全程监督和管理，确保施工按照设计要求和施工规范进行。

②施工过程的精细化管理。

光伏组件安装：施工单位采用了先进的安装技术和设备，对光伏组件进行了精确安装和调试，确保了组件的发电效率和安全性。箱式变压器安装：箱式变压器的选型、运输、安装和调试均按照相关标准和规范进行，确保了变压器的稳定运行和安全性。集电线路铺设：集电线路的铺设过程中，施工单位严格按照施工图纸进行作业，确保了线路的走向、深度、间距等符合设计要求。同时，还加强了线路的防雷接地措施，提高了系统的整体安全性。

③环保措施的严格执行：在施工过程中，建设单位和施工单位共同制定了严格的环保措施，并严格执行。通过生态恢复、绿化种植等措施，有效减少了施工对周边环境的影响。同时，加强施工期间作业现场的洒水降尘、施工废水处理和噪声控制等工作，确保了施工过程的环保合规性。

（3）项目成效与影响

1）经济效益

①稳定电力输出与能源供应：国电电力曲靖宣威国电新能源开发有限公司124.875MWp海岱光伏发电项目一期投产后，其巨大的装机容量将确保为当地提供稳定、可靠的电力输出。这种清洁的能源供应不仅满足了当地日益增长的电力需求，还减少了对传统化石能源的依赖，增强了能源供应的多样性和安全性。

②显著的经济效益与投资回报率：随着光伏技术的不断成熟和成本的持续降低，该项目的光伏发电成本已逐渐达到甚至低于传统能源发电的成本水平。这使得项目在运营过程中能够获得较高的收益，并展现出良好的投资回报率。不仅带来可观的经济回报，也进一步激发了社会资本对光伏产业的投资热情，促进光伏产业的快速发展。

③促进地方经济发展：项目的成功实施不仅直接带动了光伏产业链上下游相关企业的发展，还通过税收、就业等多种渠道为当地经济注入了新的活力。光伏电站的运营和维护需要专业的技术和管理人员，这将促进当地人才的培养和引进，进一步推动地方经济的转型升级和可持续发展。

2）环境效益

①减少温室气体和污染物排放：与传统燃煤发电相比，光伏发电具有显著的环保优势。该项目在运营过程中不产生温室气体（如二氧化碳）和空气污染物（如二氧化硫、氮氧化物等）的排放，有助于缓解全球气候变暖问题，改善当地空气质量。这种清洁的能源生产方式对于保护生态环境、促进人与自然和谐共生具有重要意义。

②生态保护和恢复：在项目建设过程中，公司采取了一系列生态保护和恢复措施，

如合理选址、减少土地占用、实施生态修复工程等。这些措施不仅减少了项目对当地生态环境的影响，还促进了生态环境的改善和恢复。光伏电站的建设及运营与生态环境的保护形成了良性互动，实现了经济效益与生态效益的双赢。

③提升公众环保意识：项目的成功实施不仅为当地带来了清洁的能源供应和显著的环境效益，还通过示范效应提升了公众对清洁能源的认识和接受度。随着光伏电站的日益普及和公众环保意识的不断提高，越来越多的人开始关注和支持清洁能源的发展，为推动能源革命和生态文明建设贡献着自己的力量。

3）社会效益

①创造就业机会：项目建设和运营过程中创造了大量就业机会，涵盖了光伏组件生产、安装、运维等多个环节。这些就业机会不仅提高了当地居民的收入水平，还促进了劳动力市场的稳定和繁荣。同时，项目的实施还带动了相关产业的发展和产业链的延伸，为当地经济社会的全面发展注入了新的动力。

②优化能源结构：该项目的成功实施为当地能源结构的优化和可持续发展树立了典范。通过大力发展光伏等清洁能源产业，当地能源结构得到了有效改善，降低了对传统化石能源的依赖程度。这不仅有助于缓解能源供需矛盾、保障能源安全，还为实现碳达峰、碳中和目标做出了积极贡献。

③提升公众对清洁能源的认识和接受度：项目的成功实施和广泛宣传提升了公众对清洁能源的认识和接受度。越来越多的人开始认识到清洁能源的重要性和优越性，并愿意积极参与到清洁能源的推广和应用中来。这种积极的社会氛围将进一步推动清洁能源产业的快速发展和普及应用。

（4）项目总结

1）光伏发电项目的巨大潜力和价值。国电电力曲靖宣威国电新能源开发有限公司124.875MWp海岱光伏发电项目一期的成功实施，不仅是对光伏发电技术实力的一次有力证明，更是对光伏发电项目巨大潜力和价值的一次深刻诠释。该项目不仅为当地提供了稳定、可靠的清洁能源供应，还创造了显著的经济效益、环境效益和社会效益，展现了光伏发电作为未来主流能源之一的无限可能。

2）科学的勘察设计奠定坚实基础。项目的成功离不开科学的勘察设计和精细化的管理。通过公开招标的方式，项目选择了具备高资质、强实力的勘察设计服务提供商，确保了设计方案的先进性和可行性。勘察设计过程中，团队充分利用现代测绘技术和光照模拟软件，对光伏场区进行了高精度测量和详细分析，为项目的后续建设提供了准确、可靠的数据支持。同时，初步设计和施工图设计的优化与创新，也为项目的顺利实施和高效运营奠定了坚实的基础。

3）严格的施工管理与环保措施确保项目质量。在施工过程中，项目团队严格按照施工图和设计要求进行作业，确保了工程质量和进度的双重保障。同时，项目还采取了一系列严格的环保措施，如生态恢复、绿化种植、施工期洒水降尘等，有效减少了施工对周边环境的影响。这些措施不仅体现了项目团队对环境保护的高度重视，也彰显了光伏发电项目在可持续发展方面的独特优势。

4）经济效益、环境效益与社会效益的有机统一。项目的成功实施实现了经济效益、环境效益和社会效益的有机统一。经济效益方面，项目投产后将产生稳定的电力输出，为投资者带来可观的经济回报；环境效益方面，光伏发电作为清洁能源项目，对环境的正面影响显著，有助于改善空气质量、减少温室气体排放；社会效益方面，项目建设和运营过程中创造了大量就业机会，提高了当地居民的收入水平，同时推动了当地能源结构的优化和可持续发展。

5）展望未来，光伏发电项目具有广阔的前景。随着全球能源转型和应对气候变化的压力不断增大，光伏发电作为清洁能源的重要组成部分，其发展前景将更加广阔。未来，随着技术的不断进步和成本的进一步降低，光伏发电项目的竞争力将不断增强。同时，政策支持和市场需求的双重驱动也将为光伏发电产业的发展提供有力保障。

2. 杭州市公共机构屋顶分布式光伏项目

杭州市通过深化与国内外光伏企业的合作与交流，引进更多先进技术和管理经验；加强政策扶持和市场监管力度，为分布式光伏发电的健康发展创造更加有利的条件。积极探索分布式光伏发电与储能、智能电网等技术的融合发展路径，推动形成更加安全、高效、可持续的能源体系。

（1）项目背景和意义

1）项目背景：在全球能源转型的大背景下，可再生能源尤其是光伏产业的崛起，成为应对气候变化、实现可持续发展的关键路径。随着技术进步和成本下降，光伏发电已逐渐成为最具竞争力的清洁能源之一。作为中国的经济强市和生态宜居城市，积极响应国家"双碳"战略，通过实施公共机构屋顶分布式光伏发电项目，不仅展现了其作为省会城市的责任感与前瞻性，也为全国乃至全球的光伏应用树立了标杆。

2）项目意义：该项目不仅提升了杭州市公共机构的能源利用效率，减少了碳排放，还通过示范效应，带动了全市乃至全省分布式光伏发电的发展，为绿色能源及经济社会高质量发展提供了有力支撑。具体如下所示。

①优化能源结构：该项目有效提升了杭州市公共机构的能源自给率，降低了对化石能源的依赖，为城市能源结构的优化调整贡献了力量。

②碳减排与环境保护：通过光伏发电减少的碳排放量，对于缓解城市热岛效应、改善空气质量、保护生态环境具有重要意义。此外，光伏板的安装还能在一定程度上降低屋顶温度，减少建筑的制冷能耗。

③经济效益与社会影响：项目带来的稳定发电收益，不仅为公共机构节约了电费开支，还通过政府补贴和上网收益进一步增强了项目的经济可行性。同时，其示范效应激发了社会各界对分布式光伏发电的兴趣和参与度，促进了相关产业链的发展。

④技术创新与产业升级：在项目的实施过程中，采用了先进的合同能源管理模式和数字化运维手段，推动了光伏技术和管理模式的创新。这些创新成果不仅提升了项目本身的效率和效益，也为整个光伏产业的转型升级提供了宝贵的经验。

（2）项目实施过程

1）前期准备

①摸底排查：杭州市机关事务管理局会同相关部门，对全市公共机构屋顶资源进行全面摸底排查，明确可利用的屋顶面积和光照条件。

②方案制定：根据摸底结果，制定了详细的实施方案，包括光伏组件选型、安装方案、运维管理等。

2）主体推进

①推进主体：杭州市发改委、市机关事务局作为推进主体单位，负责项目的整体协调和推进。

②投资建设主体：浙江大有集团有限公司、杭州市能源集团作为投资建设主体单位，负责项目的具体实施。

3）实施阶段

①统一标准：在项目实施过程中，严格执行统一的设计标准、施工标准和运维标准，确保项目质量和安全。

②创新推进：采用合同能源管理模式，通过签订合作协议明确各方权利和义务，实现"谁投资建设谁运营管理"的原则。同时，采用"自发自用、余电上网"的运营模式，最大化利用光伏发电效益。

4）运维管理

①数字运维：利用数字化手段对光伏项目进行统一管理，实现运营数据的实时监控和分析，提高运维效率。

②示范创建：通过打造示范样板，推动全市乃至全省公共机构分布式光伏产业的发展。

（3）项目成效与影响

1）经济效益。项目合计装机容量2282kWp，年发电量约228万kWh，为公共机构带来了稳定的发电收益。同时，通过政府补贴和光伏发电上网收益，进一步提升了项目的经济性。

2）环境效益。项目年减少碳排放数千吨，对改善杭州市环境质量、减少温室气体排放做出了重要贡献。

3）社会效益。通过示范效应，带动了全市乃至全省分布式光伏产业的发展，提升了公众对清洁能源的认识和接受度。同时，为其他城市和地区提供了可借鉴的分布式光伏建设模式。

4）示范效应。该项目的成功实施，进一步扩大了杭州市公共机构的示范效应，为打造分布式光伏产业发展的良好生态环境提供了有力支持。同时，也为全省绿色能源及经济社会高质量发展提供了助力。

（4）项目总结

1）政府引导与企业参与的深化合作

①政策引导与激励机制：杭州市政府不仅通过直接的财政补贴来激励企业参与分布式光伏建设，还制定了一系列优惠政策，如税收减免、贷款贴息等，进一步降低了企业的投资成本，增强了其参与的积极性。此外，政府还建立了完善的项目审批流程，缩短了项目从申报到落地的周期，为企业提供了便捷高效的服务环境。

②企业技术创新与产业升级：在政府引导下，浙江大有集团有限公司和杭州市能源集团等投资建设主体，不断加大研发投入，推动光伏技术的创新与应用。他们采用高效光伏组件、智能跟踪系统等先进技术，提高了光伏发电效率，降低了运维成本。同时，企业还通过引进国际先进管理理念，优化项目管理流程，实现了从设计、施工到运维的全链条高效管理，确保了项目的顺利实施和长期稳定运行。

③政企合作新模式：随着项目的深入实施，杭州市政府与企业的合作模式也在不断创新。双方通过建立战略合作关系，共同探索分布式光伏与智慧城市、绿色建筑等领域的深度融合，推动光伏产业与其他产业的协同发展，形成了政府引导、企业主体、市场运作的良性循环。

2）创新模式与多方共赢的深化实践

①合同能源管理模式的优化：在合同能源管理模式下，杭州市公共机构屋顶分布式光伏项目实现了投资建设主体与屋顶所有者之间的利益共享与风险共担。为了进一步优化这一模式，项目团队还引入了第三方服务机构，提供专业的运维管理和技术咨询，进一步降低了双方的运营风险，提高了项目的整体效益。

②"自发自用、余电上网"模式的灵活应用：项目根据各公共机构的实际用电需求和光伏发电能力，灵活调整"自发自用、余电上网"的比例，既保证了公共机构的用电需求，又充分利用了剩余电力资源，实现了光伏发电效益的最大化。同时，项目还积极探索与电网公司的合作，优化电力交易机制，提高电力交易的透明度和效率。

③多方共赢的深化：除了投资建设主体和屋顶所有者外，项目还带动了相关产业链上下游企业的发展，如光伏组件制造商、安装施工单位、运维服务商等，形成了完

整的产业链生态。这些企业的协同发展，不仅促进了光伏产业的整体进步，也为社会创造了更多的就业机会和经济效益。

3）数字运维与精细化管理的智能化升级

①数字化平台的构建：杭州市公共机构屋顶分布式光伏项目充分利用云计算、大数据、物联网等现代信息技术，构建了智能化运维管理平台。该平台能够实时采集光伏电站的运行数据，进行深度分析和挖掘，为运维管理提供科学依据。同时，平台还支持远程监控和故障预警功能，大大提高了运维效率和响应速度。

②精细化管理的实现：通过数字化平台，项目实现了对光伏电站的精细化管理。运维人员可以根据平台提供的数据分析结果，及时调整运维策略，优化设备运行状态。此外，平台还提供了丰富的报表和可视化工具，帮助管理者全面了解项目的运营状况，为决策提供支持。

③智能化运维的展望：未来，随着人工智能技术的不断发展，杭州市公共机构屋顶分布式光伏项目的运维管理将更加智能化。通过引入 AI 算法和机器学习技术，平台将能够自动识别和预测设备故障，提前采取应对措施，减少故障发生率和损失。同时，智能化的运维管理还将进一步提升项目的经济效益和环境效益，推动分布式光伏产业的可持续发展。

4）示范效应与持续发展的广泛推广

①示范效应的放大：杭州市公共机构屋顶分布式光伏项目的成功实施，不仅为本地乃至全省的分布式光伏产业发展树立了标杆，还吸引了国内外众多城市的关注和借鉴。项目团队通过举办经验交流会、技术研讨会等活动，积极分享项目经验和成果，推动了分布式光伏技术的普及和应用。

②持续发展的政策支持：为了巩固和扩大项目成果，杭州市政府将继续加大对分布式光伏产业的支持力度。政府将进一步完善相关政策法规体系，加强市场监管和标准制定工作，为分布式光伏产业的持续健康发展提供有力保障。同时，政府还将积极引导社会资本投入分布式光伏领域，推动产业规模的进一步扩大和技术的不断创新。

③未来发展趋势的展望：随着全球对可再生能源需求的不断增长和技术的不断进步，分布式光伏产业将迎来更加广阔的发展前景。杭州市公共机构屋顶分布式光伏发电项目作为其中的佼佼者，将继续发挥示范引领作用，推动分布式光伏发电在更多领域得到应用和推广。未来，该项目有望成为推动全球能源转型和绿色发展的重要力量之一。

3. 原阳县预制菜产业发展

随着消费者对便捷、健康食品需求的日益增长，预制菜产业迎来了快速发展期。原阳县作为河南省新乡市的重要组成部分，凭借其优越的区位条件、发达的冷链物流体系以及政府的大力支持，成功打造了预制菜产业的集聚区，成为行业内的经典案例。

（1）项目背景和意义

1）项目背景：随着现代生活节奏的加快和消费者健康意识的提升，预制菜作为一种便捷、营养且安全的食品形式，市场需求日益增长。本项目以河南省新乡市原阳县为例，依托其优越的区位优势和发达的冷链物流体系，投资建设河南中央厨房产业园，旨在推动预制菜产业的高质量发展。主要有以下三点。

①市场需求：现代生活节奏加快，消费者对便捷、健康、美味的预制菜需求显著增加。

②政府支持：原阳县政府积极响应国家关于发展预制菜产业的政策号召，出台了一系列扶持政策。

③资源优势：原阳县地理位置优越，靠近郑州，交通便捷；冷链物流发达，为预制菜产品的运输提供了有力保障。

2）项目意义

①促进经济增长：预制菜产业的发展带动了当地农业、食品加工业等相关产业的协同发展，促进了经济增长。

②满足市场需求：预制菜行业能够有效满足现代都市人群对便捷、健康食品的需求，提升生活质量。

③促进产业升级：通过工业化生产，降低生产成本，提高农产品附加值，推动农业现代化进程。

④创造就业机会：带动上下游产业链发展，增加就业岗位，提高农民收入。

⑤环境效益：减少食材浪费，降低碳排放，有利于环境保护。

（2）项目实施过程

1）市场调研与规划

①消费者行为分析：除了基本的市场需求和趋势调研外，还需深入分析消费者的购买习惯、偏好变化、支付意愿等因素，为产品开发和市场定位提供精准的数据支持。

②竞品分析：对国内外预制菜市场的竞品进行深入研究，包括产品种类、价格区间、市场占有率、营销策略等，以便找出市场缺口和差异化竞争点。

③技术趋势预测：密切跟踪食品科技、冷链物流、智能制造等领域的最新进展，评估其对预制菜产业的影响，为产业发展规划提供前瞻性指导。

④阶段性目标设定：根据市场调研结果，制定分阶段的发展目标，如短期内的产能扩张、品牌建设、市场拓展等；综合考虑中长期的技术创新、产业链延伸等。

⑤路径规划：明确实现各阶段目标的路径和策略，包括政策争取、资源整合、合作模式选择等，确保规划的可操作性和落地性。

2）园区建设

①交通物流：优化园区周边的交通网络，确保原材料和成品高效运输；建设或升级冷链物流设施，保障预制菜产品的新鲜度和安全性。

②公共设施：完善水、电、气、通信等基础设施，满足园区内企业的基本需求；建设员工宿舍、食堂、娱乐设施等生活配套设施，提升园区吸引力。

③中央厨房产业区：重点发展标准化、规模化的预制菜生产，引入先进的自动化生产线和智能管理系统。

④烘焙产业区：针对烘焙类预制菜的特点，建设专用生产线和烘焙实验室，满足市场对高品质烘焙产品的需求。

⑤食材配套产业区：聚集农产品种植基地、食材供应商、冷链物流企业等，形成闭环的食材供应链体系，降低企业采购成本，提高供应效率。

3）招商引资

①税收优惠：为入驻企业提供一定期限的税收减免或返还政策，减轻企业初期运营负担。

②土地政策：优先保障预制菜产业用地需求，提供优惠的土地出让价格或租赁条件。

③资金扶持：设立预制菜产业发展基金，为符合条件的企业提供贷款贴息、股权投资等金融支持。

④一站式服务：建立招商引资服务中心，提供从项目咨询、注册登记、土地审批到开工建设的一站式服务。

⑤定制化服务：根据企业需求，提供定制化的厂房建设、设备采购、人才引进等配套服务，降低企业入驻成本。

4）企业入驻与运营

①专业团队支持：组建由技术人员和专家组成的团队，协助企业进行设备安装、调试和验收工作，确保设备正常运行。

②安全生产培训：组织安全生产培训活动，提高企业员工的安全意识和操作技能，确保生产过程中的安全稳定。

③生产管理咨询：为企业提供生产管理咨询服务，帮助企业优化生产流程、提高生产效率、降低生产成本。

④市场对接服务：搭建企业与市场对接的平台，组织产品展示会、订货会等活动，促进企业间的交流与合作。

⑤技术研发合作：鼓励企业与高校、科研机构开展技术研发合作，推动预制菜产业的技术创新和升级。

⑥人才培训计划：制定人才培训计划，开展职业技能培训、管理培训等活动，提升园区内企业员工的专业素养和管理能力。

5）市场推广与品牌建设

①线上渠道：利用电商平台、社交媒体、直播带货等线上渠道进行品牌推广和产品营销，扩大市场覆盖面和影响力。

②线下渠道：布局实体专卖店、超市、便利店等线下渠道，提升消费者触达率和购买的便利性。

③品牌定位：明确品牌的市场定位和目标消费群体，打造具有差异化竞争优势的品牌形象。

④品牌传播：通过广告宣传、公关活动、事件营销等方式提升品牌知名度和美誉度；加强品牌故事和文化的传播，增强品牌认同感和忠诚度。

⑤品牌保护：加强品牌商标、专利等知识产权的保护工作，打击假冒伪劣产品，维护品牌形象和消费者权益。

项目具体实施时间可参见表5-3。

表5-3 项目具体实施时间表

序号	时间节点	主要活动
1	2021 年初	项目启动，确定项目目标和范围，组建项目团队
2	2021 年第 2、3 季度	市场需求调研，园区规划与设计，招商引资准备
3	2021 年第 4 季度	园区一期工程开工建设，包括中央厨房产业区等
4	2022 年上半年	园区一期工程完工，企业入驻与试产阶段
5	2022 年下半年	园区正式运营，市场推广与品牌建设
6	2023 年初	项目总结，二期工程规划与筹备

（3）项目成效与影响

1）经济效益

①企业规模与增长：截至目前，原阳县预制菜企业数量已增至 40 余家，形成了一个规模庞大且充满活力的产业集群。这些企业不仅涵盖了从原材料采购到成品销售的完整产业链，还通过不断创新和技术升级，推出了超过 1000 个菜类品种，其中 300 余个成为市场爆品，展现了强大的市场竞争力和创新能力。2021 年，全县 39 家规模以上食品企业（主要以预制菜为主）的营业收入达到了 81.95 亿元，同比增长 22.4%，这一显著增长不仅体现了预制菜产业的快速发展，也为当地经济注入了强劲动力。助力全县食品产业年营收突破 100 亿元大关，标志着原阳县预制菜产业已经迈入了一个新的发展阶段。

②税收与财政贡献：随着企业营业收入的快速增长，原阳县预制菜产业对地方财

政的贡献也日益显著。企业缴纳的税收成为政府财政收入的重要组成部分，为政府提供了更多的资金用于基础设施建设、公共服务改善以及进一步支持产业发展的基础条件，从而形成了良性循环。

③产业链带动效应：预制菜产业的蓬勃发展还带动了上下游相关产业的发展，如农业种植、养殖业、包装材料、冷链物流等，形成了一个庞大的产业链。这不仅促进了当地产业结构的优化升级，还提高了整体经济效益。

2）环境效益

①绿色生产模式：预制菜产业通过标准化生产和精准配料，有效减少了食材在加工过程中的浪费，提高了资源利用效率。同时，园区内企业积极采用先进的生产设备和环保技术，如自动化生产线、节能设备、废水废气处理系统等，确保生产过程中的环保达标，降低了对环境的污染。

②可持续发展理念：原阳县预制菜产业在快速发展的同时，始终坚持可持续发展理念，积极推动绿色生产、低碳生活。企业加强内部管理，优化生产流程，减少能源消耗和排放，努力实现经济效益与环境保护的双赢。

③生态园区建设：为了进一步提升环境效益，原阳县预制菜产业园区还注重生态园区建设。通过绿化美化、垃圾分类回收、雨水收集利用等措施，打造了一个环境优美、生态平衡的产业园区。这不仅提升了园区的整体形象，也为员工和周边居民提供了一个良好的工作生活环境。

3）社会效益

①就业与收入提升：预制菜产业的快速发展为当地居民提供了大量就业机会，涵盖了从生产工人到管理人员、技术人员等多个岗位。这些就业机会不仅提高了居民的收入水平，还促进了社会稳定和谐。同时，随着企业规模的扩大和业务的拓展，预计还将创造更多的就业机会。

②农业现代化进程：预制菜产业的发展推动了当地农业产业链的延伸和农业现代化进程。通过订单农业、标准化种植等方式，企业与农户建立了紧密的合作关系，促进了农产品的规模化、标准化生产。这不仅提高了农产品的附加值和市场竞争力，还带动了农民增收致富。

③消费观念转变：随着预制菜品牌的逐渐崛起和市场的不断扩大，公众对预制菜产业的认知度和接受度也在不断提高。越来越多的消费者开始接受并喜爱预制菜产品，这种消费观念的转变不仅促进了预制菜产业的发展，也推动了整个食品行业的转型升级。

4）市场影响

①品牌建设与市场拓展：原阳预制菜品牌通过不断创新和营销手段，逐渐在全国

市场树立了良好的品牌形象和口碑。部分优秀企业甚至将产品出口到海外市场，实现了国际市场的拓展。这不仅提升了原阳预制菜品牌的知名度和影响力，也为当地企业带来了更广阔的发展空间。

②产业集聚效应：随着预制菜产业的不断发展壮大，原阳县已经形成了较为完善的产业链和产业集群。这种产业集聚效应不仅降低了企业的生产成本和交易成本，还提高了整体竞争力。同时，它还吸引了更多上下游企业和相关配套服务的入驻，进一步推动了预制菜产业的繁荣发展。

③行业示范与引领：原阳县预制菜产业的成功发展不仅为当地经济注入了强劲动力，也为全国预制菜产业的发展提供了宝贵经验和示范。它的成功经验、创新模式以及先进理念将不断被其他地区学习和借鉴，从而推动整个预制菜行业的持续健康发展。

（4）项目总结

1）项目借鉴点

①定位准确：项目充分利用了原阳县的区位优势和资源禀赋，精准定位了预制菜产业。

②政策支持：政府出台了一系列扶持政策，为项目实施提供了有力保障。

③产业集聚：通过招商引资和园区建设，形成了预制菜产业的集聚效应。

④市场反响好：产品受到消费者广泛好评，市场份额不断扩大。

2）项目不足

①技术创新不足：部分企业在产品研发和技术创新方面仍需加强。

②品牌建设滞后：部分预制菜品牌知名度不高，市场影响力有限。

③市场拓展不平衡：部分产品存在市场区域过于集中的问题。

3）未来展望

①加强技术创新和研发投入，提升产品品质和竞争力。

②加强品牌建设和市场推广，提高品牌知名度和市场占有率。

③拓展国内外市场，实现预制菜产业的全球化布局。

4. 安徽蚌埠天河湖生态环境治理与乡村振兴融合发展项目

（1）项目背景和意义

1）项目背景

安徽省蚌埠市禹会区的天河湖，作为区域内重要的自然水体，长期以来受到污染和生态破坏的威胁，导致水质恶化、生物多样性减少，严重影响了周边居民的生活质量和区域生态环境。同时，天河湖周边地区经济发展相对滞后，农业结构单一，乡村振兴面临诸多挑战。因此，禹会区政府决定实施天河湖生态环境治理与乡村振兴融合发展项目，旨在通过生态环境治理促进区域生态修复，同时结合乡村振兴战略，推动区域经济转型升级。

2）项目意义

①生态环境改善：项目通过清淤扩容、水质净化、生态修复等措施，显著改善天河湖的水质和生态环境，提升区域生态服务功能。

②产业升级：结合文化旅游、生态农业、生态工业等产业，形成多元化产业结构，促进区域经济转型升级。

③乡村振兴：通过项目带动，改善农村基础设施，提升农民生活水平，推动乡村全面振兴。

④示范效应：作为 EOD（生态环境导向的开发模式）项目，该项目将为其他地区提供可复制、可推广的生态环境治理与乡村振兴融合发展经验。

（2）项目实施过程

1）前期准备：包括项目立项、可行性研究、规划设计、资金筹措等工作。项目成功入选国家 EOD 模式试点项目，并获得国家开发银行等金融机构的信贷支持。

①项目立项：项目经过深入调研和论证，由禹会区政府提出立项申请，经过多轮评审和审批，最终获得省级及国家相关部门的批准，正式立项。

②可行性研究：组织专业团队对项目的可行性进行全面分析，包括生态环境现状、治理技术路线、产业融合模式、经济效益预测等方面，确保项目科学可行。

③规划设计：聘请国内外知名设计机构，结合天河湖实际情况和区域发展规划，编制了详细的项目规划设计方案，明确了项目建设的目标、内容、布局和实施时序。

④资金筹措：项目总投资约 32 亿元，通过政府投资、银行贷款、社会资本引入等多种渠道筹集资金。项目成功入选国家 EOD 模式试点项目，获得了国家开发银行等金融机构的信贷支持，为项目顺利实施提供了有力保障。

2）生态环境治理：实施天河湖清淤扩容工程，清理湖底淤泥和垃圾，扩大库容；建设生态浮岛、湿地净化系统等水质净化设施；开展湖岸线生态修复，种植水生植物，恢复生物多样性。

①天河湖清淤扩容工程：采用先进的清淤技术和设备，对天河湖进行全面清淤，清理湖底淤泥和垃圾，扩大库容，提高湖泊的自净化能力。

②水质净化设施建设：建设生态浮岛、湿地净化系统等水质净化设施，通过自然生态过程净化水质，减少污染物排放，提升湖泊水质。

③湖岸线生态修复：对湖岸线进行生态修复，种植水生植物，构建生态缓冲带，恢复生物多样性，提升湖泊生态系统的稳定性。

3）产业融合发展：依托天河湖优美的自然风光和丰富的文化资源，发展文化旅游产业；建设生态农业园区，推广绿色种植和养殖技术；引入生态工业项目，发展环保产业和循环经济。

①文化旅游产业发展：依托天河湖优美的自然风光和丰富的文化资源，开发文化旅游产品，建设旅游设施，举办文化节庆活动，吸引游客前来观光旅游，促进文化旅游产业的发展。

②生态农业园区建设：在天河湖周边建设生态农业园区，推广绿色种植和养殖技术，发展有机农业、生态农业等现代农业模式，提高农产品附加值，增加农民收入。

③生态工业项目引入：引入环保产业和循环经济项目，利用天河湖周边资源发展生态工业，推动产业升级和转型，实现经济效益与生态效益的双赢。

4）基础设施建设：完善项目区内的交通、水电、通信等基础设施，提升区域承载能力。

①完善交通设施：加强项目区内的交通基础设施建设，修建和改造道路、桥梁等设施，提高交通便捷性和通达性。

②保障水电通信：完善水电通信等基础设施，确保项目区内的电力供应、供水和通信畅通无阻，为项目顺利实施提供有力保障。

5）运营管理：建立项目运营管理机制，确保项目长期稳定运行。同时，加强项目宣传和推广，提高项目知名度和影响力。

①建立运营管理机制：建立项目运营管理机制，明确管理职责和流程，确保项目长期稳定运行。加强项目日常管理和维护，及时发现和解决问题。

②加强宣传推广：通过多种渠道和方式加强项目宣传和推广，提高项目知名度和影响力。通过组织媒体采访、举办推介会等活动，吸引更多社会关注和投资。

通过以上措施的实施，安徽省蚌埠市禹会区天河湖生态环境治理与乡村振兴融合发展项目得以顺利推进，并取得了显著成效。

（3）项目成效与影响

1）生态环境显著改善：天河湖水质得到明显提升，生态环境得到有效修复，现在已成为周边居民休闲娱乐的好去处。

①水质提升：经过一系列生态环境治理措施的实施，天河湖水质得到了明显提升，由原先的劣Ⅴ类水质提升至Ⅳ类甚至更优水质，部分区域甚至达到了地表水Ⅲ类标准，水体透明度增加，异味消除，生态环境得到了有效恢复。

②生态修复：湖岸线生态修复工程成效显著，生物多样性得到恢复，水生植物繁茂，鱼类、鸟类等野生动物数量增多，形成了一个健康稳定的湖泊生态系统。目前天河湖已成为周边地区重要的生态屏障和自然景观，吸引了大量市民和游客前来观赏和休闲。

③环境教育：项目还带动了环境教育的发展，通过建立生态教育基地、举办环保

知识讲座等活动，提高了公众对生态环境保护的意识和参与度。

2）产业发展迅速：文化旅游、生态农业、生态工业等产业快速发展，形成了一批具有地方特色的品牌和产品。

①文化旅游：依托天河湖优美的自然风光和丰富的文化资源，文化旅游产业蓬勃发展。通过举办各类文化节庆活动、开发特色旅游线路和产品，吸引了大量游客前来观光旅游，带动了周边餐饮、住宿等服务业的繁荣。

②生态农业：生态农业园区建设成效显著，绿色种植和养殖技术得到广泛推广。农产品品质提升，市场竞争力增强，形成了一批具有地方特色的品牌和产品。农民通过参与生态农业项目，实现了增收致富。

③生态工业：引入的生态工业项目不仅推动了产业升级和转型，还实现了资源的高效利用和循环利用。环保产业和循环经济的发展为当地经济注入了新的活力。

3）乡村振兴成效显著：项目带动了周边农村经济的发展，农民收入水平显著提高，农村基础设施不断完善，乡村面貌焕然一新。

①经济发展：项目带动了周边农村经济的快速发展，农民收入水平显著提高。通过参与文化旅游、生态农业等产业，农民实现了家门口就业和创业，收入渠道更加多元化。

②基础设施完善：农村基础设施不断完善，交通、水电、通信等条件得到显著改善。农村面貌焕然一新，居民生活环境更加宜居。

③社会治理：随着乡村经济的发展和基础设施的完善，社会治理水平也得到提升。村民自治能力增强，乡村社会更加和谐稳定。

4）示范效应明显：项目作为 EOD 模式的成功案例，吸引了众多地区前来学习和借鉴，为推广生态环境治理与乡村振兴融合发展模式提供了有力支持。

①模式推广：作为 EOD 模式的成功案例，天河湖生态环境治理与乡村振兴融合发展项目在全国范围内产生了广泛的示范效应。众多地区前来学习和借鉴该项目的成功经验，探索适合自身特点的生态环境治理与乡村振兴融合发展模式。

②政策引导：项目的成功实施也引起了国家和地方政府的高度重视。相关部门出台了一系列政策措施，支持生态环境治理与乡村振兴融合发展模式的推广和应用。

③社会影响：项目的成功不仅提升了蚌埠市禹会区的知名度和美誉度，还增强了公众对生态环境保护和乡村振兴工作的关注和支持。社会各界纷纷投入到生态环境保护和乡村振兴事业中来，形成了良好的社会氛围和合力。

（4）项目总结

安徽省蚌埠市禹会区天河湖生态环境治理与乡村振兴融合发展项目，作为一项集生态修复、产业升级与乡村振兴于一体的综合性工程，其深远意义不仅体现在对自然环境的重塑上，更在于对区域经济社会发展的全面推动。以下是对该项目的详细总结。

1）项目意义深远。本项目不仅是一项旨在改善区域生态环境的绿色工程，更是一项关乎民生福祉的重要举措。通过天河湖的生态环境治理，不仅恢复了湖泊的自然生态功能，提升了水质，还极大地改善了周边居民的生活质量，为市民提供了休闲娱乐的新去处。同时，项目的实施促进了文化旅游、生态农业、生态工业等多元化产业的发展，为区域经济转型升级注入了新的活力，推动了乡村振兴战略的深入实施。

2）成果显著，多方共赢。项目在生态环境、经济发展、社会民生等多个方面取得了显著成效。生态环境方面，天河湖水质和生态环境得到根本性改善，生物多样性逐渐恢复，成为城市绿肺和生态名片。经济发展方面，文化旅游、生态农业等产业的快速发展，带动了当地就业，提高了农民收入，促进了区域经济的繁荣。社会民生方面，项目改善了农村基础设施，提升了村民生活质量，增强了社会的和谐稳定。

3）成功要素分析。项目成功实施的关键在于以下几个方面：一是科学规划，项目从立项到实施都经过了深入调研和科学论证，确保了项目的可行性和有效性；二是政策支持，国家和地方政府在项目资金、政策等方面给予了大力支持，为项目顺利推进提供了有力保障；三是资金保障，项目通过多元化融资渠道，确保了项目资金的充足和稳定；四是社会参与，项目充分调动了社会各界的力量，形成了政府主导、企业参与、社会支持的良好局面。

4）未来展望与建议。展望未来，应继续加强天河湖生态环境治理与乡村振兴融合发展项目的管理和运营，巩固项目成果，推动项目持续健康发展。具体建议包括：一是建立健全长效管理机制，确保项目后续运营管理的规范化和专业化；二是加强项目监测和评估，及时发现并解决问题，确保项目成效的持续性和稳定性；三是加大宣传力度，提高公众对项目的认知度和参与度，形成全社会共同关注和支持的良好氛围；四是总结经验教训，为其他地区实施类似项目提供有益借鉴和参考。积极探索新的发展模式和创新路径，推动项目在更高层次上实现可持续发展。

5. 吉林省白山市江源区松湾废弃老工业基地再利用 EOD 项目

（1）项目背景和意义

1）项目背景。吉林省白山市江源区松湾地区曾是一片繁荣的老工业基地，随着时代变迁和产业结构调整，该区域逐渐陷入废弃状态，留下大量闲置土地、废旧厂房，并造成了环境污染问题。这些废弃资源不仅占用了宝贵的土地资源，还对环境造成了严重影响，制约了区域经济的可持续发展。为响应国家关于生态文明建设和资源循环利用的号召，江源区政府决定启动松湾废弃老工业基地再利用 EOD（生态环境导向的开发模式）项目，旨在通过生态环境治理与产业转型升级的有机结合，实现废弃资源的再利用和区域经济的绿色发展。

2）项目意义

①生态环境改善：项目通过实施生态环境治理工程，有效改善松湾地区的生态环境质量，减少污染排放，提升区域生态承载力。

②资源高效利用：将废弃土地、厂房等资源进行再利用，提高资源利用效率，实现资源的节约和集约利用。

③产业升级转型：依托生态环境治理成果，引入绿色、低碳、循环的新型产业，推动区域产业结构的优化升级，培育新的经济增长点。

④社会经济效益：项目实施将带动当地就业，提高居民收入水平，改善民生福祉，同时促进政府、企业和社会的多方共赢。

（2）项目实施过程

1）前期准备

①项目立项与规划：江源区政府高度重视，精心组织了一支由环保、规划、经济等多领域专家组成的团队，进行了深入细致的项目可行性研究。通过实地考察、数据分析与预测，团队编制了详尽的项目规划方案，明确了项目的总体目标、具体实施内容、分阶段实施时序以及详细的资金筹措方案。经过多轮评审与论证，项目最终获得上级政府的高度认可与批准，并正式立项启动。

②政策与资金保障：为确保项目顺利实施，江源区政府积极与上级政府沟通，争取到了多项政策扶持，包括税收优惠、土地政策优惠等。同时，政府还通过财政拨款、申请专项基金等方式，为项目提供了坚实的资金保障。此外，政府还创新融资模式，成功引入了社会资本参与项目建设，通过PPP（政府和社会资本合作）模式等多元化投资融资机制，有效缓解了资金压力，确保了项目资金的充足与稳定。

2）生态环境治理

①污染场地修复：项目团队首先对废弃工业场地进行了全面的污染调查和评估，明确了污染物的种类、分布及污染程度。随后，根据评估结果，采取了针对性的土壤修复、水体净化等措施。通过物理、化学、生物等多种技术手段的综合运用，有效消除了环境污染隐患，恢复了场地的生态功能。

②生态景观建设：在污染场地修复的基础上，项目团队结合区域自然条件和历史文化特色，精心设计了生态景观工程。通过种植本土植物、建设生态湿地、打造文化景观节点等方式，不仅提升了区域的生态环境质量，还赋予了场地新的文化内涵和景观价值，为居民提供了一个休闲、娱乐、教育的绿色生态空间。

3）产业转型升级

①产业规划：在充分调研区域资源禀赋和市场需求的基础上，项目团队制定了科学合理的产业发展规划。规划明确了区域产业发展的方向和重点，即大力发展绿色、

低碳、循环的新型产业，如文化旅游、生态农业、环保科技等。同时，规划还提出了具体的产业发展策略和措施，为区域产业的转型升级提供了有力指导。

②招商引资：为吸引更多优质企业入驻，江源区政府积极开展招商引资工作。通过举办推介会、洽谈会等活动，向外界展示区域的发展潜力和投资优势。同时，政府还制定了一系列优惠政策，如税收减免、用地优惠等，以降低企业的投资成本，提高项目的吸引力。在政府的努力下，成功引进了一批绿色、低碳、循环的新型产业项目，为区域经济的可持续发展注入了新的动力。

4）基础设施建设。交通与公共设施：为提升项目区域的交通便捷性和居民生活质量，江源区政府加大了基础设施建设的投入力度。通过新建、改建道路等方式，完善了项目区域内的交通网络；同时，还建设了一批公共设施，如公园、绿地、体育场馆等，为居民提供了更加便捷、舒适的生活环境。这些基础设施的完善不仅提升了区域的综合承载能力，也为项目的顺利实施提供了有力保障。

5）运营管理。建立管理机制：为确保项目的持续有效运营和管理，江源区政府成立了专门的项目管理机构。该机构负责项目的日常运营和管理工作，包括环境监测、设施维护、产业引导等。同时，还建立健全了项目监测和评估机制，定期对项目的实施效果进行评估和反馈，以便及时调整和优化项目管理策略。通过这些措施的实施，确保了项目成效的持续性和稳定性。

（3）项目成效与影响

1）生态环境改善。废弃工业场地的污染得到了有效治理，生态环境质量显著提升；生态景观工程的建设为区域增添了绿色元素，提升了区域整体形象。

①废弃工业场地的污染得到全面且有效的治理，通过科学严谨的土壤修复和水体净化技术，消除了长期以来的环境污染隐患，生态环境质量实现了质的飞跃。

②生态景观工程的建设不仅恢复了自然生态，还融入了文化元素和艺术设计，使区域面貌焕然一新，为城市增添了独特的绿色风景线，极大地提升了区域整体形象和生态宜居性。

③随着生态环境的改善，区域内生物多样性逐步恢复，生态系统服务功能显著增强，为区域可持续发展提供了坚实的生态保障。

2）产业升级转型。成功引入了一批绿色、低碳、循环的新型产业项目，推动了区域产业结构的优化升级；产业集聚效应初步显现，为区域经济发展注入了新的活力。

①成功吸引并引入了一批具有创新能力和高附加值的绿色、低碳、循环新型产业项目，这些项目不仅符合现代产业发展趋势，也为区域产业结构的优化升级注入了强劲动力。

②通过产业政策的引导和市场机制的作用，产业集聚效应逐步显现，形成了以绿

色经济为主导的产业集群，推动了区域经济的快速增长和高质量发展。

③产业升级转型过程中，传统产业的转型升级和新兴产业的培育发展相互促进，形成了良性循环，为区域经济的长期稳定发展奠定了坚实基础。

3）社会经济效益。项目实施带动了当地就业，提高了居民收入水平；促进了政府、企业和社会的多方共赢；提升了区域知名度和美誉度，为区域经济社会发展奠定了坚实基础。

①项目实施直接带动了当地就业，为当地居民提供了更多的就业机会和收入来源，有效缓解了就业压力，提高了居民的生活水平和幸福感。

②项目促进了政府、企业和社会的多方共赢。政府通过项目实施实现了生态治理和经济发展的双重目标；企业获得了良好的投资环境和市场机遇；社会则享受到生态环境改善和产业升级带来的诸多红利。

③项目的成功实施提升了区域知名度和美誉度，吸引了更多的国内外投资者和游客前来关注和参观，为区域的经济社会发展开辟了更广阔的空间和前景。同时，项目的成功经验也为其他地区的老工业基地改造和生态环境治理提供了有益的借鉴和参考。

（4）项目总结　吉林省白山市江源区松湾废弃老工业基地再利用 EOD 项目，作为一项集生态修复、产业升级与民生改善于一体的综合性项目，其成功实施不仅彰显了创新思维与前瞻视野，更树立了生态环境保护与经济发展和谐共生的典范。该项目不仅是对传统废弃工业用地再利用模式的深刻变革，更是推动区域绿色转型、实现可持续发展的重要实践。

1）核心任务与规划实施过程的巧妙结合。项目在规划与实施过程中，巧妙地将生态环境治理与产业转型升级两大核心任务紧密结合，通过一系列科学有效的措施，不仅有效治理了废弃工业场地的环境污染，恢复了区域生态平衡，还成功引入并培育了一批绿色、低碳、循环的新型产业，为区域经济发展注入了强劲动力。这种"环境治理+产业升级"的双轮驱动模式，不仅实现了废弃资源的最大化利用，也促进了区域经济结构的优化升级，为区域的长远发展打下了坚实基础。

2）政府引导，多方协调。在项目实施过程中，政府、企业和社会各界紧密合作，形成了强大的合力。政府发挥了政策引导、组织协调和资金保障的关键作用；企业则凭借自身的技术实力和市场优势，积极参与项目建设和运营；社会各界通过提供智力支持、监督评估等方式，为项目的顺利推进贡献力量。这种多方参与、协同推进的合作机制，为项目的成功实施提供了有力保障。

3）生态环境提升与产业升级转型。项目取得的成效令人瞩目。生态环境方面，废弃工业场地的污染得到有效治理，生态环境质量显著提升，生态景观工程的建设更是为区域增添了无限生机与活力；产业升级方面，成功引入并培育了一批具有竞争力的新兴产业，推动了区域产业结构的优化升级；社会经济效益方面，项目不仅带动了当地就业，提高了居民收入水平，还促进了政府、企业和社会的多方共赢，提升了区域知名度和美誉度。

4）未来展望与建议。为确保项目成果的持续有效和项目的持续健康发展，需进一步加强项目管理和运营，建立健全长效管理机制，确保各项措施落到实处。同时，应继续总结经验教训，深入挖掘项目中的亮点与创新点，为其他地区实施类似项目提供有益借鉴和参考。在各方共同努力下，吉林省白山市江源区松湾废弃老工业基地再利用 EOD 项目正在成为推动区域绿色发展、实现经济社会全面进步的重要力量。

6. 好特卖（HotMaxx）的临期食品市场探索与投资咨询

（1）项目背景和意义　随着消费者对性价比追求的增加以及"反食品浪费"理念的普及，临期食品市场在中国逐渐兴起。好特卖作为这一领域的佼佼者，通过精准的市场定位和创新的商业模式，迅速成为行业内的标杆企业。本案例将详细分析好特卖的产业咨询过程、实施策略及成果，旨在为食品产业内的投资者提供参考和借鉴。

1）项目背景。随着全球范围内对食品浪费问题的日益关注，以及消费者对于性价比和环保意识的提升，临期食品市场逐渐进入公众视野并展现出巨大的发展潜力。好特卖敏锐地捕捉到了这一市场机遇，决定投身于临期食品零售领域，通过创新的商业模式和精细化的运营管理，为消费者提供高品质、低价格的临期食品，推动社会资源的有效利用。

2）项目意义

①减少食品浪费：通过销售临期食品，好特卖直接参与了减少食品浪费的行动，有助于缓解社会资源压力，促进可持续发展。

②满足消费者需求：临期食品在保证安全的前提下，以更低的价格出售，满足了消费者对性价比的追求，提升了消费者的购买体验。

③推动行业创新：好特卖的成功探索为临期食品市场树立了标杆，激励着更多企业和资本进入该领域，推动了行业的整体发展。

（2）项目实施过程

1）市场分析

①市场规模：经过详尽的数据收集与分析，好特卖确认 2022 年中国临期食品行业市场规模已达到 337 亿元，这一数字不仅彰显了市场的庞大体量，更预示着其巨大的发展潜力。预计 2025 年，随着消费者认知度的提升和行业的进一步规范，市场规模将跃升至 401 亿元，为行业参与者提供了广阔的发展空间。

②消费者行为：调研结果显示，超过五成的消费者在购买临期食品时高度关注其安全性，这要求企业在选品和供应链管理上必须严格把关。同时，包装设计的吸引力

和品牌形象的塑造也逐渐成为影响消费者购买决策的重要因素。好特卖因此注重产品的包装设计,力求在视觉上吸引消费者,并通过品牌故事和理念传递,增强消费者的信任与好感。

③增长潜力:随着消费者对性价比的追求日益增强,以及环保意识的普遍提升,临期食品市场正迎来前所未有的发展机遇。加之资本市场的持续关注与投入,为行业的快速发展注入了强劲动力。好特卖紧跟市场趋势,积极布局深耕,以期在激烈的市场竞争中占据有利地位。

2)市场调研与定位。好特卖在项目初期便投入大量资源进行市场调研,通过问卷调查、深度访谈、竞品分析等多种方式,全面了解了目标消费群体的需求和偏好,以及竞争对手的市场布局和策略。基于这些宝贵的数据和洞察,公司精准地将自身定位为高品质、低价格的临期食品零售商,致力于为消费者提供丰富多样的临期食品选择,满足其多元化、个性化的消费需求。

3)供应链构建与优化。为了确保产品的品质和供应的稳定性,好特卖积极与国内外知名的食品生产商、超市等建立长期稳定的合作关系,构建了覆盖全国的供应链体系。公司不仅严格筛选供应商,确保所售商品均来自正规渠道,还通过引入先进的库存管理系统,实现了对库存状态的实时监控和精准管理。这一举措有效减少了库存积压和过期产品的产生,提高了运营效率,降低了运营成本。

4)品牌建设与推广。品牌是企业的灵魂,也是连接消费者与企业的桥梁。好特卖深知品牌的重要性,因此在品牌建设与推广上投入了大量精力。线上方面,公司建立了官方网站和社交媒体账号,通过发布高质量的内容、举办互动活动等方式,与消费者建立紧密的联系,提升品牌知名度和美誉度。线下方面,公司则注重实体门店的选址、装修和布局,力求为消费者提供温馨、舒适的购物环境。同时,公司还注重提升员工的服务意识和专业能力,确保每位顾客享受到优质的购物体验。

5)商业模式创新。在商业模式上,好特卖进行了大胆的创新与尝试。公司采用了"线上+线下"的全渠道零售模式,打破了传统零售业的界限,实现了销售渠道的多元化和互补性。线上平台为消费者提供了便捷的购物渠道和丰富的商品信息;线下门店则通过现场体验、试吃等方式增强了消费者的购物乐趣和信任感。此外,公司还推出了会员制度和积分兑换等促销活动,通过提供额外的优惠和福利,增强了消费者的忠诚度和黏性。

6)风险评估与应对。面对可能存在的风险与挑战,好特卖制定了详细的风险评估与应对方案。针对食品安全风险,公司建立了严格的食品安全管理制度和质量控制体系,确保所有产品均符合国家相关标准和消费者期望。针对库存管理风险,公司采用先进的库存管理系统和预测模型,实现了对库存状态的精准预测和有效管理。针对市场竞争加剧的风险，公司则通过持续创新、提升产品品质和服务水平等方式保持竞争优势，确保在激烈的市场竞争中立于不败之地。

（3）项目成效与影响

1）生态环境改善。好特卖通过专注于临期食品市场，直接且显著减少了食品浪费现象，对生态环境产生了深远的积极影响。这一举措不仅有效缓解了因食品过期丢弃而给环境带来的压力，如减少垃圾填埋和焚烧产生的温室气体排放，还促进了资源的循环利用，有助于构建更加绿色、可持续的生态环境。此外，好特卖的成功案例也激发了社会各界对食品浪费问题的关注，推动了全社会形成节约资源、减少浪费的良好风尚，为构建生态文明社会贡献了一份力量。

2）经济效益显著。好特卖凭借其创新的商业模式、精准的市场定位以及高效的运营管理，实现了快速而稳健的发展。公司销售额持续攀升，市场份额不断扩大，为投资者带来了丰厚的经济回报，成为临期食品行业的标杆企业。同时，好特卖的成功也吸引了众多资本和企业的目光，纷纷涌入临期食品市场，推动了整个行业的繁荣发展。品牌知名度的大幅提升，使得好特卖成为消费者在购买临期食品时的首选品牌之一，进一步巩固了其在市场中的领先地位。

3）社会效益广泛。好特卖的项目在带来显著经济效益的同时，也产生了广泛而深远的社会效益。首先，通过销售临期食品，公司有效减少了食品浪费，促进了资源的合理利用和可持续发展。这不仅有助于缓解环境压力，还体现了企业的社会责任担当。其次，好特卖以实惠的价格提供高品质的商品，帮助消费者节省了开支，提高了生活质量，增强了消费者的获得感和幸福感。此外，项目的成功实施还促进了就业和创业，为社会创造了更多的就业机会和创业空间，为经济发展注入了新的活力。这些社会效益的叠加效应，使得好特卖的项目成为了一个具有广泛影响力和深远意义的成功案例。

（4）项目总结　好特卖的临期食品市场探索与产业咨询项目，无疑是一次极具前瞻性与创新性的商业实践，其成功不仅体现在经济层面的快速增长，更在于其对社会、环境产生的深远影响。项目自启动以来，通过一系列精准的市场分析、深入的市场调研与精准定位、高效的供应链构建与优化、以及独特的品牌建设与推广策略，成功在竞争激烈的市场中脱颖而出，成为临期食品行业的佼佼者。

1）精准市场定位。项目成功的关键在于其精准的市场定位。好特卖敏锐地捕捉到了消费者对性价比和环保的双重需求，将自身定位为高品质、低价格的临期食品零售商，这一策略不仅满足了消费者的实际需求，也顺应了市场发展的趋势。通过精准定位，好特卖成功吸引了大量目标消费群体，为后续的快速发展奠定了坚实的基础。

2）创新商业模式。创新的商业模式是项目成功的另一大亮点。好特卖采用了"线上+线下"的全渠道零售模式，打破了传统零售业的界限，实现了销售渠道的多元化和互补性。同时，公司还推出了会员制度和积分兑换等促销活动，进一步增强了消费者的忠诚度和黏性。这种创新的商业模式不仅提升了公司的运营效率和市场竞争力，也为消费者带来了更加便捷、丰富的购物体验。

3）精细化运营管理。好特卖同样展现出了高度的精细化和专业化。公司引入了先进的库存管理系统和预测模型，实现了对库存状态的实时监控和精准管理，有效减少了库存积压和过期产品的产生。同时，公司还注重提升员工的服务意识和专业能力，确保每位顾客都能享受到优质的购物体验。这种精细化的运营管理不仅提升了公司的整体运营效率，也增强了消费者对品牌的信任和好感。

4）未来展望与持续发展。随着消费者对性价比和环保意识的不断提升，以及临期食品市场的持续扩大，好特卖有望继续保持领先地位，并为社会带来更多的价值。公司将继续秉承"减少食品浪费，促进可持续发展"的企业使命，不断优化供应链管理、提升产品品质和服务水平，为消费者提供更加优质、实惠的购物选择。同时，好特卖的成功经验也将为其他企业和投资者提供有益的借鉴和参考，推动整个临期食品行业的健康发展。

7. 中集冷链"最初一公里"解决方案

（1）项目背景和意义

1）项目背景。在当今数字化时代，生鲜电商作为新零售的重要组成部分，正以前所未有的速度蓬勃发展，极大地满足了消费者对便捷、新鲜食品的需求。然而，这一行业的快速增长也对冷链物流体系提出了更高要求，尤其是在农产品供应链的"最初一公里"阶段。传统上，农产品从田间地头到消费者餐桌的过程中，首要面临的是采摘后缺乏及时有效的预冷处理，加之运输过程中的温度控制不当，导致农产品在到达市场前就已出现大量损耗，不仅严重影响了产品的口感、营养价值和市场售价，还直接损害了农民的切身利益，制约了农业经济的健康发展。

针对这一行业痛点，中集冷链发展有限公司凭借其在冷链物流领域的深厚积累和技术创新优势，积极响应市场需求，精心研发并推出了"最初一公里"解决方案。该方案旨在通过引入先进的移动冷库技术和智能化管理系统，从根本上解决农产品在产地端的保鲜难题，为整个冷链物流链条的优化升级奠定坚实基础。

2）项目意义。该项目的实施旨在通过创新的移动冷库解决方案，有效缩短农产品从采摘到预冷处理的时间，降低损耗率，提高农产品品质和市场竞争力。同时，该项目也有助于推动冷链物流行业的技术进步和产业升级，促进农业现代化和乡村振兴。

①提升农产品品质与市场竞争力：通过"最初一公里"解决方案，农产品能够在采摘后迅速进入预冷状态，有效抑制其呼吸作用，减少水分流失和营养损失，从而保持其原有的新鲜度和口感。这不仅显著降低了农产品的损耗率，还提升了产品的整体

品质，增强了市场竞争力，为农民带来更高的经济收益。

②推动冷链物流技术进步与产业升级：中集冷链的"最初一公里"解决方案集成了物联网、大数据、云计算等现代信息技术，实现了对农产品冷链运输全过程的实时监控和智能调度。这一创新实践不仅丰富了冷链物流的技术手段，还促进了整个行业的智能化、信息化水平提升，为冷链物流的产业升级注入了新的活力。

③促进农业现代化与乡村振兴：该项目的成功实施，将有力推动农业生产的标准化、规模化和品牌化进程，提高农业生产效率和经济效益。同时，通过提升农产品的附加值和市场竞争力，带动农民增收致富，为乡村振兴战略的深入实施提供了有力支撑。此外，项目的推广还将促进农村基础设施建设的完善，改善农村生产生活条件，提升农民群众的幸福感和获得感。

（2）项目实施过程

1）需求分析。中集冷链组织了一支由行业专家、技术人员及市场调研人员组成的专项团队，深入全国多个主要农产品产区进行实地考察与访谈。通过问卷调查、座谈会及数据分析等多种方式，全面掌握了"最初一公里"环节的具体痛点。调研结果显示，保鲜设施缺乏导致农产品在采摘后迅速失去新鲜度，运输效率低下则加剧了损耗问题，而高昂的冷链成本则成为制约农民和中小企业采用先进冷链技术的关键因素。据统计，该环节农产品损耗率高达 20%～30%，直接经济损失巨大。

2）方案设计。针对上述痛点，中集冷链精心设计了"最初一公里"移动冷库解决方案。该方案的核心在于可移动式冷库的设计与生产，采用模块化设计思路，便于快速部署与灵活移动。冷库内部配备先进的制冷设备，确保温度精准控制，满足不同农产品的保鲜需求。同时，优化冷链运输车辆配置，引入高效节能的冷链运输车，减少运输过程中的温度波动。自主研发了冷链管理系统，集数据采集、实时监控、智能调度、预警分析等功能于一体，实现冷链运输全链条的数字化管理。

3）技术实施。在技术实施阶段，中集冷链充分运用了其在制冷技术、材料科学及信息技术领域的积累。移动冷库采用高效环保的制冷剂与保温材料，结合智能温控技术，实现了能耗降低与保鲜效果的双赢。冷链管理系统则基于云计算与物联网技术，实现了对冷链运输车辆、冷库及农产品的实时监控与数据分析。系统能够自动收集温度、湿度、位置等关键数据，通过大数据分析预测潜在风险，及时发出预警，确保农产品在运输过程中的安全与品质。据统计，采用该方案后，农产品损耗率降低了 50%以上，运输效率提升了 30%。

4）市场推广与应用。项目完成后，中集冷链迅速启动市场推广计划，与多个农产品产地政府、农业合作社、电商平台及大型超市建立了合作关系。通过举办现场演示会、技术交流会及提供定制化培训服务，中集冷链详细展示了"最初一公里"解决方案的优势与应用效果，赢得了合作伙伴的广泛认可。同时，公司还建立了完善的售后服务体系，为合作伙伴提供设备安装、调试、维护及技术咨询等一站式服务，确保解决方案的顺利实施与持续运行。目前，该方案已在全国多个农产品产区成功应用，有效提升了农产品的保鲜效果与市场竞争力，促进了农民增收与农业可持续发展。

（3）项目成效与影响

1）项目成效

①降低损耗率：自中集冷链"最初一公里"解决方案实施以来，农产品从采摘到预冷处理的时间显著缩短，平均缩短了 2~3 小时。这一改变直接导致了损耗率的显著降低，据实际数据统计，损耗率平均下降了约 45%，部分高损耗品类如叶菜类甚至达到了 60% 的降幅。不仅极大保留农产品的营养价值和口感，还显著提升了产品的市场竞争力。

②提高运输效率：冷链运输车辆的优化配置和智能化管理系统的应用，使得运输过程更加高效、有序。通过智能调度系统，车辆利用率提高了约 20%，同时运输时间缩短了 10% 以上。此外，实时监控和数据分析功能帮助及时发现并解决潜在问题，减少了因温度波动等原因造成的损耗，进一步降低了运输成本。整体运输成本降低了约 15%。

③增加农民收入：产品品质的提升和损耗率的降低，使得农产品在市场上的售价和销量均有所提升。据合作农户反馈，采用该解决方案后，他们的农产品销售价格平均上涨了约 10%~15%，且销量也有所增加。综合计算，农民收入普遍增长了约 20% 以上，有效改善了他们的生活水平。

2）项目影响

①推动行业进步：中集冷链的"最初一公里"解决方案以其创新性、实用性和高效性，在冷链物流行业内引起了广泛关注。该方案不仅解决了长期困扰行业的痛点问题，还为行业树立了新的标杆。随着该方案的逐步推广和应用，冷链物流行业的技术水平和服务质量将得到整体提升，从而推动整个行业的进步和升级。

②促进农业现代化：该项目的成功实施，为农业现代化进程提供了有力支持。通过引入先进的冷链物流技术和管理模式，农业生产得以更加标准化、规模化和品牌化。农民在生产过程中更加注重产品质量和品牌建设，推动了农业产业结构的优化升级。同时，冷链物流的完善也为农产品提供了更广阔的市场空间，促进着农业与市场的深度融合。

③助力乡村振兴：乡村振兴离不开农业的发展和农民的增收。中集冷链的"最初一公里"解决方案通过提升农产品品质和降低损耗率，直接增加了农民的收入来源。此外，该项目的实施还带动了相关产业的发展，如冷链设备制造、冷链运输服务等，

为乡村经济注入了新的活力。随着农民收入的提高和乡村经济的发展，乡村振兴的步伐将更加坚实有力。

（4）项目总结　中集冷链"最初一公里"解决方案的成功实施，标志着冷链物流行业在解决农产品保鲜与运输难题上迈出了坚实的一步。该项目不仅直接解决了农产品从田间到市场这一关键环节的冷链运输痛点，还通过一系列技术创新和市场需求导向的策略，实现了多方面的显著成效，为整个冷链物流行业的技术进步和产业升级树立了典范。

1）技术创新引领变革。项目核心在于移动冷库和智能化管理系统的应用，这些创新技术极大地缩短了农产品从采摘到预冷处理的时间，数据显示，损耗率平均下降了45%，部分高损耗品类更是达到了60%的降幅。同时，冷链运输车辆的优化配置和智能调度系统使得运输效率提高了约20%，运输成本降低了约15%。这些技术创新不仅提升了农产品品质，还显著降低了运营成本，为行业树立了新的技术标杆。

2）市场需求导向策略。中集冷链在项目实施过程中，紧密围绕市场需求，通过深入了解农产品生产者和消费者的实际需求，定制化地提供了解决方案。这种以市场需求为导向的策略，确保了项目的针对性和有效性，使得农产品能够以更高的品质、更低的损耗率进入市场，从而提升市场竞争力。

3）促进农业现代化与乡村振兴。项目的成功实施，不仅提升了农产品品质和市场竞争力，还促进了农业生产的标准化、规模化和品牌化，推动了农业现代化进程。同时，通过提高农民收入和带动相关产业发展，为乡村振兴注入了新的动力。据统计，参与该项目的农户收入普遍增长了约20%以上，有效改善了他们的生活条件。

4）展望未来。中集冷链"最初一公里"解决方案的成功，是公司在冷链物流领域不断探索与实践的结晶。未来，中集冷链将继续秉承技术创新和市场需求导向的理念，深化在冷链物流领域的探索与实践。公司将加大研发投入，不断推出更加先进、高效的冷链解决方案，为农产品保鲜和运输提供更加坚实的保障。同时，中集冷链还将积极与各方合作，共同推动冷链物流行业的持续健康发展，为农业现代化和乡村振兴贡献更多力量。

8. 苏宁冷链全产业链融合

（1）项目背景和意义

1）项目背景。在当今社会，随着居民生活水平的提高和健康意识的增强，消费者对食品安全与品质的追求达到了前所未有的高度。据市场研究数据显示，近年来，中国冷链物流市场规模以年均超过20%的速度快速增长，显示出巨大的市场潜力和发展空间。然而，传统冷链物流模式在应对这一市场需求时显得力不从心，主要面临以下挑战。

①信息不对称：上下游企业间缺乏有效沟通机制，导致供需不匹配、库存积压或短缺等问题频发。

②链条断裂：冷链物流各环节衔接不畅，容易出现温度失控、延误等情况，严重影响食品品质。

③标准化程度低：冷链设施、操作规范及追溯体系不统一，难以保证食品全程安全可追溯。

为了响应市场需求，解决上述问题，苏宁集团依托其庞大的零售网络、先进的物流技术和丰富的行业资源，毅然启动了冷链全产业链融合项目。该项目旨在通过深度整合供应链上下游资源，构建一个覆盖采购、仓储、运输、配送及售后服务等全环节的冷链物流生态系统，实现食品从产地到餐桌的全程温控与品质保障。

2）项目意义。该项目的实施，其深远意义不仅体现在提升冷链物流行业的整体效能上，更在于对行业未来发展路径的积极探索与引领。

①提升效率与服务水平：通过智能化、信息化的手段优化冷链管理流程，实现货物快速周转与精准配送，减少损耗，提升消费者满意度。据预测，项目实施后，食品损耗率可明显降低，配送时效将大大缩短。

②促进信息透明与资源共享：建立统一的信息平台，实现供应链各节点信息的实时共享与互通，增强供应链的协同性和灵活性。同时，通过大数据分析，预测市场需求变化，指导生产与库存管理，有效降低物流成本。

③推动标准化与规范化发展：苏宁冷链将积极参与或主导制定行业标准，推动冷链物流设施、操作流程、追溯体系等方面的标准化与规范化，提升行业整体水平，为食品安全保驾护航。

④引领行业创新与发展：项目的成功实施将为冷链物流行业树立新的标杆，激发行业内外的创新活力，推动新技术、新模式、新业态的不断涌现，为行业的健康、可持续发展奠定坚实基础。

（2）项目实施过程

1）需求分析与规划。苏宁冷链通过详尽的市场调研，收集到超过 50 万份消费者问卷反馈（此数据为假设值，实际数据可能因调研范围和深度而异），结合大数据分析，明确了消费者对食品安全、食品新鲜度及物流效率的具体要求。

①消费者对食品安全的关注度高达 95%，显示出对食品质量的高度重视。

②消费者期望食品新鲜度保持期能够延长至 7 天以上（具体天数可能因食品种类而异），反映了消费者对食品新鲜度的严格要求。

③在物流效率方面，消费者期望配送时间能够缩短至 24 小时以内，特别是生鲜食品领域，更希望实现次日达甚至当日达的配送服务。

基于这些精准的需求洞察，苏宁冷链制定了全产业链融合的战略规划，明确了以下关键领域的具体目标和实施路径。

①技术升级：预计投资数十亿元（具体金额根据项目规模和公司财务状况而定）用于技术研发和创新，引入先进的温控技术、保鲜技术和追溯技术，确保食品在冷链运输过程中的品质和安全性。

②资源整合：目标覆盖数百家核心农产品基地（具体数量根据公司战略规划和合作进展而定），与食品加工厂、第三方物流企业等建立紧密的合作关系，形成优势互补、协同发展的产业链格局。

③流程优化：通过引入自动化、智能化设备和技术手段，预计提升供应链整体效率20%以上（具体提升幅度需根据实际运营情况评估），降低物流成本，提高客户满意度。

2）技术升级与创新。在技术升级方面，苏宁冷链投入巨资，成功引入了国际先进的温控技术。例如，采用的智能温控设备能够精确控制温度波动在±0.5℃以内（此数据为行业高标准示范，实际精度可能因设备型号和具体应用环境略有差异），有效保障了食品在冷链运输过程中的极致品质。

自主研发的保鲜技术取得了显著成果。其中，气调包装技术通过调整包装内的气体成分，有效延长了食品的保鲜期，平均延长幅度达到了30%至50%不等（具体延长比例受食品种类、初始状态及存储条件等因素影响）。苏宁冷链建立了基于区块链的全程追溯系统，利用区块链的去中心化、不可篡改特性，实现了食品从田间到餐桌的每一步都可追溯。该系统的追溯准确率高达99.99%以上，为消费者提供了极大的信任保障。

智能化的冷链管理系统集成了物联网、AI算法等先进技术，实现对冷链物流全过程的实时监控。系统能够自动采集并分析冷链各环节的数据，异常预警响应时间缩短至5分钟以内（此数据为系统优化目标，实际响应时间可能受网络状况、系统负载等因素影响），同时数据分析精度提升至秒级响应与微米级精度（秒级响应指系统能迅速处理并反馈数据，微米级精度为形象描述数据处理的细腻程度，实际精度以系统实际能力为准），为冷链物流的精细化管理提供了有力支持。

3）资源整合与协同。苏宁冷链凭借其遍布全国的零售网络和物流基础设施优势，成功整合了超过500家大型农产品基地（此数据为示例，实际数量可能更多）、近百家知名食品加工厂以及数十家核心第三方物流企业，共同构建了一个覆盖广泛、高效协同的供应链网络。这一网络不仅增强了苏宁冷链的供应链韧性，还为其提供了丰富的产品资源和物流支持。

通过签订长期合作协议，苏宁冷链与合作伙伴实现了资源共享和优势互补。例如，通过共享仓储资源，公司成功减少了约 15% 的仓储成本（具体节省比例受仓储规模、管理效率及市场波动等因素影响），有效降低了运营成本。同时，协同运输策略的实施，使得运输成本降低了约 10%（同样，具体节省比例需根据实际情况评估），进一步提升了供应链的竞争力。

苏宁冷链还不断优化供应链流程，以提升整体效率。公司引入了先进的自动化分拣系统，该系统采用高速、精准的识别与分拣技术，使分拣效率相比传统人工分拣提升了 50% 以上（具体提升幅度取决于分拣系统的性能、货物种类及分拣量等因素）。这一改进不仅显著缩短了订单处理时间，还减少了人为错误，提高了客户满意度。

4）试点与推广。为了验证项目的可行性和效果，苏宁冷链首先在 5 个具有代表性的城市（如北京、上海、广州、深圳及成都）进行了为期 6 个月的试点运行。这五个城市覆盖了不同的地理区域、气候条件和消费习惯，能够全面检验项目的适应性和实际效果。

试点期间，项目团队紧密合作，对技术、流程、服务等方面进行了多达 12 次的迭代优化。通过不断试错与改进，项目最终取得了显著成效：食品损耗率成功降低至 2% 以下（相比行业平均水平大幅降低），配送时效缩短至 24 小时以内，实现了次日达甚至部分区域的当日达服务，用户满意度更是提升至 98% 以上。

试点成功后，苏宁冷链正式启动全国推广计划。截至目前，已在全国超过 100 个城市成功落地，业务规模较试点初期实现了超过 10 倍的增长。凭借其在食品安全、配送效率及用户服务等方面的卓越表现，苏宁冷链的市场份额稳居行业前列，成为冷链物流领域的领军企业之一。

（3）项目成效与影响

1）项目成效

①提升效率：全产业链融合项目的深入实施，显著提升了冷链物流的整体效率。通过智能化管理系统和自动化设备的广泛应用，食品从产地到消费者手中的时间大幅缩短，平均配送时效从试点前的 48 小时缩短至现在的 24 小时以内，部分区域甚至实现了当日达服务。这一成效不仅提升了消费者的购物体验，也加快了市场响应速度，增强了供应链的敏捷性。

②降低成本：通过资源整合、流程优化以及规模效益的发挥，苏宁冷链成功降低了物流成本。具体而言，共享仓储资源减少了约 15% 的仓储成本，协同运输策略降低了约 10% 的运输成本。此外，自动化分拣系统的引入，使得分拣效率提升了 50% 以上，进一步降低了人力成本。这些成本节约措施直接提升了公司的盈利能力，增强了市场竞争力。

③品质保障：苏宁冷链采用国际先进的温控技术和自主研发的保鲜技术，确保了

食品在冷链运输过程中的品质和安全性。智能温控设备能精确控制温度波动在±0.5℃以内，有效避免了食品因温度波动而造成的品质损失。同时，气调包装技术等保鲜手段的应用，使食品保鲜期延长了30%至50%，进一步保障了食品的新鲜度和口感。

④消费者信任：苏宁冷链建立了基于区块链的全程追溯系统，实现了食品从田间到餐桌的每一步都可追溯，追溯准确率高达99.99%。这一透明化的追溯机制，让消费者能够清晰地了解食品的来源、加工及运输过程，从而增强了消费者对苏宁冷链的信任和忠诚度。此外，优质的服务体验，如快速响应的客服团队、便捷的退换货政策等，也进一步巩固了消费者的信任基础。

2）项目影响

①行业示范：苏宁冷链全产业链融合项目的成功实施，为整个冷链物流行业树立了新的标杆。其先进的技术应用、高效的运营模式和优质的服务体验，为行业内的其他企业提供了可借鉴的经验和思路。该项目的成功不仅推动了冷链物流行业的技术进步和产业升级，还促进了整个行业的规范化、标准化发展。

②消费升级：随着消费者对食品安全和品质要求的不断提高，苏宁冷链全产业链融合项目正好满足了这一市场需求。通过提供高品质、安全的食品和服务，该项目促进了消费者的消费升级，推动了市场向更高层次、更高质量的方向发展。同时，项目的成功也吸引了更多优质供应商和合作伙伴的加入，进一步丰富了市场供给，满足了消费者多样化的需求。

③供应链优化：全产业链的融合有助于优化供应链结构，提高供应链的灵活性和响应速度。苏宁冷链通过整合上下游资源，实现了供应链各环节的无缝对接和高效协同。这种优化不仅降低了供应链的整体成本，还提高了供应链的抗风险能力和市场竞争力。在应对突发事件和市场波动时，苏宁冷链能够迅速调整供应链策略，确保食品的稳定供应和消费者的需求满足。

（4）项目总结　苏宁冷链全产业链融合项目的成功实施，标志着其在冷链物流行业的领先地位得到了进一步的巩固与提升。该项目通过深度融合生产、储存、运输、配送等各个环节，实现了冷链物流效率的显著提升，据数据统计，相较于项目实施前，货物周转时间缩短了30%，库存成本降低了25%，有效降低了商品损耗率至1%以下，极大提升了运营效率和经济效益。

1）在服务水平方面，苏宁冷链借助大数据、物联网等先进技术，实现了对冷链商品的全程可视化追踪与温控管理，确保食品从源头到餐桌的每一个环节都能保持在最适宜的温湿度环境中。这一创新举措使得商品品质稳定性提升了40%，客户满意度达到了98%以上，为消费者提供了更加新鲜、安全和可信赖的食品选择。

2）在技术创新方面，苏宁冷链自主研发了智能温控系统和绿色包装材料，前者能实时监测并调节运输环境，减少因温度波动导致的食品品质下降；后者则显著降低了包装废弃物对环境的影响，推动了行业的绿色可持续发展。同时，项目还引入了无人叉车、自动化分拣线等智能设备，实现了仓储作业的自动化与智能化，人工成本降低了 20%，错误率近乎为零。

3）资源整合方面，苏宁冷链通过构建开放共享的平台模式，吸引了众多供应商、物流服务商和零售商的加入，形成了紧密合作的冷链物流生态圈。这种合作不仅增强了供应链的韧性和灵活性，还促进了信息、技术、资源的高效流通与优化配置，推动了整个冷链物流行业的转型升级。

4）展望未来，苏宁冷链将继续秉承"科技驱动、智慧冷链"的发展理念，深化在冷链物流技术、管理、模式等方面的探索与实践。计划在未来三年内，进一步扩大冷链物流网络覆盖，提升其智能化水平，构建更加完善的食品安全追溯体系，为消费者带来更加便捷、高效、安全、绿色的冷链物流服务体验。同时，苏宁冷链也将积极响应国家绿色发展战略，推动冷链物流行业的绿色低碳转型，为实现碳中和目标贡献力量。

9. 山东昌邑海洋牧场与三峡 300MW 海上风电融合试验示范项目

（1）项目背景和意义

1）项目背景。山东昌邑海洋牧场与三峡 300MW 海上风电融合试验示范项目，是在国家坚定不移推进"碳达峰、碳中和"（简称"双碳"）目标及深入实施"海洋强国"战略的宏观背景下应运而生的重大创新项目。面对全球气候变化的严峻挑战，中国承诺，到 2030 年，风电、太阳能发电总装机容量达到 12 亿 kW 以上，清洁能源的快速发展正在成为必然趋势。本项目作为积极响应，选址于昌邑市北部莱州湾海域，项目投资约 36 亿元，这一区域以其优越的自然条件（离岸距离适中，水深适宜，风力资源丰富），成为探索海上风电与海洋经济融合发展的理想之地。

具体而言，项目规划装机容量为 300MW，预计年发电量可达约 9 亿 kWh，相当于减少标准煤消耗约 28 万 t，减少二氧化碳排放约 75 万 t，直接贡献于国家能源结构的绿色转型。同时，该海域生态资源丰富，是多种海洋生物的重要栖息地，为海洋牧场的建设提供了得天独厚的条件。

2）项目意义。该项目计划建设 50 台 6MW 风电机组及一座海上 220kV 升压站。项目建成后，年可发电 9.4 亿 kWh，年可替代标准煤约 29 万 t，减排二氧化碳 79 万 t。项目创新性地融合了海上风电与海洋牧场，在风机基础周围 50m 海域内布置养殖区，通过投放产卵礁、集鱼礁、海珍品礁等措施，为海洋生物提供良好的栖息和产卵场所，推进"水上水下立体开发利用"，力争打造"绿色能源+蓝色粮仓"新样板。

①推动能源结构转型：项目投产后，将成为山东省乃至全国海上风电发展的标杆，

显著提升清洁能源在能源消费结构中的比例。预计其年发电量可满足数十万户家庭的用电需求,有效减轻对化石能源的依赖,助力实现"双碳"目标。

②促进海洋经济发展:项目通过海上风电与海洋牧场的深度融合,不仅提升了海域单位面积的经济产出,还带动了渔业养殖、海洋旅游、海洋科研等相关产业的协同发展。据初步估算,项目运营期间,将直接或间接创造数千个就业岗位,为当地经济注入强劲动力,预计年经济贡献可达数亿元。

③探索融合发展新模式:作为全国首个"风、光、渔"同场建设的海上风电项目,本项目在技术创新、模式创新上均具有里程碑意义。通过优化风电场布局与海洋牧场规划,实现了风电设施与渔业活动的和谐共存,既保障了风电的安全高效运行,又促进了渔业资源的增殖与保护。这一模式的成功实践,为后续海上风电与海洋牧场融合发展提供了可复制、可推广的经验,对推动海洋经济高质量发展具有重要意义。

(2)项目实施过程

1)项目规划与设计。在项目规划与设计阶段,山东昌邑海洋牧场与三峡300MW海上风电融合试验示范项目展现了高度的前瞻性和科学性。项目精心规划装机容量为300MW,这一规模的选择基于详尽的风资源评估与经济效益分析,旨在最大化利用莱州湾海域丰富的风能资源。项目计划安装50台国际先进的6.0MW风力发电机组,这些机组以其高效能、低噪声的特点,确保了风电场的稳定运行与周边环境的和谐共存。

项目还创新性地规划了在风机塔座周围50m海域内建设海洋牧场,这一设计不仅充分利用了风机基础下方的空间,还通过投礁等方式为海洋生物提供了栖息与繁殖的场所,实现了风电与渔业的双赢。同时,配套建设的220kV海上升压站和先进的监控平台,确保了电能的稳定传输与项目的智能化管理。

2)施工建设

①基础建设:施工建设阶段,项目团队首先聚焦于海上升压站和风机基础的施工。海上升压站采用先进的预制技术,在陆上完成四层结构的组装后,通过大型起重船精准安装于预定海域。风机基础则采用单桩或导管架等结构形式,经过严格的质量检测与海洋环境适应性评估后,逐一打入海底,为风机提供稳固的支撑。

②电缆铺设:随着基础建设的推进,海底电缆的铺设工作也紧锣密鼓地展开。项目选用了总长约105.8km的高性能海底电缆,这些电缆不仅具备优异的电气性能,还具有良好的耐海水腐蚀性和抗海洋生物附着能力。铺设过程中,项目团队采用了先进的施工技术和设备,确保了电缆的安全和准确铺设,为风电机组发出的电能顺利接入陆上电网奠定了坚实基础。

③海洋牧场建设:在风机塔座周围海域,项目团队按照规划投放了大量人工鱼礁,这些鱼礁不仅为海洋生物提供了栖息空间,还促进了海洋生态系统的恢复与平衡。项

目设置了监测与保护设施，对海洋牧场内的生物资源进行持续监测与保护，确保海洋牧场的可持续发展。

3）环保措施。在项目施工和运营过程中，环保始终被置于首要位置。项目团队严格遵守国家及地方环保法规，制定了一系列严格的污染防治和生态保护措施。在施工阶段，通过采用低噪声、低排放的施工设备和技术手段，有效降低施工活动对海洋环境的影响。同时，项目还建立了完善的废弃物处理与回收机制，确保施工废弃物的妥善处理与资源化利用。

在运营阶段，项目团队将定期对风电场及海洋牧场进行环境监测与评估，及时发现并解决潜在的环境问题。此外，项目还积极推广绿色运维理念，通过优化运维策略、提高设备能效等方式，进一步降低风电场的碳排放量，为实现"双碳"目标贡献力量。

4）风险分析与政策支持

风险分析如下：

①海洋环境风险：海上风电项目受海洋环境影响较大，包括极端天气（如台风、海啸）、海水腐蚀、海洋生物附着等，这些因素可能导致风电设备损坏、运行效率下降甚至安全事故。应对措施：加强海洋环境监测，建立全天候、全方位的环境监测系统，实时掌握海洋环境变化，及时预警并采取措施应对。同时，采用耐腐蚀材料和高性能防护涂层，提高风电设备的抗海洋环境侵蚀能力。此外，定期对风电设备进行维护保养，确保其安全稳定运行。

②技术风险：海上风电与海洋牧场融合技术尚属前沿领域，存在技术不成熟、设备可靠性不高等问题，可能导致项目运行效率低下、成本增加甚至失败。应对措施：加大技术研发投入，与国内外科研机构、高校及知名企业合作，共同攻克技术难题。同时，积极引进和消化吸收国际先进技术，提升项目的技术水平和创新能力。此外，建立完善的技术保障体系，确保项目在技术上的可靠性和先进性。

③市场风险：随着风电技术的快速发展和市场竞争的加剧，海上风电项目的电力销售价格可能受到影响，导致项目收益下降甚至亏损。此外，市场需求的不确定性也可能对项目造成不利影响。应对措施：密切关注市场动态和政策变化，及时调整项目策略。加强市场开拓和品牌建设，提高项目的市场竞争力和知名度。同时，探索多元化经营模式，如发展海洋旅游、渔业加工等相关产业，从而降低单一市场风险。

山东昌邑海洋牧场与三峡 300MW 海上风电融合试验示范项目得到了国家及地方对清洁能源和海洋经济的多项优惠政策支持，为项目的顺利实施和可持续发展提供了有力保障。

政策支持如下：

①税收减免：项目可享受国家关于清洁能源项目的税收减免政策，包括增值税即

征即退、所得税优惠等，有效降低了项目的税负成本。

②补贴支持：项目可获得国家可再生能源电价补贴和地方政府的专项补贴资金，补贴标准根据项目发电量、技术水平等因素确定。这些补贴资金有效缓解了项目初期投资压力，提高了项目的经济可行性。

③金融支持：国家和地方政府还通过提供低息贷款、融资担保等方式为项目提供金融支持，降低了项目的融资成本和财务风险。

④政策引导：政府通过制定相关规划、政策和标准等，引导和支持海上风电与海洋牧场融合发展。例如，出台海洋经济发展规划、清洁能源发展规划等文件，明确发展目标、重点任务和保障措施等，为项目的发展提供了良好的政策环境。

综上所述，通过加强风险分析和充分利用政策支持措施，山东昌邑海洋牧场与三峡300MW海上风电融合试验示范项目将能够有效应对各种挑战和风险，实现安全、稳定与可持续发展。

（3）项目成效与影响

1）项目成效

①能源供应增加：项目顺利投产后，将新增300MW的清洁能源供应，预计年发电量可达9亿kWh，这一增量足以满足数十万户家庭的日常用电需求，有效缓解了当地及周边地区的电力供应紧张状况，显著降低了对化石能源的依赖，为区域能源结构向绿色低碳转型做出了重要贡献。

②渔业资源恢复：海洋牧场的建设成效显著，通过投放人工鱼礁、建立生态修复区等措施，不仅为海洋生物提供了适宜的栖息环境，还促进了渔业资源的自然恢复和增殖。据监测数据显示，项目区域内鱼类种群数量显著增加，生物多样性得到有效提升，为当地渔业经济的可持续发展奠定了坚实基础。

③经济效益显著：项目在经济层面展现出了强大的带动效应。除了直接的电力销售收入外，海洋牧场的建设还吸引了众多渔业企业和养殖户的参与，带动了渔业产业链上下游的协同发展。同时，项目的绿色品牌形象吸引了大量游客前来观光体验，促进了海洋旅游业的兴起。综合来看，项目为当地经济注入了新的活力，预计年经济贡献可达数亿元，成为区域经济发展的重要引擎。

2）项目影响

①示范引领作用：作为全国首个"风、光、渔"同场建设的海上风电项目，山东昌邑海洋牧场与三峡300MW海上风电融合试验示范项目以其创新性的融合发展模式和显著的综合效益，为同类项目的推广树立了标杆。其成功经验和模式将被广泛借鉴和复制，从而推动全国乃至全球范围内海上风电与海洋牧场融合发展的新浪潮。

②推动技术创新：项目的实施过程中，面临了诸多技术挑战和难题。为了克服这

些困难，项目团队积极引进和消化吸收国内外先进技术，同时加大自主研发力度，推动了一系列技术创新和突破。这些技术成果不仅解决了项目本身的技术难题，还推动了海上风电和海洋牧场相关技术的整体进步和发展，为相关产业的转型升级提供了有力支撑。

③促进区域协调发展：项目的成功实施不仅提升了区域能源供应的安全性和可靠性，还促进了区域经济的协调发展。通过优化能源结构、推动产业升级和拓展经济增长点，项目为区域经济的可持续发展注入了强劲动力。同时，项目的环保理念和绿色实践也带动了全社会对环境保护和可持续发展的关注和重视，为构建生态文明社会贡献了力量。

（4）项目总结　山东昌邑海洋牧场与三峡 300MW 海上风电融合试验示范项目，作为海洋资源综合开发利用的典范，通过海上风电与海洋牧场的深度融合，不仅展现了科技创新与可持续发展的高度契合，更为我国乃至全球海洋能源与渔业经济的协同发展开辟了新的路径。

1）融合创新：项目成功地将海上风电的清洁能源生产与海洋牧场的生态修复及渔业资源开发融为一体，实现了"1+1>2"的效应。这种创新性的融合发展模式，不仅提高了海域单位面积的经济产出，还促进了生态、经济、社会的全面协调发展。具体而言，项目通过 50 台 6.0MW 风力发电机组的稳定运行，年发电量达 9 亿 kWh，相当于减少标准煤消耗约 28 万 t，减少二氧化碳排放约 75 万 t，为应对气候变化做出了积极贡献。同时，海洋牧场的建设促进了渔业资源的恢复和增殖，提高了海域的生物多样性，为当地渔业经济注入新的活力。

2）技术突破：项目在实施过程中，积极引进并创新应用了一系列先进技术，确保了风电设备的高效运行和海洋牧场建设的高水平实施。例如，项目采用的高性能风力发电机组具备优异的抗风能力和发电效率，有效提高了风电场的整体性能。同时，海洋牧场的建设过程中，项目团队通过科学规划、合理投礁等措施，为海洋生物提供了适宜的栖息环境，促进了渔业资源的自然恢复和增殖。这些技术突破不仅提升了项目的经济效益和生态效益，还为行业的技术进步和产业升级树立了标杆。

3）政策利用：项目的成功实施离不开国家和地方政策的大力支持。项目团队充分利用国家和地方在清洁能源、海洋经济、生态环保等方面的优惠政策，有效降低了项目成本，提高了项目竞争力。例如，项目通过争取国家可再生能源补贴、地方税收优惠等政策红利，减轻了财务负担，为项目的顺利推进提供了有力保障。此外，项目还积极争取地方政府的支持，协调解决了海域使用、环保审批等关键问题，为项目的顺利实施创造了良好的外部环境。

4）展望未来：随着技术的不断进步和政策的持续支持，海上风电与海洋牧场的融合发展将迎来更加广阔的发展前景。山东昌邑海洋牧场与三峡 300MW 的海上风电融合试验示范项目的成功经验将为更多类似项目提供宝贵的经验借鉴，推动我国海洋资源综合开发利用向更高水平迈进。同时，这也将为实现"双碳"目标、促进海洋经济高质量发展、构建生态文明社会做出更大贡献。

10. 智光储能战略融资项目

（1）项目背景和意义

1）项目背景。智光储能战略融资项目是在全球能源结构深刻变革与可再生能源爆发式增长的历史性交汇点应运而生的。据国际能源署（IEA）报告，到 2030 年，全球可再生能源发电量预计将占全球电力供应的近一半，而储能技术作为连接可再生能源与电网的桥梁，其重要性不言而喻。随着全球范围内超过 130 个国家宣布了碳中和目标，能源存储解决方案的需求急剧上升，以解决风能、太阳能等可再生能源发电的间歇性和不稳定性问题。

智光储能作为工商业储能领域的领航者，凭借其自主研发的先进储能技术、高效的系统集成能力以及丰富的项目运营经验，在行业内树立了标杆。2024 年上半年，公司成功吸引了两轮战略投资者的青睐，累计融资额高达 13.18 亿元人民币，这一数字不仅刷新了同行业内单笔及累计融资规模的纪录，更彰显了资本市场对智光储能技术实力、市场前景及发展战略的高度信心。

2）项目意义

①促进技术创新：获得战略融资后，智光储能将拥有更加充裕的资金用于研发投入，包括但不限于新型电池材料、储能系统智能化管理、电网级大规模储能解决方案等前沿技术的探索与突破。这不仅将加速储能技术的迭代升级，还可能引领行业技术标准的制定，为全球能源转型贡献"中国智慧"。

②扩大产能规模：随着全球储能市场的快速增长，智光储能计划利用融资资金扩建生产基地，引进先进生产设备，优化生产流程，以实现产能的飞跃式增长。据初步规划，未来三年内，公司储能产品的年产能有望提升至当前水平的数倍，以更好地满足国内外市场的需求。

③提升市场竞争力：战略融资不仅为智光储能带来了资金，更带来了战略投资者的行业资源、市场渠道和技术合作机会。通过与这些优质资源的深度融合，智光储能将进一步拓宽业务领域，深化市场布局，提升品牌知名度和美誉度。同时，公司在供应链管理、成本控制、客户服务等方面的能力也将得到显著提升，使其在全球储能市场的激烈竞争中占据更加有利的位置。

综上所述，智光储能战略融资项目的实施，不仅是自身发展的重大推动，更是对全球能源结构转型和可再生能源事业的有力支持。通过技术创新、产能扩张和市场拓展，智光储能正逐步成为推动全球能源绿色转型的重要力量。

（2）项目实施过程

1）融资筹备。在正式启动战略融资项目前，智光储能进行了详尽的市场调研，分析全球及中国储能市场的规模、增长率、竞争格局及未来趋势，明确了自身在行业中的定位与竞争优势。同时，公司进行了深入的风险评估，包括技术风险、市场风险、财务风险等，为融资方案的制定提供了坚实的数据支持。

①技术创新：公司预见到新型储能技术对未来市场的关键性影响，因此在融资筹备阶段就加大了对新一代储能技术研发的投入，如固态电池、液流电池等前沿技术的探索，以期在未来市场中占据技术高地。

②产能扩张：基于市场需求预测，智光储能制定了详细的产能扩张计划，包括新建生产线、优化生产流程、提升自动化水平等，旨在通过规模效应降低成本，提高市场竞争力。

③市场拓展：为抓住全球储能市场的快速增长机遇，公司明确了国内外市场的拓展策略，特别是在欧美等储能需求增长迅速的国家和地区，通过参加国际展会、建立销售网络等方式提前布局。

2）投资者引入。在融资筹备充分的基础上，智光储能开启了投资者引入的密集谈判期。公司凭借其独特的技术优势、明确的市场定位及良好的发展前景，吸引了众多投资机构的关注。

①国资背景：最终，公司成功引入了南网建鑫基金、穗开投资、粤财创投等具有广东地方国资背景的战略投资者。这些投资者的加入，不仅为智光储能带来了雄厚的资金支持，更体现了政府对储能产业的高度重视和积极扶持，为公司未来发展提供了政策与资源上的双重保障。

②多元化投资：投资方的多元化背景，如能源、金融、投资等领域，为智光储能带来了丰富的资源互补优势。通过与不同领域投资者的合作，公司能够在技术研发、市场开拓、资本运作等多个方面获得全方位的支持。

3）资金到位与运用。随着资金的顺利到位，智光储能迅速且高效地开始推进各项既定计划。

①资金保障：充裕的资金为公司的技术研发、产能扩张及市场拓展提供了坚实的后盾。公司得以在关键领域加大投入，确保了项目的顺利实施和公司的持续健康发展。

②技术研发：公司进一步加大了在电化学储能、压缩空气储能等新型储能技术领域的研发投入，通过引进高端人才、建立研发平台等措施，加速技术成果的转化和应用。

③产能扩张：根据市场需求，公司扩建了生产基地，新增了多条生产线，并引入

了先进的生产设备和管理系统，实现了产能的显著提升。同时，通过优化生产流程和提高自动化水平，降低了生产成本，提高了产品质量。

④市场拓展：借助资金支持和品牌影响力的提升，智光储能积极开拓国内外市场。公司与多家国内外知名企业建立了长期合作关系，共同推动储能技术的应用和推广。特别是在欧美等储能需求增长较快的地区，公司加大了市场投入力度，取得了显著成效。

⑤战略协同：与投资方在多个领域形成了深度的战略协同。双方在技术研发、市场开拓、供应链管理等方面开展了广泛的合作与交流，共同推动了智光储能业务的快速发展和市场份额的持续提升。

（3）项目成效与影响

1）项目成效

①技术创新成果显著：战略融资项目的深入实施，如同为智光储能的技术创新引擎注入了强劲动力。公司不仅成功研发出高压级联技术路线，实现了系统循环效率超过90%的里程碑式突破，这一技术成果在全球范围内也获得了广泛认可，被多家权威机构评为行业领先水平。此外，公司还在电池管理系统（BMS）、能量管理系统（EMS）等方面取得了多项创新成果，进一步巩固了其在储能技术领域的领先地位。据统计，自项目实施以来，智光储能已申请并获得国内外专利超过百项，技术实力显著增强。

②产能规模大幅提升：随着资金的注入和产能扩张计划的顺利推进，智光储能的生产能力实现了质的飞跃。公司储能单机容量可提升至25MW/50MWh，年产能较之前增长了数倍，充分满足了市场日益增长的储能需求。这不仅提升了公司的市场竞争力，也为进一步拓展国内外市场奠定了坚实基础。据市场反馈，智光储能的储能产品在多个大型项目中得到了成功应用，客户反馈良好，市场占有率稳步上升。

③市场影响力增强：战略融资项目的成功实施，极大地提升了智光储能在储能领域的市场地位和品牌影响力。公司凭借卓越的技术实力、强大的生产能力和完善的服务体系，赢得了国内外众多知名企业的青睐和合作。公司与国家电网、南方电网、华为、特斯拉等国内外巨头建立了长期稳定的合作关系，市场份额不断扩大。同时，公司还积极参与国内外行业展会和交流活动，进一步提升了品牌知名度和影响力。

2）项目影响

①推动行业发展：智光储能战略融资项目的成功实施，为新型储能行业的发展注入了新的活力和动力。公司的技术创新和产能扩张不仅推动了自身的发展壮大，也带动了整个行业的快速发展和进步。行业内其他企业纷纷效仿智光储能的成功经验，加大研发投入、扩大生产规模、提升技术水平，共同推动了新型储能行业的繁荣和发展。

此外，智光储能还积极参与行业标准的制定和推广工作，为行业的规范化和标准化发展做出了积极贡献。

②促进区域经济：项目的实施不仅为智光储能自身带来了显著的经济效益和社会效益，还带动了当地相关产业的发展和就业增长。公司扩建生产基地、引进高端人才、采购原材料等行为均促进了当地经济的繁荣和可持续发展。同时，公司还积极履行社会责任，通过捐资助学、扶贫济困等方式回馈社会，赢得了社会各界的广泛赞誉和好评。

③助力能源转型：在全球能源结构低碳化转型和可再生能源广泛应用的背景下，智光储能的战略融资项目显得尤为重要。公司作为新型储能技术的代表企业之一，通过技术创新和产能扩张不断提升自身实力和市场竞争力，为可再生能源的接入和消纳提供了有力的支撑和保障。公司的储能产品广泛应用于风电、光伏等可再生能源发电项目中，有效解决了可再生能源发电的间歇性和不稳定性问题，推动了全球能源结构的低碳化转型和可持续发展。

（4）项目总结　智光储能的战略融资项目，作为行业内的标志性事件，不仅深刻彰显了公司在全球储能领域的领先地位与卓越的市场竞争力，更为整个储能行业树立了典范，为同行企业提供了极具价值的参考与启示。在全球能源结构加速向低碳、清洁转型，以及可再生能源技术日新月异的时代背景下，智光储能的这一举措无疑为储能行业的未来发展描绘了一幅充满希望的蓝图。

1）融资成果显著，奠定坚实基础：项目成功吸引了包括国家开发银行制造业转型升级基金、南网建鑫基金、穗开投资、粤财创投等在内的多家重量级战略投资者，这些投资者不仅为智光储能带来了巨大的资金支持，更带来了丰富的行业资源、管理经验和市场渠道，为公司后续的技术创新、产能扩张及市场拓展奠定了坚实的基础。

2）技术创新引领，产能规模跃升：融资后，智光储能持续加大研发投入，成功研发出高压级联技术路线，系统循环效率突破90%，这一技术成果不仅巩固了公司在行业内的技术领先地位，也极大地提升了产品的市场竞争力。同时，公司产能规模实现跨越式增长，储能单机容量提升至25MW/50MWh，年产能较融资前有大幅增长，有效满足了市场对高质量储能产品的迫切需求。

3）市场拓展加速，品牌影响力提升：借助融资带来的资金和资源优势，智光储能积极开拓国内外市场，与国内外多家知名企业建立了长期稳定的合作关系，市场份额持续扩大。公司品牌影响力显著提升，成为新型储能领域的佼佼者。在国内外多个重要展会和论坛上，智光储能的亮相均吸引了众多关注，进一步提升了公司在全球储能市场的知名度和美誉度。

4）行业影响深远，推动产业升级：智光储能战略融资项目的成功实施，不仅促进了公司自身的快速发展，更对整个新型储能行业产生了深远的影响。公司的技术创新、产能扩张和市场拓展行为，激发了行业内其他企业的积极性和创新性，推动了整个行业的产业升级和技术进步。同时，智光储能作为行业标杆，其成功经验为其他储能企业提供了宝贵的借鉴和参考，促进了整个行业形成良性竞争、共同发展的良好局面。

5）展望未来，前景广阔：展望未来，随着全球能源结构的进一步转型和新能源技术的快速发展，储能行业将迎来前所未有的发展机遇。智光储能将继续秉承创新、协调、绿色、开放、共享的发展理念，加大研发投入，推动技术创新和产业升级；同时，积极拓展国内外市场，深化与产业链上下游企业的合作，共同构建开放、协同、共赢的储能产业生态。有理由相信，在不久的将来，智光储能必将在新型储能领域取得更加辉煌的成就，为全球能源结构的低碳化转型和可持续发展做出更大的贡献。

11. 安徽三瓜公社乡村振兴产业投资案例

（1）项目背景和意义

1）项目背景。在乡村振兴战略全面铺开的时代背景下，安徽省合肥巢湖市三瓜公社以其独特的创新产业发展模式，成为了乡村全面振兴的璀璨明珠。本案例深入剖析三瓜公社的乡村振兴产业投资实践，旨在为产业咨询与投资领域提供可借鉴、可复制的宝贵经验。

三瓜公社项目坐落于合肥巢湖市半汤街道，这一地理位置得天独厚，不仅紧邻省会合肥，便于资源对接与市场拓展，且自然环境优美，拥有约10平方公里的广阔区域，覆盖了半汤街道的核心地带及周边多个村庄，共计约20个自然村落，为项目提供了丰富的自然与人文资源基础。然而，长期以来，该地区面临农村经济单一、产业结构落后、青壮年劳动力外流等挑战，严重制约了乡村的可持续发展。

为了破解这一困境，三瓜公社项目于2015年9月11日正式启动，总投资额高达约5亿元人民币。项目以"电商特色产业模式"为核心引擎，深度融合"互联网+三农"战略，旨在通过科技赋能传统农业，促进农业、加工业、服务业及乡村旅游等多业态融合发展，构建出一个集高效农业生产、农产品深加工、电商平台运营、乡村旅游体验于一体的综合性"美丽乡村"发展系统。这一举措不仅响应了国家乡村振兴战略的号召，更为乡村经济转型升级提供了新思路、新路径。

通过这一创新模式，三瓜公社成功构建了一个集高效农业生产、农产品深加工、电商平台运营、乡村旅游体验于一体的综合性"美丽乡村"发展系统。这一举措不仅积极响应了国家乡村振兴战略的号召，更为乡村经济的转型升级提供了全新的思路与路径，为乡村的可持续发展注入了强大的动力与活力。

2）项目意义

①促进乡村经济多元化发展：三瓜公社项目通过精准引入电商、民俗旅游、美食

体验等多种新兴业态，成功打破了乡村经济长期以来的单一化瓶颈。据权威机构调研数据显示，项目实施后，当地农民收入年均增长率达到了 15%，这一增速显著高于周边地区的平均水平。同时，电商平台的高效运作极大地拓宽了农产品的销售渠道，使得原本深藏乡野的优质农产品能够轻松走出乡村，畅销全国乃至国际市场，实现了农业价值的最大化，为农民带来了实实在在的增收。

②保护和传承乡村文化：在推动经济发展的同时，三瓜公社项目高度重视乡村文化与生态的保护，始终将乡村文化与生态的保护与传承视为重要使命。项目团队通过精心修缮古村落、定期举办丰富多彩的民俗节庆活动、创新开发农耕文化体验项目等一系列举措，让游客在享受乡村自然风光的同时，也能深刻感受到当地独特的农耕文化和民俗风情。这些努力不仅增强了乡村文化的自信心和活力，更为乡村文化的可持续发展奠定了坚实的基础，使得传统文化在现代化进程中得以有效传承和发扬光大。

③吸引人才回流与创业创新：三瓜公社项目的成功实施，犹如一块强大的磁铁，吸引了大批年轻人和新农村人回流乡村创业就业。他们带着先进的思想观念、专业的技能知识和创新的商业模式，为乡村发展注入了前所未有的活力与动力。据统计，自项目实施以来，已累计吸引返乡创业人才超过 500 人，这些人才的回归不仅为乡村经济的持续发展提供了有力的人才支撑，更为乡村社会的全面振兴注入了新的希望与可能。

（2）项目实施过程

1）开发主体与规划。2015 年 3 月，合巢经济开发区管委会高瞻远瞩，携手安徽淮商集团，共同成立了安徽三瓜公社投资发展有限公司，作为该项目的联合开发主体。这一战略合作为项目注入了强大的资金与管理支持。项目初期便明确了宏伟蓝图，计划总投资额高达 5 亿元人民币，并设定了为期 36 个月的建设周期，旨在精心打造冬瓜民俗村、南瓜电商村和西瓜美食村这三大特色鲜明的村落，以此形成独具特色的乡村振兴典范。

2）基础设施建设。在基础设施建设方面，项目团队秉持"绿色生态，和谐共生"的理念，精心规划，力求在保护乡村原有风貌的基础上实现现代化升级。团队对荒地、山地、林地进行了科学合理的修整与保护，恢复了自然生态的良性循环；同时，修复了水系，打造了清澈见底的溪流与湖泊，为乡村增添了几分诗意与灵动。此外，还建设了现代化的电商产业园，为电商企业提供了一流的办公与仓储条件；民宿、农家乐、手工艺坊等配套设施的完善，不仅满足了游客的多元化需求，也为村民提供了更多的就业机会与收入来源。

3）业态布局

①南瓜电商村：作为项目的核心引擎，南瓜电商村精准定位为电商产业高地与农

特产品集散地。这里汇聚了众多知名电商企业和文创基地，依托互联网+农业的创新模式，成功开发出茶叶、温泉、特色农副产品、乡土文创等四大系列、超过千余种的特色商品与旅游纪念品。这些产品不仅在国内市场广受好评，还远销海外，极大地提升了乡村经济的附加值与品牌影响力。

②冬瓜民俗村：冬瓜民俗村深入挖掘并还原了巢湖地区悠久的历史文化底蕴，特别是几千年的农耕民俗文化。这里建设了半汤六千年民俗馆、有巢印象等传统手工艺坊，让游客在亲身体验中感受传统文化的魅力。同时，客栈、民宿等乡村旅游服务业的引入，为游客提供了舒适的住宿体验，进一步推动了乡村旅游的繁荣发展。

③西瓜美食村：西瓜美食村则以美食与康养为主题，主打民宿、农家乐和客栈酒店等业态。与知名温泉品牌合作开发的康养民宿项目，更是将休闲度假与健康养生完美融合，吸引了大量追求高品质生活的游客前来体验。此外，通过拓展村集体经济路径，西瓜美食村还带动了周边农户的增收致富，实现了经济效益与社会效益的双赢。

4）投资亮点

①融合发展：项目成功实现了第一、第二、第三产业的深度融合与农村旅游的有机结合，构建了一个集高效农业生产、农产品深加工、电商平台运营、乡村旅游体验于一体的综合性"美丽乡村"发展系统。这种创新模式不仅打破了传统乡村经济的局限性，还为乡村经济的转型升级提供了新的思路与路径。

②生态保护：在快速发展的同时，项目始终将生态保护放在首位，通过科学规划与精心管理，有效保护了乡村原有的田林农湖系统。荒地、山地、林地的修整保护以及水系的修复工作，不仅改善了乡村的生态环境质量，还为游客提供了一个宜游宜业的绿色家园。

③文化传承：项目深入挖掘并传承了地方特色文化，通过建设民俗馆、手工艺坊等文化设施以及举办丰富多彩的民俗节庆活动等方式，让游客在享受乡村美景的同时也能感受到浓厚的文化氛围。这种文化传承与创新相结合的方式不仅增强了乡村文化的自信与活力，也为乡村文化的可持续发展奠定了坚实的基础。

（3）项目成效与影响

1）经济成效。三瓜公社项目自实施以来，其经济成效显著，成为推动当地乡村振兴的重要力量。项目成功搭建了农产品销售的新平台，通过线上线下融合的销售策略，极大拓宽了农产品的销售渠道。据统计，项目实施后，当地农产品的年销售量增长了30%，销售价格也平均提升了15%，有效提升了农产品的附加值和市场竞争力。同时，乡村旅游的蓬勃发展更是为乡村经济注入了新的活力，2017年项目接待游客量超过500万人次，旅游总收入突破1亿元，直接带动了乡村餐饮、住宿、交通等相关产业的发展，为村民创造了更多的就业机会和增收渠道。

2）社会影响。三瓜公社项目的成功实施，对乡村社会产生了深远的影响。首先，村民的经济收入和生活水平得到了显著提升，人均纯收入较项目实施前增长了近一倍，许多家庭实现了脱贫致富。其次，项目的发展吸引了大量年轻人返乡创业，他们带着新的理念和技术回到乡村，不仅缓解了乡村人口外流的问题，还为乡村带来了更多的活力与创新力。此外，项目的实施还促进了乡村文化的传承与弘扬，通过举办各类民俗活动和文化展览，增强了村民的文化自信和文化认同感，为乡村社会的和谐稳定奠定了坚实的基础。

3）环境效益。在开发过程中，三瓜公社项目始终将生态环境保护放在首位。项目团队对乡村原有的田林农湖系统进行了全面评估和有效保护，通过修复水系、整治环境、植树造林等措施，显著改善了乡村的生态环境质量。如今的三瓜公社，山清水秀，空气清新，成为了一个宜居宜游的美丽乡村。同时，项目的绿色发展理念也带动了周边村民环保意识的提升，形成了良好的生态环境保护氛围。

4）投资效果

①经济效益：三瓜公社项目的投资效果显著，经济效益明显提升。除了上述提到的旅游收入和农产品销售增长外，项目还带动了相关产业链的发展，形成了多元化的经济增长点。据统计，项目总投资回报率达到了预期目标的120%，为投资者带来了丰厚的回报。

②社会效益：项目在社会效益方面的表现同样突出。通过吸引年轻人返乡创业和带动周边村民就业创业，项目有效缓解了乡村人口外流问题，提升了乡村整体发展水平。同时，项目的成功实施还为乡村社会治理提供了新的思路和模式，促进了乡村社会的和谐稳定。

③生态效益：在生态效益方面，三瓜公社项目通过生态环境保护与修复工作，有效改善了乡村的生态环境质量，提升了居民的生活质量。项目的绿色发展理念不仅符合国家生态文明建设的战略要求，也为乡村的可持续发展奠定了坚实的基础。随着项目的持续推进和生态环境的不断优化，三瓜公社成为乡村振兴的典范和绿色发展的标杆。

（4）项目总结　安徽三瓜公社乡村振兴产业投资案例，作为"电商特色产业模式"在乡村振兴领域的璀璨明珠，其成功经验为全国乃至全球的乡村发展提供了宝贵的借鉴与启示。该项目通过一系列创新举措，不仅实现了乡村经济的跨越式发展，更在生态保护、文化传承等多个维度上取得了显著成效，全面展现了乡村振兴的多元价值与深远意义。

1）经济成效显著：三瓜公社项目通过构建集农业、工业、服务业与乡村旅游深度融合的"美丽乡村"发展系统，有效打破了传统乡村经济的单一格局。据统计，项目实施后，当地农产品年销售量激增，增长率高达 30% 以上，销售价格也实现了 15% 至 20% 的显著提升。同时，乡村旅游的蓬勃兴起更是为乡村经济注入了强劲动力，2017 年接待游客量突破 500 万人次大关，旅游总收入超过 1 亿元，直接带动了村民收入的快速增长，人均纯收入较项目实施前翻了一番多。

2）社会影响深远：项目不仅在经济上取得了巨大成功，更在社会层面产生了广泛而深远的影响。一方面，通过发展现代农业和电商产业，吸引了大量年轻人返乡创业就业，有效缓解了乡村人口外流问题，为乡村注入了新鲜血液和活力。另一方面，项目的实施促进了乡村文化的传承与弘扬，增强了村民的文化自信与归属感，为乡村社会的和谐稳定奠定了坚实基础。

3）生态效益突出：在追求经济效益的同时，三瓜公社项目始终将生态环境保护放在首位。项目团队通过科学规划与精心管理，有效保护了乡村原有的田林农湖系统，修复了水系，整治了环境，打造了一个宜居宜游的绿色家园。这些举措不仅提升了乡村的生态环境质量，也为乡村的可持续发展奠定了坚实基础。

4）模式创新引领：三瓜公社项目的成功实践，充分证明了"电商特色产业模式"在乡村振兴中的巨大潜力与广阔前景。该模式通过线上线下融合的销售方式，拓宽了农产品的销售渠道，提升了农产品的附加值；通过发展乡村旅游等多元化产业，促进了乡村经济的多元化发展。这种创新模式不仅为乡村带来了实实在在的经济效益，更为乡村的全面发展提供了有力支撑。

5）展望未来：随着乡村振兴战略的深入实施和国家对乡村发展的持续重视，安徽三瓜公社乡村振兴产业投资案例的成功经验将得到更广泛的推广与应用。未来，三瓜公社有望成为乡村振兴的典范和标杆，引领更多乡村走上产业兴旺、生态宜居、乡风文明、治理有效、生活富裕的康庄大道。同时，我们也期待看到更多类似的成功案例不断涌现，共同为乡村的可持续发展注入新的活力与希望。

12. 云南水务集团固废资源化利用项目

（1）项目背景和意义

1）项目背景。近年来，云南省城市化率持续攀升，据 2024 年统计数据显示，全省城市化率为 52.92%，预计未来几年内仍将保持快速增长态势。这一进程中，固体废物（固废）产生量急剧增加，年均增长率高达约 8%，远超 GDP 增速。据云南省生态环境厅发布的报告，全省每年产生的固废总量已超过 5000 万 t，其中大部分仍采用传统的填埋和焚烧方式处理，这不仅占用了宝贵的土地资源（每年新增固废填埋场占地数千亩），还可能导致地下水污染、土壤污染及空气质量问题，严重威胁到生态安全和居民健康。

在此背景下，云南水务集团深刻认识到传统固废处理模式的局限性，决定凭借其在水处理领域的深厚积累和技术创新能力，率先探索固废资源化利用的新路径。集团依托自身强大的研发能力和市场网络，联合国内外顶尖科研机构，共同研发适用于云南地区特点的固废资源化利用技术，旨在从根本上解决固废处理难题，促进经济、社会与环境的和谐共生。

2）项目意义

①资源循环利用：项目通过采用先进的生物降解、热解气化、厌氧消化等技术，可将约70%的固废转化为高附加值产品，如生物肥料、生物质能源（如沼气、生物柴油）及可回收材料（如金属、塑料再生料）。这不仅实现了资源的最大化利用，还可缓解自然资源的开采压力，为云南省乃至全国的循环经济体系建设提供有力支撑。

②环境保护：相较于传统处理方式，资源化利用能显著减少温室气体排放，预计项目全面投产后，每年可减少二氧化碳排放量超过 100 万 t，相当于植树造林数百万亩的碳汇效果。同时，通过有效控制固废处置过程中的二次污染，项目将极大改善周边区域环境质量，提升居民生活品质。

③经济效益：项目预计总投资数十亿元，建成后将形成年产值超过 20 亿元的新兴产业链，为云南水务集团带来长期稳定的收入来源。此外，通过技术输出、产品销售及服务提供，项目还将带动上下游产业链的发展，创造大量就业机会，促进地方经济繁荣。

④社会示范：云南水务集团的固废资源化利用项目，将成为全国乃至全球固废处理领域的标杆案例。其成功实施将激励更多企业和地方政府关注固废资源化利用，推动行业技术创新和模式变革。同时，项目通过公众教育、社区参与等形式，提升全社会对环保的认识和参与度，形成人人关心环保、人人参与环保的良好氛围。

（2）项目实施过程

1）前期准备

①市场调研：云南水务集团组织专业团队，通过问卷调查、实地考察、专家咨询等多种方式，全面调研了云南省固废处理的现状。调研结果显示，云南省固废年产生量巨大，且传统处理方式存在严重弊端。同时，随着环保政策的收紧和居民环保意识的提高，市场对固废资源化利用产品的需求也日益增长。

②技术选型：在深入调研的基础上，集团对比了国内外数十种固废资源化利用技术，综合考虑技术成熟度、适应性、经济性及环境影响等因素，最终选择了以"分类收集、分质处理、资源循环"为核心的技术路线。针对不同类型的固废，如生活垃圾、工业危废、餐厨垃圾等，分别采用焚烧发电、厌氧消化、生物降解等先进技术，确保处理效果和资源化利用率的最大化。

③项目规划：集团制定了详尽的项目实施方案，明确了建设规模为年处理固废量

500万 t，旨在应对云南省日益增长的固废处理需求。工艺流程的精心设计涵盖预处理、资源化利用、无害化处置三大核心环节，以确保固废得到全面、高效的处理。在设备选型上，集团不惜重金，采用了国际领先的固废处理设备，包括智能分拣系统（每小时处理能力达 100t）、高效焚烧炉（热效率超过 90%，烟气净化技术达到欧盟标准）、精密余热回收装置（余热回收率不低于 85%），总投资额高达 30 亿元人民币。此外，项目还规划了完善的环保设施，如高效除尘系统、脱硫脱硝装置及废水处理站等，确保处理过程严格符合国家和地方环保标准，从而实现绿色、低碳、循环的固废处理目标。

2）建设阶段

①场地建设：项目选址于交通便利、环境适宜的区域，经过严格的环评审批后，开始进行场地平整和基础设施建设。建设过程中，集团注重生态保护，采取了多项措施以减少对周边环境的影响。经过数月的紧张施工，场地建设顺利完成，为设备安装奠定了坚实基础。

②设备安装：按照项目规划，集团采购了国内外先进的固废处理设备，并聘请专业团队进行安装调试。设备安装过程中，集团严格控制质量，确保每台设备都能达到设计要求。经过数月的努力，所有设备均顺利安装完毕，并通过了严格的验收程序。

③系统调试：在设备安装完成后，集团组织专业团队对整个处理系统进行了全面调试。调试过程中，团队针对发现的问题进行及时整改和优化，确保各环节运行稳定、高效。经过多轮调试，系统最终达到了预期效果，为正式运营做好了充分准备。

3）运营阶段

①固废收集：为确保项目原料供应稳定，集团建立了覆盖全省的固废收集网络。通过与政府部门、企业、社区等多方合作，实现了固废的分类收集、定点投放和统一运输。同时，集团还引入了智能监控系统，对收集过程进行实时监管，以确保固废收集的规范性和高效性。

②工业危废处理：针对云南省内多家工业企业的危险废物，项目采用了先进的预处理技术和安全处置工艺。通过物理分离、化学稳定化、焚烧解毒等手段，实现了危险废物的安全、合规处理。同时，项目还注重资源的回收利用，将有价值的物质进行分离提取，提高了资源化利用率。

③餐厨垃圾处理：针对城市餐厨垃圾产生量大的问题，项目引入了高效的生物降解技术。通过微生物的分解作用，将餐厨垃圾转化为有机肥料或生物能源。这一过程中，集团严格控制处理条件，确保产品质量符合国家和地方标准。同时，集团还积极推广餐厨垃圾资源化利用产品，提高了市场接受度。

④垃圾焚烧发电：在玉溪市、福建宁德以及泰国普吉岛等地，云南水务集团凭借

前瞻性的战略布局，投资建设了多座现代化垃圾焚烧发电厂。这些电厂均采用了国际领先的焚烧技术和精密的余热回收系统，成功将生活垃圾这一"城市负担"转化为宝贵的电力和热能资源。每座电厂凭借其高效运行，年发电量可达 2 亿 kWh，这一数字意味着每年可替代传统能源发电过程中所产生的碳排放量，相当于减少碳排放约 15 万 t。这一绿色转型的壮举，不仅有效减轻了当地垃圾填埋场的压力，显著减少了垃圾填埋量，还为社会提供了清洁、可再生的能源供应，促进了能源结构的优化和环境保护的双重目标。同时，垃圾焚烧发电项目的实施，也为当地经济发展注入了新的活力，创造了就业机会，实现了经济效益与生态效益的双赢。

⑤资源化利用：按照既定工艺流程，项目对各类固废进行了资源化利用。通过物理转化、化学转化、生物转化等手段，将固废转化为肥料、能源、建筑材料等高附加值产品。这些产品不仅具有广泛的应用前景，还为社会创造了显著的经济效益。

⑥产品销售：为确保资源化利用产品的市场销路，集团建立了完善的市场营销体系。通过线上线下相结合的方式，将产品推向市场。同时，集团还注重品牌建设和售后服务，不断提升客户满意度和忠诚度。经过努力，集团资源化利用产品已在国内多个省市以及国际市场占据了一席之地。

（3）项目成效与影响

1）项目成效

①经济效益：具体而言，云南水务集团固废资源化利用项目自投入运营以来，已累计处理固废超过 800 万 t，通过先进的焚烧技术和余热回收系统，成功发电超过 5 亿 kWh 时，为当地电网提供了稳定可靠的电力供应，并为周边企业和居民提供了热能服务，直接创造了超过 1 亿元人民币的经济效益，同时带动了相关产业链的发展。

②社会效益：项目的实施极大地缓解了城市固废处理的紧迫问题，减少了约 60% 原计划填埋的固废量，有效改善了城市环境质量，提高了居民的生活满意度和幸福感。此外，项目直接和间接创造了超过 500 个就业岗位，促进了当地社会的和谐稳定与经济发展。

③环境效益：通过高效的垃圾焚烧发电和餐厨垃圾资源化利用技术，项目年减少垃圾填埋量达 400 万 t，减少二氧化碳排放约 300 万 t，显著降低了温室气体排放和土壤、水体污染风险，为当地乃至全球的生态环境保护树立了标杆。

④技术创新：项目不仅引入了国际领先的智能分拣系统和自动化焚烧设备，还自主研发了多项专利技术，使固废处理效率提升至 95% 以上，同时降低了 30% 的运营成本和人力需求。余热回收技术的应用，更是实现了能源的高效循环利用，提升了项目的整体经济性和环保性。

⑤模式创新："政府+企业"的合作模式在项目中得到了充分验证，政府通过政策

引导和土地资源支持，为企业提供了良好的发展环境；企业充分发挥市场机制和技术优势，实现了项目的快速建设和高效运营。这种模式不仅优化了资源配置，还促进了政企之间的深度合作与共赢。

⑥资源回收率：项目通过精细化管理和技术创新，实现了固废资源化利用率的显著提升，综合回收率已达到85%以上，大量原本被视为废弃物的固废被转化为有价值的资源，实现了资源的最大化利用。

2）社会影响

①示范效应：云南水务集团固废资源化利用项目的成功实施，不仅在国内固废处理领域树立了典范，还吸引了国际社会的广泛关注。多个国家和地区纷纷表示出对项目经验和技术的浓厚兴趣，希望能够在本国或本地区推广实施类似项目。

②环保意识提升：项目的广泛宣传和教育活动，有效增强了公众对固废资源化利用的认识和环保意识。越来越多的人开始关注固废处理问题，积极参与到垃圾分类和资源回收等环保行动中来，为推动社会形成绿色生活方式奠定了坚实基础。

③产业升级：项目的成功实施，不仅促进了固废处理行业的技术进步和产业升级，还带动了相关产业链的发展。环保设备制造、技术研发、运营管理等多个领域都因此受益匪浅，推动了整个环保产业向更高质量、更高效益的方向发展。

（4）项目总结　云南水务集团固废资源化利用项目，作为固废处理领域的一次创新实践，通过前瞻性的科学规划、持续的技术创新与高效稳健的运营策略，实现了固废资源化利用与环境保护的深度融合，树立了行业新标杆。

1）技术创新与丰硕成果：项目自启动后，依托先进的焚烧技术、智能化分拣系统及高效的余热回收技术，累计处理固废量已超过800万t，成功转化5亿kWh以上的清洁能源，相当于为电网贡献了约4万户家庭一年的用电量，直接经济效益显著，同时减少了大量垃圾填埋需求，缓解了土地资源压力。此外，项目在固废资源化利用率上实现了85%以上的突破，远高于行业平均水平，真正实现了"变废为宝"。

2）经济效益与社会效益并重：项目不仅为企业创造了可观的经济收益，更通过减少垃圾填埋、降低环境污染、提升城市环境质量，为当地居民带来了实实在在的生活改善。同时，项目直接和间接创造的就业岗位超过500个，有效促进了当地社会的就业稳定和经济发展，体现了项目在经济效益与社会效益上的双赢。

3）推动行业升级与示范引领：云南水务集团固废资源化利用项目的成功实施，不仅为云南省乃至全国的固废处理行业提供了宝贵的经验和技术示范，更激发了行业内外的创新活力，推动了固废处理技术的不断进步和产业升级。项目所展现的"政府+企业"合作模式，也为后续类似项目的推广提供了可借鉴的范例。

4）展望未来，持续贡献：面对国家生态文明建设战略的深入实施和"双碳"目标的明确提出，云南水务集团固废资源化利用项目将继续发挥其在固废处理领域的示范引领作用，不断探索新的技术路径和运营模式，提升固废资源化利用效率和环保水平。同时，项目也将积极响应国家号召，加强与国内外同行的交流合作，共同推动我国循环经济的发展和生态文明建设迈向新的高度，为实现可持续发展目标贡献更大力量。

13. 兰州新区绿色转型与生态融资创新案例

（1）项目背景和意义

1）项目背景。在全球气候变化和资源环境约束日益加剧的背景下，可持续发展已成为全球共识，中国作为负责任的大国，积极响应国际社会的号召，将生态文明建设纳入国家发展总体布局，致力于构建绿色低碳循环发展的经济体系。兰州新区，作为国务院批复设立的国家级新区，自设立以来便承载着引领区域经济转型升级、探索绿色发展新路径的重要使命。然而，随着新区建设的快速推进，工业化、城镇化进程加速，生态环境压力也随之增大，资源环境承载能力面临严峻挑战。

具体数据显示，兰州新区在快速发展初期，GDP 年均增长率超过两位数，但与此同时，能源消耗量和污染物排放量也呈现上升趋势。为了实现经济、社会与环境的和谐共生，兰州新区迫切需要转变发展方式，走绿色、低碳、循环的发展道路。因此，兰州新区积极响应国家号召，依托自身资源禀赋和区位优势，启动了绿色转型与生态融资创新项目，旨在通过一系列创新举措，破解发展难题，实现绿色发展。

2）项目意义

①促进绿色转型：项目实施将有力推动兰州新区产业结构优化升级，引导企业向绿色低碳方向转型，发展节能环保、新能源、新材料等战略性新兴产业，形成绿色低碳循环发展的产业体系。这不仅有助于提升新区经济竞争力，更将为全国其他地区提供可复制、可推广的绿色转型经验。

②创新生态融资：项目将积极探索并实践绿色金融、碳金融等新型融资模式，通过发行绿色债券、设立绿色基金、开展碳交易等方式，拓宽生态治理资金来源渠道，降低融资成本，提高资金使用效率。这一创新举措不仅为兰州新区生态治理提供了强有力的资金支持，更为全国绿色金融发展树立了典范。

③提升生态环境：通过实施生态修复、污染治理、节能减排等一系列生态治理工程，项目将显著改善兰州新区生态环境质量，提升区域生态服务功能，为居民提供更加宜居的生活环境。同时，良好的生态环境也将成为新区吸引投资、促进发展的重要优势。

④示范引领作用：兰州新区绿色转型与生态融资创新项目的成功实施，将为全国其他地区特别是中西部欠发达地区提供宝贵的绿色转型和生态融资经验。通过示范引领，激发更多地区探索适合自身特点的绿色发展模式，共同推动全国生态文明建设迈

上新台阶。

（2）项目实施过程

1）前期准备

①制定政策：兰州新区政府积极响应国家生态文明建设号召，出台《兰州新区绿色转型与生态融资实施方案》，明确了以"绿色、低碳、循环"为核心的发展理念，设定了到2030年实现碳中和的具体目标，详细规划了绿色转型的路径、阶段性任务及保障措施。

②编制规划：编制了《兰州新区生态修复与绿色产业发展综合规划》，规划覆盖了秦王川及周边区域约300平方千米，具体细分为湿地保护与恢复、绿色农业示范区、清洁能源产业基地、绿色建筑与低碳交通四大板块，明确各板块的具体项目清单、投资规模及预期成效。

③建立合作机制：与国家开发银行、兴业银行等金融机构签订战略合作协议，设立专项绿色信贷基金，总规模达50亿元人民币，用于支持绿色转型项目；与中国科学院生态环境研究中心、清华大学环境学院等科研机构建立长期合作关系，共同研发绿色技术和生态修复方法；吸引国内外知名企业参与，如华为、阿里巴巴等，在智慧环保、绿色数据中心等领域开展合作。

2）实施阶段

①湿地生态修复：在秦王川国家湿地公园周边实施总面积达2000公顷的湿地生态修复项目，采用《内陆（盐沼）湿地生态修复项目碳汇方法学（V01）》，通过植被恢复、水体净化、生态补水等措施，有效提升了湿地碳汇能力，经测算，项目区碳汇能力增强约30%。

②生物多样性保护：通过引入本土植物种类、建设生态廊道、实施野生动植物保护项目，湿地率从原有的35%提升至67%，生物多样性指数提升40%，湿地生态系统服务功能显著增强。

③绿色金融实践"丝路碳票"：成功发行首批"丝路碳票"，对应湿地碳汇3885.08t，兴业银行基于碳票价值评估，发放了10万元授信贷款，标志着兰州新区在生态产品价值实现机制上取得了重要突破。

④CCER碳金融产品：在乡村振兴产业园内，实施生态畜牧养殖项目，采用先进的粪污资源化利用技术，年均可实现减排量4.8万t二氧化碳当量，首批CCER产品上线交易，预计未来10年内累计减排量可达48万t，年均碳资产价值超过预期，达到约260万元。

⑤农业绿色低碳产业：推广"稻鱼共生""林果套种"等绿色农业模式，覆盖农田面积超过5万亩，农业综合生产能力提升15%，温室气体排放强度降低20%，农田

生态系统固碳能力增强，预计每年可固定二氧化碳约 2 万 t。

3）评估与调整

①项目监测：建立了包括卫星遥感监测、地面观测站、物联网传感器在内的综合监测体系，定期发布《兰州新区绿色转型与生态融资项目进展报告》，全面评估项目在生态修复、绿色产业发展、碳减排等方面的成效。

②反馈调整：根据监测结果，及时调整了湿地修复中的植被种植比例，增加了耐盐碱植物种类，提高了生态修复的适应性和稳定性；针对绿色金融实践中遇到的问题，如碳汇计量标准不统一、交易机制不健全等，积极与上级部门沟通，推动相关政策法规的完善；加强与企业和科研机构的合作，引入更多创新技术和管理模式，确保项目持续高效推进。

（3）项目成效与影响

1）项目成效

①生态环境显著改善：湿地生态系统经过科学修复，不仅湿地面积大幅增加至67%，还显著提升了湿地生态服务功能。水质得到净化，水体透明度提高，吸引了众多候鸟栖息，生物多样性显著增加，物种丰富度提高了 30%。年减排 CO_2 达到 4.8 万 t，相当于种植了约 240 万棵树，对减缓气候变化具有积极作用，生态效应显著。

②绿色产业快速发展：绿色产业体系在兰州新区初步构建完成，涵盖清洁能源、绿色农业、节能环保等多个领域。绿色农业通过实施有机种植、循环农业等模式，产品附加值提升了 20% 以上；清洁能源产业快速发展，太阳能、风能等可再生能源装机容量增长迅速，为新区经济增长贡献了新的增长点。绿色产业总产值年均增长率达到15%，成为新区经济增长的重要驱动力。

③融资模式创新：成功实践了绿色金融、碳金融等新型融资模式，为生态治理项目提供了多元化、低成本的资金支持。通过"丝路碳票"等创新金融产品，实现了湿地碳汇的生态价值变现，累计吸引社会资本投入超过 10 亿元。同时，与金融机构建立了长期合作关系，为新区后续绿色项目提供了持续的资金保障。

④经济效益：绿色金融和碳金融产品的创新不仅促进了生态价值的转化，还直接带动了新区经济的发展。以 CCER 碳金融产品为例，年均可实现碳资产价值约 260 万元，为政府和企业带来了可观的收益。同时，绿色产业的发展也促进了就业增长和居民收入的提高，形成了良好的经济效益和社会效益。

2）社会影响

①提升公众环保意识：项目实施过程中，通过举办环保讲座、生态体验活动等形式多样的宣传活动，有效提升了公众对绿色转型和生态保护的认知和参与度。据统计，自项目启动以来，项目区居民环保知识知晓率提高了 40%，参与环保活动的比例上升

了 30%。公众环保意识的提升为新区绿色发展营造了良好的社会氛围。

②推动区域绿色发展：兰州新区绿色转型与生态融资创新案例的成功实践，为西北地区乃至全国其他地区提供了可资借鉴的经验和模式。项目所展现的绿色发展理念、创新融资模式以及生态治理成效，对于推动区域绿色发展、实现可持续发展目标具有重要意义。

③促进产业升级：项目的实施有力推动了兰州新区产业结构的优化升级。传统高耗能、高排放产业逐步向绿色、低碳方向转型；新兴产业如清洁能源、节能环保等得到快速发展。产业结构的优化不仅提升了新区的经济竞争力，还为区域经济的长远发展奠定了坚实基础。同时，绿色产业的发展也促进了技术创新和人才培养，为新区未来的可持续发展提供了有力支撑。

（4）项目总结　兰州新区绿色转型与生态融资创新项目通过科学规划、创新融资和高效实施，成功实现了新区生态环境的显著改善和绿色产业的快速发展。项目不仅为兰州新区绿色转型提供了有力支持，更为其他地区树立了绿色发展和生态融资的典范。随着项目经验的不断积累和推广应用，将有望在全国范围内推动更多地区实现绿色转型和可持续发展。

1）政策引导与机制创新：项目充分利用国家及地方对生态文明建设的政策支持，如绿色金融政策、碳交易市场机制等，通过政策红利激发市场活力。创新性地引入绿色金融、碳金融等新型融资工具，构建了多元化、可持续的绿色金融支持体系。据统计，截至 2024 年二季度末，兰州新区的绿色贷款余额已从 2020 年二季度末的 80 亿元增长到 265.6 亿元，增长超过 3 倍，占各项贷款余额的 37%。这一数据表明，兰州新区在绿色信贷方面吸引了大量资金。有效解决了生态治理和绿色产业发展的资金瓶颈问题；项目还建立了完善的生态补偿和绩效考核机制，确保生态治理成果得到有效巩固和提升。通过实施"谁保护、谁受益"的原则，激励社会各界积极参与生态环境保护，形成了政府引导、市场运作、社会参与的生态治理新格局。

2）科技支撑与模式创新：项目依托国内外先进的生态修复技术和碳汇计量方法学，结合兰州新区实际情况，创新性地提出了具有地方特色的生态修复方案。通过引入遥感监测、大数据分析等现代信息技术手段，实现了对湿地生态系统修复进展的实时监测和精准评估。项目实施后，湿地生态系统得到有效恢复，生物多样性显著增加，湿地率提升至 67%，年减排 CO_2 达到 4.8 万 t，生态效应显著；项目还积极探索生态价值实现路径，通过开发"丝路碳票"等碳金融产品，将湿地碳汇的生态价值转化为经济价值，实现了生态与经济的双赢。这一创新模式不仅为新区带来了可观的经济收益，也为其他地区提供了生态价值转化的新思路。

3）产业融合与协同发展：项目深入推动农业、畜牧业与生态保护的深度融合，通过实施有机种植、循环农业等绿色农业模式，不仅提高了农产品的附加值和市场竞争力，还促进了农业废弃物的资源化利用和生态循环。同时，项目还鼓励畜牧业向生态化、集约化方向发展，减少了养殖过程中的环境污染问题；项目进一步拓展绿色产业链条的上下游环节，形成了涵盖绿色种植、生态养殖、农产品加工、清洁能源等多个领域的绿色循环产业链。通过产业间的相互关联和协同发展，实现了经济效益与生态效益的双丰收。据统计，项目期间新区绿色产业总产值年均增长率达 15% 以上，为新区经济增长注入了新活力。

兰州新区绿色转型与生态融资创新项目的成功经验将继续发挥示范引领作用。随着项目经验的不断积累和推广应用，有望在全国范围内掀起一股绿色转型和可持续发展的浪潮，共同推动构建人与自然和谐共生的美好家园。